Hermann Dopffel

Kaisertum und Papstwechsel unter den Karolingern

Hermann Dopffel

Kaisertum und Papstwechsel unter den Karolingern

ISBN/EAN: 9783743346673

Hergestellt in Europa, USA, Kanada, Australien, Japan

Cover: Foto ©ninafisch / pixelio.de

Manufactured and distributed by brebook publishing software (www.brebook.com)

Hermann Dopffel

Kaisertum und Papstwechsel unter den Karolingern

Kaisertum und Papstwechsel

unter

den Karolingern

von

Dr. Hermann Dopffel,
Archidiakonus in Reutlingen.

Freiburg i. B. 1889
Akademische Verlagsbuchhandlung von J. C. B. Mohr
(Paul Siebeck).

Herrn Professor

D. th. Carl von Weizsäcker

in dankbarer Verehrung

gewidmet.

Inhaltsübersicht.

	Seite
Vorbemerkung	1

I. Die Zeit des Patriziats . . 2 — 33

Rückblick auf die byzantinische Periode	2 — 6
Stand der Papsterhebung unmittelbar vor der Verbindung mit den Franken	6 — 7
Das zwischen Papst und Frankenkönig begründete Verhältnis	7 — 10
Verhältnis des Patriziats in seiner ersten Periode zum Papstwechsel	10 — 19
Erhebung Pauls I.	10 — 14
Papst Konstantin	15 — 16
Stephan III. und die Synode von 769	16 — 18
Hadrians I. Anfangszeit	18 — 19
Verhältnis des Patriziats in seiner zweiten Periode zum Papstwechsel	19 — 33
Weiterentwickelung des Patriziats	19 — 20
Erhebung Leo's III.	20 — 27
Das angebliche Dekret Hadrians I.	28 — 31
Angabe des libellus de imperatoria potestate	31 — 33

II. Das Kaisertum als Universalgewalt . . 34 — 110

Das Kaisertum Karls des Grossen in seinem Verhältnis zur Kirche im Allgemeinen	34 — 43
Stellung der Kirche im Staat	34 — 35
Verhältnis des Kaisers zum Papsttum im Allgemeinen	35 — 41
Das Recht des Kaisertums in Beziehung auf den Papstwechsel	41 — 43
Erhebung Stephans IV.	43 — 47
Stammt die Dekretale „quia sancta" von Stephan IV.?	47 — 58
Wortlaut und Literatur	47 — 49
Verhältnis zu Kapitel 11 des Konzils von 862	49 — 52
Analyse des Dekrets im Hinblick auf die Zeitlage	52 — 57

Bestätigung des Resultats durch die folgenden Papstwahlen	57 — 58
Paschalis' I. Erhebung	58 — 61
Die Papstwahlbestimmungen des Privilegiums Ludwigs	61 — 69
Inhalt dieser Bestimmungen	62 — 64
Beurteilung derselben	64 — 69
Das thatsächliche Verhältnis richtig wiedergegeben	64 — 67
Dennoch vorhandene Gründe gegen die Echtheit	67 — 68
Verhältnis zum Dekret quia sancta	68 — 69
Lothar Kaiser und die römischen Unruhen	70 — 73
Eugens II. Erhebung	74 — 77
Die constitutio Romana von 824	77 — 81
Sinn und Tendenz der Papstwahlbestimmungen	78 — 80
Verhältnis zum kaiserlichen Recht	80 — 81
Das sacramentum Romanorum von 824	81 —109
Quelle, Literatur, Bedenken in Betreff der Echtheit	81 — 84
Verhältnis der nachfolgenden Geschichte	85 — 91
Verhältnis zum Privilegium Otto's I.	92 —100
Inhalt des Römereids	100 —105
Die durch den Römereid geschaffene rechtliche Lage	105 —109
Valentins Erhebung	109
Gregors IV. Erhebung	109—110

III. Das Kaisertum als Partikulargewalt bis zum Tod Kaiser Ludwigs II (875)

	111—147
Wandlung im allgemeinen Verhältnis zwischen Kaisertum und Papsttum	111—116
Erhebung Sergius' II.	116—119
Erhebung Leo's IV.	120—121
Verhältnis seiner Regierung zum Kaiser	121—122
Erhebung Benedikts III.	123—128
Erhebung des Nikolaus I.	128—131
Das Papstwahldekret von 862	131—132
Nikolaus I. und das Kaisertum	132—133
Hadrians II. Erhebung	133—143
Die Parteien	133—140
Das kaiserliche Recht bei diesem Papstwechsel	140—143
Johanns VIII. Erhebung	143
Rückblick und Resultat der bisherigen Entwickelung	143—145
Anhang: Beurteilung der Angaben des Florus diaconus	145—147

IV. Das Kaisertum als Objekt des Streits zwischen den Fürsten (seit 875)

	148—159
Johann VIII. und Karl der Kahle	148—150
Wurde das rechtliche Verhältnis zum Papstwechsel geändert?	149—150

	Seite
Johann VIII. und Karl III.	150—151
Erhebung des Marinus	151
Hadrian III. und sein angebliches Dekret	151—152
Erhebung Stephans V.	152—155
Kann das Dekret „quia sancta" von Stephan V. stammen?	155—156
Formosus und Arnulf	156
Stephan VI. Urheber des Dekrets „quia sancta"?	157
Johann IX. als Urheber dieses Dekrets	157—158
Resultat dieser Periode	158—159
Nachträge	160—167

Berichtigung.

S. 17, Zeile 19 v. o. ist nach: sacerdotibus einzuschalten: atque proceribus.

Der Einblick in die vorhandene Literatur lässt eine erneute Untersuchung über das Verhältnis der Karolinger zum Papstwechsel als wünschenswert erscheinen [1]). An entscheidenden Punkten sind bis jetzt gesicherte und übereinstimmend angenommene Resultate noch nicht zu Tag gefördert worden. Es dürfte sich der Mühe lohnen, mit den verschiedenen Beurteilungen der überlieferten Thatsachen und Urkunden sich in genauerer Weise, als es bis jetzt durchschnittlich geschehen ist, auseinanderzusetzen und zu versuchen, ob sich nicht sicherere und, im Unterschied von dem vielfach Unbestimmten und Schwebenden, das den bisherigen Ergebnissen anhaftet, präzisere Resultate gewinnen lassen. Neben sorgfältiger Detailuntersuchung glaubte ich zugleich darauf Wert legen zu müssen, dass das Thema durchweg ins Licht des allgemeineren geschichtlich-rechtlichen Zusammenhangs gestellt würde.

---

[1]) Ich hebe gleich zum Anfang als besonders wertvoll hervor den gründlich orientierenden Abschnitt bei Hinschius, System des katholischen Kirchenrechtes Band I (1869) S. 227 ff. Daneben nenne ich den betreffenden Abschnitt bei Phillips, Kirchenrecht Band V (1857); ferner Lorenz, Papstwahl und Kaisertum (1874) und die Spezialuntersuchungen von P. Granderath, S. J., die Regierungen und die Papstwahl in den Stimmen aus Maria Laach Band 8 (1875) und Bayet, les élections pontificales sous les Carolingiens in der revue historique Band 24 (1884). Im übrigen verweise ich auf die Citate in der folgenden Abhandlung.

I. Die Zeit des Patriciats.

Für das karolingische Kaisertum, namentlich in seinem Verhältnis zum Papsttum, war es von nachwirkender Bedeutung, dass es durch eine fast fünfzigjährige Periode des Werdens hindurchgegangen ist. Es ist daher für das Verständnis der Stellung, welche das karolingische Kaisertum zum Papstwechsel eingenommen hat, notwendig, einen Einblick in das Verhalten zu gewinnen, welches die fränkischen Könige als römische Patrizier zur Papstwahl beobachtet haben.

In der Zeit, welche den näheren Beziehungen der Päpste zum fränkischen Herrscher vorherging, bestand eine völlige Freiheit der Papsterhebung von jedem oberherrlichen Einfluss. Der ganze Prozess des Papstwechsels war mit dem Schwinden der Abhängigkeit Roms von Konstantinopel zu einem intern römischen Akt geworden. Ganz anders war es während der **byzantinischen Periode** gewesen. Ein kurzer Rückblick auf diese Epoche ist wegen der mancherlei Rückbeziehungen auf sie, die in der karolingischen Zeit stattfinden, unerlässlich.

Seit Italien nebst Rom zur „servilis provincia" von Byzanz geworden war [1], wurde die kaiserliche Intervention beim Pontifikatswechsel zum festen Gewohnheitsrecht und es wurde als eine nur durch äussere Gründe verursachte Ausnahme verzeichnet, wenn ein Papst ohne die *jussio* des Kaisers eingesetzt wurde [2]. Allem nach war es nicht gesetzlich geregelt, wie weit der Einfluss des Kaisers gehen durfte; doch zeigt uns der liber diurnus, bis zu welchem Grad die römische Kirche gezwungen war, den Einfluss der Herrschergewalt beim Papstwechsel als zum regelrechten Verlauf gehörig anzuerkennen.

Der liber diurnus unterscheidet scharf zwischen **Wahl** und **Ordination**. Jene wird als eine von staatlicher Beeinflussung freie vorausgesetzt, als ein intern römischer Vorgang. An der

---

[1] Dieser Ausdruck z. B. im liber diurnus (publié par de Rozière Paris 1869) S. 117, im tit. de electione pontificis ad exarchum.

[2] „absque jussione principis". Vita Pelagii II im liber pontificalis.

Wahl beteiligen sich sowohl die geistlichen als die weltlichen Elemente der römischen Bevölkerung. Das Formular LXXXII des liber diurnus (S. 171) führt die Wähler vollständig nach ihrer Gliederung auf, vor allem den clerus, bestehend aus den sacerdotes, den proceres und dem universus clerus [1]), sodann die optimates, dann die universa militaris praesentia, die cives honesti, endlich cuncta generalitas populi Romanae urbis.

Der liber diurnus, sowie das Papstbuch beweisen aufs deutlichste, dass sich die römischen Laienelemente faktisch von der Beteiligung an der Wahl nicht ausschliessen liessen, obgleich es in Rom an hierarchischen auf ihren Ausschluss gerichteten Bestrebungen nicht fehlte (auf der Synode unter Symmachus 499 [2]) wurde die Papstwahl als eine Sache des *ecclesiasticus ordo* bezeichnet; vergl. auch unten die Synode von 769.

Die Abfassung des Wahldekrets ist ein völlig abgeschlossener Akt; in demselben wird von dem Erwählten ohne weiteres als von dem Papst der Zukunft geredet [3]). Auch in den Bittgesuchen an den Kaiser und Exarchen wird er proleptisch „noster pater atque pastor" genannt.

Trotzdem, dass sich hierin die Neigung der Römer verrät, ihren Erwählten schon als wirklichen Papst zu betrachten, wagten sie es doch nicht, diese Auffassung praktisch zu machen. Bei der byzantinischen Staatsgewalt (beim Kaiser oder beim Exarchen in Ravenna oder bei beiden) [4]) müssen sie die Erlaubnis ein-

---

[1]) Ueber die Bedeutung dieser 3 Teile cfr. Hinschius a. a. O. I S. 225.

[2]) Mansi, sacrorum conciliorum nova collectio VIII, 230—238, vgl. Dahn, Könige der Germanen III, 211 ff.

[3]) lib. diurn. S. 172. Anrede an Gott: „quoniam ... pium nobis contulisti pastorem, qui sanctam tuam ecclesiam ... regere atque gubernare valeat".

[4]) Von dieser Frage sehe ich ganz ab. Für die von Lorenz a. a. O. S. 27 dargelegte Auffassung der angeblichen Konzession des Pogonatus von 684, wornach dieser die Bestätigung durch den Exarchen für genügend erklärt habe, (vgl. auch Malfatti, imperatori e papi, ai tempi della signoria dei Franchi in Italia (1876) I S. 253 und Duchesne, le liber pontificalis, Paris 1886, I S. 364 n. 4), spricht der Umstand, dass die Sedisvakanzen seit Benedikt II. wesentlich kürzer sind; die längste erreicht nicht 3 Monate, während die früheren Sedisvakanzen oft weit darüber hinausgehen. — Keinesfalls wurde von Pogonatus die Einholung der staatlichen Erlaubnis der Ordination ganz abgeschafft — (vgl. Hin-

holen, die Ordination vornehmen zu dürfen, und ehe diese eingetroffen ist, darf der Erwählte keine päpstliche Funktion vornehmen; nicht nur keine der Verwaltungs- und Rechtsangelegenheiten des römischen Stuhls darf er besorgen (vergl. lib. diurn. S. 114: praesertim cum plura sint capitula etc.), sondern auch die moralische Autorität geht ihm noch ab (ibid. die pontificalis increpatio der Longobarden, vor der diese allein noch Respekt haben, ist nicht möglich, so lange er bloss der Erwählte des römischen Volkes ist).

In den an den Kaiser und den Exarchen gerichteten Gesuchen, die Ordination vornehmen zu dürfen, wird hervorgehoben die Einstimmigkeit der Wahl und die Würdigkeit des Gewählten, und auf Grund davon wird die Zuversicht ausgesprochen, dass „der Kaiser sich über die Einmütigkeit seiner Unterthanen freuen und deren Bitten nicht abschlagen werde" [1]). Dennoch soll damit nur ein moralischer Druck ausgeübt werden; das Recht des Kaisers, auch eine einstimmige Wahl zu verwerfen, ist die Voraussetzung, welche den Ausdrücken des Formulars selbst zu Grund liegt [2]).

Der Inhalt der in den devotesten Ausdrücken abgefassten Gesuche war, es möge der Befehl zur Vornahme der Ordination erteilt werden [3]).

Aus diesen Formeln geht ein tiefes Abhängigkeitsgefühl der Römer von der Herrschergewalt hervor. Dem Kaiser wird ein **unbedingtes Bestätigungsrecht** zugeschrieben, sogar in Ausdrücken, die besser auf ein Ernennungsrecht passen würden (die Römer betrachten sich als „per sacros clementiae vestrae — des Kaisers — apices sub pastore eodem constituti").

---

schius a. a. O. S. 224). Unmöglich scheint mir die Auffassung Zöpffels in der Realencyklop. f. protest. Theologie, 2te Aufl. II S. 252 (Art. Benedikt II.), da auch bei den folgenden Päpsten die Konsekration nicht buchstäblich „e vestigio" erfolgte.

[1]) lib. diurn. S. 104.

[2]) Gregor I. richtete an den Kaiser Mauritius die Bitte, seine einmütig erfolgte Wahl nicht zu bestätigen.

[3]) An den Kaiser lib. diurn. S. 105: „lacrimabiliter cuncti famuli supplicamus, ut dominorum pietas servorum suorum obsecrationem dignanter exaudiat et concessa pietatis suae jussione petentium desideria . . ad effectum de ordinatione ipsius praecipiat pervenire". — An den Exarchen ibid. S. 115: „supplicamus, ut . . apostolicam sedem de perfecta ejusdem nostri patris ordinatione adornare praecipiatis".

Und thatsächlich hat die kaiserliche Gewalt auch oft genug die Schranken der nachträglichen Bestätigung überschritten oder zu überschreiten versucht [1]).

Der für die Regel geltende Modus der Einfügung des staatlichen Rechts zwischen Wahl und Konsekration, wodurch der vorher einheitliche römisch-kirchliche Akt der Papsterhebung gleichsam zersprengt war, wurde allem nach erst in der byzantinischen Periode gefunden. Daher die für diese ganze Periode bezeichnenden langen Sedisvakanzen.

Diese Gestaltung der Ansprüche der Obergewalt musste den Römern und der römischen Kirche die Intercession eines kaiserlichen Rechts bei der Papsterhebung verhasst machen, besonders wurden die langen Sedisvakanzen sehr unangenehm empfunden [2]). Dass diese Formen dennoch so lange beobachtet wurden, ist bei der stets abnehmenden Macht der Byzantiner in Italien erstaunlich; noch bei Gregor III. 731 scheint der Exarch um Bestätigung gebeten worden zu sein, worauf die Sedisvakanz von 35 Tagen hinweist, doch pflegte eben Byzanz zäh an feststehenden Formen festzuhalten und wachte zudem im Gefühl seiner Schwäche mit doppelter Eifersucht über seinem Recht, wie das Schicksal Martins I. zeigt, der seine Missachtung des kaiserlichen Rechts schwer büssen musste. Der Pontifikatswechsel war dem byzantinischen Despotismus eine Gelegenheit, die Römer und den neuen Papst die fortbestehende Unterthanenschaft fühlen zu lassen.

Allein eben dieses Unterthanenverhältnis wurde durch die Entwicklung der Dinge in Italien in Frage gestellt. Der Papst wurde selbst eine politische Grösse neben dem Kaiser. Die von den Longobarden nicht eroberten Teile Italiens wurden von Byzanz aus nur ungenügend beschützt; sie mussten sich selbst wehren, die Bevölkerung der Städte, namentlich auch Roms, wurde wehrhaft, ein exercitus. Gegenüber den Longobarden erwachte bei den nicht unterworfenen Italienern ein „römisches"

---

[1]) Das erstemal misslungen ist solcher Versuch gegenüber dem Papst Sergius I. 687 (vgl. auch Ranke, Weltgeschichte V, 1, S. 300).

[2]) Vgl. im lib. diurn. Nro. 61, 62, 63 die Schreiben an den Erzbischof, die judices und den Apokrisiar von Ravenna, worin diese gebeten werden, für schleunigste Erledigung der Gesuche an den Exarchen besorgt zu sein.

Nationalbewusstsein ¹). Der Begriff der „respublica Romanorum" beginnt seine merkwürdige Rolle zu spielen ²). Im Zusammenhang mit ihm gewinnen die Päpste als die thatsächlichen Regenten dieser respublica ³) die Stellung und Auktorität der höchsten politischen Macht in Italien, denn das „römische" Bewusstsein kehrte sich auch gegen Byzanz. Nicht dieses, sondern Rom war der Sitz einer Macht, die den Hort gegen die Longobarden bildete. Dazu kam der die Kluft zwischen Rom und Byzanz befestigende Bilderstreit.

Mit dem Schwinden der Abhängigkeit Roms von Konstantinopel musste auch das Einholen der Bestätigung bei den Papstwahlen abkommen. Nachdem noch unter Gregor III. von den Römern der Beschluss gefasst worden war, sich von der Herrschaft des griech. Kaisers loszusagen und sich in die defensio des fränkischen Fürsten zu begeben, wurde Zacharias, der Nachfolger Gregors III., 741 nach einem Interpontificium von nur 5 Tagen konsekrirt; und das geschah noch 8 Jahre vor der Eroberung des Exarchats durch die Longobarden. (Die nominelle Oberhoheit von Byzanz bestand noch fort bis 796) ⁴).

Hiemit sind wir angelangt bei dem schon oben bezeichneten Resultat völliger Freiheit der Papsterhebung von jedem oberherrlichen Einfluss. Rom hat die byzantinischen Formen, über

---

¹) Vgl. Döllinger, Kaisertum Karls des Grossen im Münchener histor. Jahrbuch für 1867.

²) Vgl. Weiland in der Zeitschrift für Kirchenrecht Band 17 (1882 S. 373) mit Beziehung auf Martens, die römische Frage unter Pippin und Karl 1882.

³) Für den Zusammenhang, in welchen die kirchliche und die politische Seite gebracht wurde, ist am bezeichnendsten der Ausdruck: „sancta Dei ecclesia reipublicae Romanorum", nach Martens (a. a. O. S. 75) von Stephan III. zuerst gebraucht, auch in dessen vita vorkommend. Es ist z. B. von Restitutionen die Rede, die Aistulf b. Petro sanctaeque Dei ecclesiae reipublicae Romanorum verweigert (epist. 6). Darin kommt deutlich das Bewusstsein zum Ausdruck, dass die respubl. Rom. nicht als rein politisches Gemeinwesen hergestellt wird, sondern dass die Kirche des Petrus das Zentrum bildet, an das sich der Römerstaat ansetzt und an das er sich hält, um überhaupt zu bestehen. Die politische Bedeutung, kraft welcher der Papst die „Restitutionen" an die respubl. Rom. fordert, hat er nur infolge seiner kirchlichen Stellung. Petrus und die ecclesia dominieren im Römerstaat.

⁴) Vgl. Weiland a. a. O. S. 374, 382.

die es hinausgewachsen war, zersprengt. Aber die freie Papstwahl war jetzt verwirklicht nicht rein auf dem Grund der geistlichen Bedeutung des Papsttums, sondern weil der Papst das Haupt eines de facto unabhängigen Gemeinwesens geworden war. Der Kampf der Kirche gegen den Staat war damals noch nicht gekämpft. Auf dem Weg, der damals zur freien Papstwahl führte, standen sich nicht die reinen Gegensätze: römische Kirche und weltliche Gewalt gegenüber, sondern auf Seiten der Kirche stand mit ihr verbunden der Begriff der respublica Romanorum, der eine gewaltige Triebfeder in der weltgeschichtlichen Bewegung war, aus welcher die Aufrichtung des Imperiums im Westen resultierte. — Immerhin musste sich die Thatsache, dass eine Periode freier Papsterhebungen statthatte, dem Gedächtnis der römischen Kirche tief einprägen; nur widerstrebend konnte sie sich aus dieser selbständigen Position verdrängen lassen.

Mit der Grösse der Idee der römischen Republik standen die realen Machtmittel derselben nicht im Einklang. Die politische Hilfsbedürftigkeit des Papsttums und der Römer führte zur Begründung der Beziehungen zwischen Rom und der Frankenmacht, in welch letzterer der Papst eine Stütze für seine Selbständigkeit zu gewinnen hoffte. Während der Papst dem usurpierten Königtum Pippins die religiöse Weihe verlieh und damit die fehlende Legitimität ergänzte, wurde ein Bund der Liebe und Treue zwischen dem Papst und Pippin nebst dessen Söhnen aufgerichtet, der für Pippin die Uebernahme der Verpflichtung in sich schloss, die römische Kirche zu verteidigen und die Gerechtsame des hl. Petrus wahrzunehmen, insbesondere für Rückerstattung des Exarchats an die röm. Republik besorgt zu sein [1]). Pippin löste seine Verpflichtung dadurch ein, dass er die eroberten Gebiete dem Papste übergab (der potestas des Petrus und dem jus der röm. Kirche, mit ausdrücklicher Weigerung, sie der ditio imperialis zu übergeben) [2]). Hiemit erhielt der Papst eine urkundlich garantierte politische Oberhoheit, während er vorher solche nur faktisch ausgeübt hatte. Auch auf seine Herrschaft über

---

[1]) „juri reipublicae reddere" vita Steph. II c. 26.
[2]) vita Steph. II c. 45.

Rom und den Dukat, obgleich diese nicht auch Gegenstand der Schenkung Pippins sein konnten, übte letztere eine verstärkende Rückwirkung.

Das Verhältnis zwischen dem Papst und Pippin war das zweier Verbündeter: beide Teile versprachen einander, gleiche Freunde und gleiche Feinde haben zu wollen [1]. Andere Ausdrücke für das aufgerichtete Verhältnis sind z. B. concordia caritatis und foedus pacis [2]. Ob das Verhältnis ein juristisch fixiertes war, mag dahingestellt bleiben (Martens leugnet es a. a. O. S. 78).

Pippin hat gegenüber von Rom, dem Papst und der respubl. Rom. keinerlei Oberhoheit; er ist „protector atque defensor" (so nennt Paul I. den Pippin). Als „defensor ecclesiae" ist Pippin zugleich Beschützer des Römerstaats (bei dem eigentümlichen Zusammenhang zwischen dieser ecclesia und der respubl.).

Aber nun begnügte sich der Papst nicht damit, den König neben die römische respublica zu stellen, sondern er stellte ihn gewissermassen in dieselbe hinein durch Ernennung Pippins und seiner Söhne zu *patricii Romanorum*. Der Sinn dieses Titels ist im allgemeinen jedenfalls der, dass dem König eine Würde innerhalb der respublica Roman. übertragen wird, und zwar vom Papst als dem Vertreter dieser respublica. Ihrer näheren Art nach ist es eine politische, nicht kirchliche Würde [3]. Wie in dem eben Gesagten, so stimme ich auch darin mit dem Resultat (wenn auch nicht durchweg mit der Art der Beweisführung) von Martens [4] überein, dass mit dem Patriciat lediglich eine tituläre Qualität übertragen wurde. Martens bezeichnet sie als „Ehrenmitgliedschaft der neuen respublica". Das scheint mir zu wenig gesagt. Nicht bloss Ehrenmitglied überhaupt, sondern Inhaber des höchsten Ehrenrangs in der römischen respubl. wurde Pippin als patricius. Als Vertreter der röm. respubl. wagte der Papst eine Ehre zu verleihen, die bisher nur der Kaiser verliehen hatte.

---

[1] Stephan III schreibt an Karl und Karlmann (bei Jaffé, bibliotheca rerum germanicarum IV. S. 160): „oportet meminere, ita vos b. Petro et vicario ejus vel ejus successoribus spopondisse, se amicis nostris amicos esse et se inimicis inimicos, sicut et nos in eadem sponsione firmiter dinoscimur permanere".
[2] Paul I, an Pippin bei Jaffé biblioth. IV, S 68.
[3] „patricius *Romanorum*", nicht „ecclesiae".
[4] Martens a. a. O. S. 80 ff.

Ein gewisser Zusammenhang des Titels „patricius Romanorum" mit dem Patriciatstitel im römisch-griechischen Reich lässt sich gewiss nicht leugnen ¹). Namentlich muss in Betracht kommen, dass der Exarch in Ravenna den Titel „*patricius et exarchus Italia*" führte. Die vita Hadriani I c. 36 („sicut mos est ad exarchum aut patricium suscipiendum, eum (Karl 874)... suscipi fecit" zeigt deutlich, wie der Patriciustitel des Königs unmittelbar an den Exarchen erinnerte. Aber darin liegt entfernt nicht, dass der Papst mit diesem Titel irgendwie die Rechte des Exarchen hätte übertragen wollen. Was der Exarch an Rechten besass folgte aus seiner Stellung als Vertreter des Kaisers. Pippin bekam kein solches Amt, keine Kaiservertretung ²). An die Stelle des Exarchenamts tritt beim patricius Pippin seine Freundes- und Defensorstellung. — In dem Patriciatstitel an und für sich liegt auch keineswegs die Schirmvogtei weder über den

---

¹) So auch Weiland a. a. O. S. 376 gegen Martens, der durch seine „neuen Erörterungen über die röm. Frage unter Pippin u. Karl" 1882 S. 88 f. den Einwand Weilands, wie mir scheint, nicht entkräftet.

²) Ich halte es für einen nicht durchzuführenden Gedanken, wenn Waitz, deutsche Verfassungsgesch. III (2. Aufl. 1883) S. 86 sagt: „der Papst bestellte (durch den Patriciat) den fränkischen König als den, welcher die Rechte des Reichs wahrnehmen sollte". — Darum war es dem Papst doch gewiss nicht zu thun, die Rechte des Reichs wieder aufleben zu machen. Waitz selbst fährt dann fort, dass der Patricius „insonderheit die Kirche und ihren Bischof schützen sollte". Mussten aber die Päpste zur Begründung einer solchen Pflicht zu einem solchen Titel greifen, der vor allem (den Päpsten unbequeme) Rechte in sich geschlossen hätte? Was Waitz ibid. Anm. 1 gegen Martens bemerkt, scheint mir die Berechtigung der Grundauffassung von Martens, die ich in der oben modifizierten Weise teile, nicht zu erschüttern. Die spätere Auffassung Karls beweist nichts für die ursprüngliche Intention des Papstes. — Auch Simson, Jahrbücher des fränk. Reichs unter Karl dem Grossen I (1888) S. 171 ff. vertritt die Ansicht, wornach Pippin als patricius „gewissermassen Statthalter im römischen Italien" werden sollte. Der Begriff des Patriciats habe den Begriff der Herrschaft in sich geschlossen; die Absicht der Päpste sei allerdings die gewesen, den fränkischen Königen nur die Pflichten der Patriciatswürde und nicht deren Rechte aufzuerlegen, weshalb es im Interesse der Päpste gelegen habe, diese Würde nicht mehr als nötig zu betonen. — Hiegegen bemerke ich: wenn die Päpste das Aufkommen einer neuen Herrschaft im Gebiete der röm. respubl. vermeiden wollten, so ist es doch nicht wahrscheinlich, dass sie sich durch Verleihung einer Würde, die ihrem Begriff gemäss das Recht der Herrschaft in sich schloss, einer so bedenklich zweischneidigen Waffe bedient haben.

Römerstaat noch über die römische Kirche (wie z. B. Döllinger a. a. O. S. 321 meint)).¹) Aber für Pippin, der die Defensionsverpflichtung übernommen hatte, war der besondere römische Ehrenrang, der ihm übertragen wurde, eine Verstärkung seiner Defensionsverpflichtung, und insofern besteht allerdings auch ein Zusammenhang zwischen dem Patriciat und der Defension²).

Das Papsttum hatte zwar die überwiegenden Vorteile des Bundes auf seiner Seite, dennoch war der Anschluss an das fremde Königshaus für seine Selbständigkeit bedenklich; die Machtverhältnisse beider Teile waren zu ungleich. Nur konnte das Interesse, grössere Gegenleistungen zu fordern, auf Seiten der Frankenmacht erst eigentlich lebendig werden, wenn dieselbe einmal festen Fuss in Italien gefasst hatte. Sobald dies geschah — im Jahr 774 — begann der Frankenkönig seiner Stellung als Defensor und Patricius eine im Vergleich zu der ursprünglichen päpstlichen Auffassung weitergehende Interpretation zu geben. Von 774 an beginnt daher eine zweite Periode des Patriciats. Hiemit ergibt sich für uns zuerst die Frage: **Was ist das Verhältnis des Patriciats in seiner ersten Periode zum Papstwechsel?**

Der Schöpfer des Patriciats Stephan II. starb am 26. April 757. Die Wahl seines Bruders und Nachfolgers, Paul I., erfolgte „continuo"³), nachdem Stephan begraben war. Vorher

---

¹) Vgl. Kaufmann, deutsche Geschichte II (1881) S. 294: „Niemals forderte der Papst die Hilfe Pippins auf Grund der dem Patricius obliegenden Pflicht". — Dahn, deutsche Geschichte I, 2 (1888) S. 260 dagegen leitet die Schutzpflicht unmittelbar aus dem Patriciat ab.

²) Wenn auch die Diskussion über die Bedeutung des Patriciats noch nicht abgeschlossen sein dürfte, so wird doch jede Auffassung darauf hinauskommen müssen, dass der Patriciat des Frankenkönigs in seiner ersten Gestaltung zwar Ehre und Pflichten, aber keine Herrschaftsrechte mit sich brachte. Auch Malfatti, der bei seiner Erörterung über den Patriciat von dem Satz ausgeht (a. a. O. I S. 348): „il patriziato (in der kaiserlichen Zeit) non era solo dignità, ma anche autorità" kommt S. 352 auf den Satz hinaus: „che all' onore ed agli obblighi s' accompagnassero anche diritti sulla città di Roma e sull' Italia imperiale, per i primi tempi almanco, non lo crediamo".

³) Vita Pauli I bei Muratori, rerum Italicarum scriptores III pars I S. 173. In der Ausgabe von Duchesne I S. 463.

musste jedoch einer byzantinisch oder vielleicht longobardisch gesinnten Gegenpartei der Sieg abgerungen werden. Paul sandte vor seiner Konsekration ein uns erhaltenes Schreiben an Pippin, welches uns Aufschluss gibt über die damalige Auffassung des Verhältnisses von Patriciat und Papstwahl. Dieses Schreiben [1]) beginnt damit, dass der Neugewählte, der sich als „Paulus diaconus et in Dei nomine electus sanctae sedis apostolicae" tituliert, den Tod seines Vorgängers anzeigt, und zwar gebraucht er hiezu fast die gleichen Worte, mit welchen nach dem liber diurnus die drei die Stelle des Papstes während der Sedisvakanz vertretenden Würdenträger dem Exarchen den Tod des Papstes anzeigten [2]).

Diese Uebereinstimmung des Wortlauts zeigt, dass man in Rom dem fränkischen patricius auch in Beziehung auf die Papstwahl eine an den Exarchen erinnernde Bedeutung beimass. Allein der weitere Inhalt des Briefes beweist, dass der Papst die Aehnlichkeit zu einer bloss äusserlichen, formellen stempelte, und die Aenderungen an den alten Formularen sind natürlich ebenso bedeutungsvoll wie die Uebereinstimmung [3]). — Nicht mit einer Silbe wird in dem Brief die altgewohnte Bitte um Gestattung der Konsekration wiederholt. Auf die Anzeige des Todes des Vorgängers folgt mit kurzen Worten die Anzeige der Wahl: seine infelicitas sei von der cuncta populorum caterva erwählt worden. Wie wenig Mühe gibt sich hier der Papst, den rechtmässigen Hergang oder die Einstimmigkeit seiner Wahl zu erweisen. Dem Exarchen musste eine Kopie des Wahldekrets vorgelegt werden; es schien notwendig, dass er einen Einblick in den intern römischen Wahlakt bekäme. Dieser Einblick wird dem Patricius jetzt entzogen; ihm gegenüber schliesst sich der Wahlakt völlig in sich ab.

Der Brief fährt fort: während der Wahl sei Immo, der Gesandte Pippins, nach Rom gekommen. „Indem wir uns mit diesem Gesandten besprachen, haben wir nebst unsern Optimaten

---

[1]) Jaffé bibl. IV S. 67.
[2]) lib. diurn. ed. Rozière S. 109, vgl. Lorenz, Papst-Wahl u. Kaisertum S. 32.
[3]) Aehnlich Lorenz a. a. O. S. 33, dessen Auffassung des ganzen Briefs ich jedoch nicht teile. Vgl. Schum in den Götting. gelehrten Anzeigen 1875 S. 232.

es für passend erachtet (aptum prospeximus), ihn hier zurückzuhalten, bis wir durch die apostolische Benediktion erleuchtet sein werden, damit er dann von unserer und des ganzen Volks Aufrichtigkeit und Liebe, die wir gegen deine gnädigste Exzellenz und das ganze Volk der Franken hegen, um so vollständiger überzeugt sei[1]) und dann von uns entlassen werde, um in Begleitung unserer eigenen Gesandten zu euch zurückzukehren, denn das sollst du gewiss erkennen, durchlauchtigster König, der du nach Gott unser Helfer und Verteidiger bist, dass wir fest und stark bis zum Tod in der Treue, Liebe und Eintracht und in dem Friedensbund, den unser Vorgänger mit euch geschlossen, verharren und nebst unserem Volk bis ans Ende verharren werden." — Der Brief schliesst mit der Versicherung, dass der Papst nicht ablassen werde, für den König und seine Familie zu beten, „ut semper tuum auxilium et firmissima protectio extendatur super nobis"[2]).

Der Sache nach erinnert nur zweierlei an den Modus, den man einst dem Exarchen gegenüber beobachtet hatte. Zunächst das, dass man überhaupt dem König den Tod des alten und die Wahl des neuen Papstes anzeigte. Allein dies ergab sich als Notwendigkeit aus der zwischen Papsttum und Königtum bestehenden Verbindung. Auffallender ist das andere, dass wie unter dem Exarchen, so auch diesmal die Anzeige der Wahl **vor** der Konsekration erfolgte. Dieser Umstand ist aber als ein lediglich **zufälliger** zu erklären. Der Beweis hiefür liegt in der Anschauung vom Verhältnis zwischen Frankenkönig und Papstwahl, welche der Brief an den Tag legt: es findet sich keine Spur von einer Aufforderung an den König, seinen Willen in betreff der vorliegenden Wahl zu äussern. Die Verzögerung der Konsekration, die erst am 29. Mai erfolgte, kam vielleicht von einem fortgesetzten Widerstand der Gegenpartei her[3]). Der Zeitraum von etwa

---

[1] „et tunc plenius satisfactus de nostra ... puritate et dilectione, quam erga tuam benignissimam excellentiam et cunctam gentem Francorum gerimus".

[2] Der Schlusssatz von „unde indesinenter" an erinnert wieder an den lib. diurn., nämlich an den Schluss des Schreibens an den Kaiser und an mehrere Formeln in der Bitte an den Exarchen.

[3] Darauf, dass sich gegen Paulus längere Zeit Widerspruch geltend machte, weist der Umstand hin, dass Pippin an Adel und Volk einen Brief richtete, worin er sie zur Treue gegen Petrus, die Kirche und den Papst

30 Tagen, der zwischen Wahl und Konsekration liegt, ist (trotz Lorenz S. 34, 1) doch wohl zu kurz, als dass eine Antwort Pippins vor der Konsekration hätte eintreffen können [1]). Ausserdem aber liegt ein Beweis dafür, dass man bei Pauls I. Erhebung nicht auf eine Willensäusserung des Königs vor Vornahme der Ordination gewartet hat, in dem Hergang bei den nächsten Papstwahlen (vrgl. unten die Darstellung des Hergangs bei Konstantin, Stephan III., Hadrian I. und Leo III.). — Endlich wird die Bedeutung des Umstands, dass die Anzeige der Konsekration vorherging, völlig aufgewogen durch den prinzipiellen Unterschied von dem früher beobachteten Modus, dass nicht die Vertreter und Wähler des Papstes, denen es früher zukam, sondern **der Neugewählte selbst** den Tod des Vorgängers und die Neuwahl anzeigt. Darin liegt, wenn er sich gleich erst electus nennen darf[2]), die Unabhängigkeit der Genesis des Papstes von dem Patricius ausgedrückt. Der Gewählte weiss sich in seiner Stellung selbständig genug, um sogar vor seiner Ordination die Eröffnung der Beziehungen zum Frankenkönig in die Hand zu nehmen.

Eine Frage bleibt noch übrig. Liegt nicht darin, dass der fränkische Gesandte bis zur Zeit nach der Konsekration in Rom zurückgehalten wurde, die Einräumung des Rechts an die fränkische Staatsgewalt, sich beim Pontifikatswechsel irgendwie als mitwirkender Faktor geltend zu machen? Aus dem Wortlaut des Briefes geht hervor, dass das Bleiben des Gesandten nicht Folge eines etwa früher festgesetzten Rechts des Frankenkönigs ist, sondern nur eines in Rom, weil gerade ein Gesandter da war, gefassten Beschlusses. Wenn auch der eigentliche Zweck, warum Immo zurückgehalten wurde, nicht deutlich ausgesprochen wird, so liegt doch wenigstens das deutlich genug in den Worten, dass ihm keine oberherrliche oder überwachende Funktion zugeschrieben wurde. Der Wunsch des Papstes geht offenbar dahin, dass der Gesandte der Konsekration beiwohnen soll. Die Zulassung des

---

ermahnte. Die Römer antworteten in einem Schreiben, worin sie ihre Ergebenheit gegen ihren dominus Paul beteuerten. Vgl. Gregorovius, Geschichte der Stadt Rom 3. Aufl. II S. 290.

[1]) So urteilt auch Bayet a. a. O. S. 69.

[2]) Ebenso titulierten sich in der byzantin. Zeit die Päpste, wenn sie genötigt waren, vor der Konsekration Schreiben zu erlassen.

Vertreters der befreundeten Macht zu dem Akt der Einsetzung soll wohl ein Ausdruck davon sein, dass die Beziehungen zwischen beiden Mächten auch durch den Wechsel des Pontifikats nicht alteriert werden. Insofern dient die Zurückhaltung des Gesandten dazu, in diesem die Ueberzeugung von des Papstes und der Römer Anhänglichkeit an die Franken zu verstärken. — Den gleichen Zweck real zu bewerkstelligen, der durch die Anwesenheit des Gesandten symbolisiert ist, den Fortbestand der alten Beziehungen, das ist wohl die Mission der Gesandten, welche der Papst nach der Ordination als Begleiter Immos an Pippin abzuordnen verspricht.

Wahrscheinlich wünschte der Papst namentlich deswegen die verlängerte Anwesenheit Immos, um an ihm eine Verstärkung seiner eigenen Partei zu haben [1]).

Wir sehen: der Papstwechsel erscheint in dem Brief Pauls als die Veranlassung von Erklärungen, die der neue Papst dem Frankenkönig abgibt, wodurch er seine persönliche Uebereinstimmung mit dem von seinem Vorgänger angeknüpften Verhältnis ausdrückt. Diese Erklärungen erscheinen aber durchaus nicht als Bedingung der Gültigkeit seiner Erhebung. Das Verhältnis zwischen dem Königtum und dem Papsttum greift nicht in die Genesis des neuen Papstes ein.

Wir haben keinen Grund anzunehmen, dass von fränkischer Seite das Verhältnis zwischen Patriciat und Papstwahl damals anders aufgefasst wurde als von päpstlicher. Pippin antwortete dem Papst, wie wir aus weiteren päpstlichen Schreiben erschliessen [2]), mit Glückwünschen und Ehrfurchtsbezeugungen, d. h. er will auch mit dem neuen Papst die alte Verbindung fortsetzen. Hätte der Papst nicht die Hand zur Erneuerung des Bundes geboten, so hätte nach dem damaligen Stand der Dinge die Antwort Pippins darin bestehen müssen, dass auch er seine Hand von Rom zurückgezogen hätte; nicht aber hätte er die Papstwahl für ungültig erklären können. — In dieser Stellung des Patricius zur Papstwahl erkennen wir die Konsequenz von dem allgemeinen Verhältnis zwischen Patriciat und Papsttum. Nicht das Ver-

---

[1]) Im Jahr 771 sehen wir, wie der fränkische Gesandte Dodo im Interesse einer römischen Partei thätig ist.

[2]) Jaffé bibl. IV S. 72; 99.

hältnis zwischen Kirche und Staat war es, welches zwischen beiden Gewalten beim Papstwechsel in Betracht kam, sondern das Verhältnis zwischen zwei freilich in eigentümlicher Weise verbündeten Staaten [1]).

In die nach dem Tod Pauls I. (28. Juni 767) ausbrechenden Wahltumulte, welche ein Beweis von dem gesteigerten Einfluss und Interesse der mächtigen Laien bei der Papstwahl und zugleich ein Beweis davon sind, wie wenig das päpstliche Regiment im stand war, die nach Macht strebenden Optimaten niederzuhalten, griff die fränkische Macht durchaus nicht ein [2]). Die zwei erhaltenen Briefe des unter vielen Gewaltsamkeiten eingesetzten Laienpapsts Konstantin (Jaffé bibl. IV. S. 147 ff. ep. 44 und 45) an Pippin zeigen uns, wie fern dem Papsttum der Gedanke an ein Bestätigungsrecht des Patricius lag; denn Konstantin, dem überaus viel daran gelegen ist, von Pippin als der rechtmässige Papst betrachtet zu werden, schreibt in den devotesten Ausdrücken [3]); dennoch ersucht er nicht um Bestätigung, sondern er bittet: Pippin möge die caritas und amicitia, die zwischen dem König und den früheren Päpsten bestanden habe,

---

[1]) Der Ausführung von Lorenz a. a. O. S. 31 ff. kann ich nicht beistimmen. Er sagt: „das bilaterale Verhältnis von Kirche und Staat beim Papstwechsel sei auch unter dem Patriciat Pippins erhalten worden, nur die persönlichen Träger des Rechts haben gewechselt; die Repräsentation der Staatsgewalt, wie sie zuletzt dem Exarchen von Ravenna oblag, sei übergegangen auf den fränkischen Machthaber". — Die Voraussetzung, die hier gemacht wird, dass sich der Papst als Angehöriger des Staates Pippins gefühlt habe, trifft nicht zu. Lorenz kann daher den Brief Pauls an Pippin nicht recht deuten; nicht in dem „vertraulichen Ton", den der Papst anschlägt, oder in „einer mehr ideellen Auffassung des staatlich-kirchlichen Verhältnisses" liegt der Hauptunterschied von früher. Schliesslich muss doch auch Lorenz zugeben, dass der Brief Pauls „formell und sachlich weniger grosse Zugeständnisse an den neuen Patricius enthielt als an den alten Exarchen". Vgl. auch die Einwendungen von Martens, die römische Frage S. 114 f. gegen Lorenz.

[2]) Die Schilderung der Ereignisse bei Gregorovius a. a. O. II 302 ff. und bei Langen, Geschichte der römischen Kirche II (1885) S. 686 ff.

[3]) Waitz a. a. O. 2. Aufl. III S. 89 Anm. 1; auch Martens a. a O. S. 97.

auch mit ihm anknüpfen und fortsetzen. — Von einem Warten auf fränkische Bestätigung war auch bei Konstantin keine Rede gewesen; an die am 28. Juni erfolgte Wahl schloss sich am 5. Juli die Konsekration an.

Pippin scheint Bedenken getragen zu haben, mit diesem Papst Verbindungen anzuknüpfen [1]). In einem zweiten Schreiben, womit Konstantin die Uebersendung der Synodika des Patriarchen von Jerusalem begleitet, tritt er den Nachrichten, die sich über seine Wahl verbreitet hatten, entgegen, freilich „in lügenhafter Weise" (Langen). Aber so sehr es ihm darum zu thun ist, Pippin von der Rechtmässigkeit seiner Erhebung zu überzeugen, so ist er auch in diesem Schreiben weit entfernt, seine Erhebung dem königlichen Willen zu unterstellen; er bezeichnet die Anzeige, die er vom Tod seines Vorgängers und von seinem Amtsantritt an Pippin gemacht habe und nun wiederhole, als die Erfüllung einer Ehrenpflicht gegenüber dem König, womit er ihn begrüsst und sich ihm als neuer Papst vorgestellt habe [2]). Von einer Erwiderung seitens Pippins erfahren wir nichts. So viel aber ist klar: die Existenz des Papstes war weder rechtlich noch faktisch von der Anerkennung des Patricius abhängig [3]).

Die gewaltsam unter longobardischem Beistand bewerkstelligte Gegenrevolution führte endlich Stephan III. auf den päpstlichen Stuhl. Unter greuelvoll anarchischen Zuständen begann er sein Pontifikat. Der Frankenkönig griff nicht ein. Am 1. Aug. 768 wurde er gewählt, am 7. konsekriert [4]). Seine vita erzählt [5]): „bald nach seiner Ordination (in ordinationis suae exordio) schickte er an die Frankenkönige und Patrizier der Römer Pippin, Karl und Karlmann, den Secundicerius Sergius mit der Bitte, einige Bischöfe zu dem Konzil zu schicken, welches

---

[1]) Vgl. Malfatti a. a. O. I S. 392.

[2]) „debitum honoris ac salutationis affectum et visitationis conatum excellentissimae christianitati vestrae aptum duximus persolvendum".

[3]) Daraus, dass Karl der Grosse keinen Anstand nahm, die beiden Briefe Konstantins im codex Carolinus den anderen Papstbriefen anzureihen, wird kaum ein Schluss auf die von Pippin eingenommene Stellung erlaubt sein.

[4]) Hier muss auch Lorenz a. a. O. S. 34 bemerken: „es schien keine Ahnung zu bestehen, der neue Patricius könnte Rechte in Anspruch nehmen gleich dem alten".

[5]) Bei Muratori a. a. O. S. 176. Bei Duchesne I S. 473.

er in Rom mit dem Zweck, alle Akte des Usurpators zu kassieren, halten werde. Der Gesandte traf den Pippin nicht mehr am Leben, wurde aber von den beiden Königen, seinen Söhnen und Nachfolgern, gnädig aufgenommen, und 12 fränkische Bischöfe wurden geschickt". Diesen Bischöfen wurde auf der Synode ein sehr hohes Ansehen beigemessen [1]).

Die Lateransynode vom April 769 hielt über den unglücklichen Konstantin ein unbarmherziges Gericht. Das Verhältnis zum Frankenkönig blieb dabei ganz ausser Betracht. In der dritten Sitzung fasste sie, um Tumulten, wie sie im letzten Jahr vorgekommen waren, bei der Papstwahl vorzubeugen, einen Beschluss, worin sie das aktive und passive Wahlrecht festsetzte [2]). In beiden Beziehungen ist die Spitze des Beschlusses gegen die Geltendmachung des Laienelements gerichtet: nur einer von den Kardinalpresbytern und Kardinaldiakonen soll Papst werden können. Bei dem Wahlakt wird dem geistlichen Element die entscheidende Rolle zugewiesen. „Nulli unquam laicorum . . . praesumant inveniri in electione pontificis, sed a certis sacerdotibus ecclesiae et cuncto clero ipsa pontificalis electio proveniat. Et postquam [3]) pontifex electus fuerit et in patriarchium deductus, omnes optimates militiae vel cunctus exercitus et cives honesti atque universa generalitas populi hujus Romanae urbis ad salutandum eum sicut omnium dominum properare debent. Et ita more solito decretum facientes et in eo cuncti pariter concordantes subscribere debent". Es folgt noch das Verbot der Anwesenheit von Auswärtigen, von servi und von Bewaffneten bei der Wahl. — Demgemäss kommen die Laien nur in zweiter Linie in Betracht, sofern ihnen ein Akklamationsrecht („ad salutandum eum") und das Recht, das Wahldekret zu unterschreiben reserviert wird [4]). Den Optimaten ist nicht mehr eingeräumt als den übrigen Klassen der Bevölkerung.

---

[1]) Hefele, Konziliengeschichte (1. Aufl.) Band III S. 404.
[2]) Mansi XII S. 719.
[3]) Es ist offenbar nicht *priusquam* sondern *postquam* zu lesen. Vgl. Bayet a. a. O. S. 55, 4. Langen S. 694, 1. Uebrigens sind, was Langen nicht beachtet, beide Lesarten handschriftlich bezeugt. Vgl. Weiland, das angebliche Wahldekret Stephans IV. in der Zeitschrift für Kirchenrecht Band 19 S. 87. Anm. 9.
[4]) Hinschius a. a. O. S. 228 versteht unter dem „decretum" „das Do-

Der Abfassung des Dekrets liegt keinesfalls eine Intention gegen den Frankenkönig zu Grund. Mit Unrecht vermutet Lorenz (a. a. O. S. 34 f.), dass die Synode „sich sorgfältig gehütet habe, über das Verhältnis der beiden Gewalten in Betreff des Pontifikatswechsels eine bestimmte Erklärung zu geben". Dem hier vorausgesetzten ängstlichen Misstrauen des Papstes gegen Pippin widerspricht der damalige Stand der Dinge. Immerhin aber war jenes Dekret ein Ausfluss spezifisch geistlicher, hierarchischer Bestrebungen und war deshalb indirekt auch gegen alle etwa in der Zukunft auftauchenden Ansprüche einer ausserrömischen Staatsgewalt gerichtet, durch welche der Charakter der Papstwahl als eines der römischen Hierarchie zukommenden Privilegiums gefährdet werden konnte.

Die Festsetzungen von 769, sofern durch sie der Laieneinfluss bei der Papstwahl beschränkt werden sollte, sind, wie namentlich die Berichte des liber pontificalis beweisen, in der folgenden Zeit nicht eingehalten worden [1]). Besonders seitdem der Papst auch politisches Oberhaupt war, war die Bedeutung der Laieneinwirkung mächtig gewachsen. Das Volk und namentlich der Adel von Rom wollten selbst ihren Herrn wählen und liessen sich dieses Recht nicht so leicht nehmen.

—

Stephan III. starb Ende Januar 772. Am 1. Februar wurde Hadrian I. gewählt und am 9. Februar konsekriert [2]). Eine alte vita Hadrians [3]) enthält die Urkunde über die erfolgte Wahl, deren Wortlaut mit dem liber diurnus übereinstimmt. Von einer Berücksichtigung des fränkischen Patricius ist darin keine Rede.

Die Gestaltung, welche die Dinge unter Stephan III. ge-

---

kument über die demnächst definitiv vorzunehmende Wahl", was mir nicht wahrscheinlich scheint. An was anderes konnte man damals denken, wenn man sagte: „more solito decretum facientes" als an das eigentliche Wahldekret d. h. die Urkunde über die vorgenommene Wahl?

[1]) Vgl. darüber Bayet a. a. O. S. 56 f.
[2]) Jaffé Reg. pont. Rom. 2. Aufl. S. 289.
[3]) vita et textus epistolarum Hadriani I papae antiquae Romae bei Mabillon, museum italicum I p. 2 S. 38 ff.

nommen hatten, ragte noch in die Anfangszeit der Regierung Hadrians herein, und dies war die Ursache, dass, wie es scheint, Hadrian nicht alsbald nach seiner Erhebung die Beziehungen zu König Karl eröffnet hat [1]). Unter Stephan III. war nämlich das Verhältnis zwischen Papst, Franken und Longobarden völlig verschoben worden [2]). Die drohende Zerreissung der Verbindung zwischen den fränkischen Königen und dem Papst wurde durch den Tod Karlmanns (Dez. 771) verhütet wie auch durch die Verstossung der longobardischen Königstochter. Als Karl die Regierung über das vereinte Frankenreich antrat, hatte er zunächst ganz andere Dinge ins Auge zu fassen als die italienischen Verhältnisse. Doch dauerte die Herrschaft der longobardischen Partei in Rom auch noch in der ersten Zeit Hadrians fort, wenn auch Hadrian selbst von Anfang an auf Erneuerung der Verbindung mit den Franken hingesteuert zu haben scheint. Im April 772 wurde das Haupt der longobardischen Partei beseitigt. Des Desiderius Zug gegen Rom und den Papst ward der Anlass zur ersten nachweisbaren Beziehung Hadrians zu Karl. Ersterer schickte Ende des Jahrs 772 Gesandte an den König nebst einem Schreiben mit der Bitte, „Karl möge wie sein Vater Pippin der hl. Kirche Gottes und der bedrängten Provinz der Römer und des Exarchats Ravenna zu Hilfe kommen und von Desiderius die vollen Gerechtsame Petri und die entrissenen Städte zurückverlangen" (vita Hadrians I. im lib. pont.). Während der Belagerung von Pavia, welche etwa Ende September 773 begann, ging Karl nach Rom, wo er am 2. April 774 anlangte, mit den höchsten Ehren empfangen, „wie es Sitte war, den Exarchen oder Patricius zu empfangen" (vita Hadr. I.).

Schon damals stand Karl als der Eroberer des Longobardenreichs da. Von dieser Eroberung datiert sich eine zweite Periode des Patriciats des Frankenkönigs. Das Neue ist jedoch offenbar weniger durch positive Festsetzungen begründet worden als vielmehr durch die von damals an zu Tag tretende veränderte politische Stellung Karls des Grossen in Italien

---

[1]) Vgl. Abel-Simson, Jahrb. des fränk. Reichs unter Karl dem Grossen (1888) I S. 135 f.
[2]) ibid. S. 88 ff.

und gegenüber von Rom. Nun hatte nicht mehr eine feindliche, sondern eine innig befreundete Macht das Longobardenreich inne. Damit wurde die fränkische Politik in Italien die massgebende auch für den Papst und des letzteren politische Auktorität in Italien beeinträchtigt. — Das seit 774 neu angeknüpfte Verhältnis zwischen Papst und König wird von beiden Seiten mit den gleichen Ausdrücken bezeichnet, welche für das zwischen Pippin und den Päpsten bestehende Verhältnis gebraucht wurden. Der Grundcharakter des foedus, des pactum wurde gewahrt. Karl schreibt z. B. in seinem ersten Brief an Leo III.[1]), er habe mit Hadrian ein pactum, ein foedus inviolabile fidei et caritatis eingegangen. Ein juristisch fixiertes Vertragsverhältnis bestand nach den einleuchtenden Ausführungen von Martens[2]) zwischen Karl und Hadrian nicht. Wir sehen Karl da und dort in den geschenkten Gebieten Hoheitsrechte ausüben und sie gehen hinaus über das, was in besonderen Fällen Hadrian selbst zugestand. Aber eine rechtlich festgestellte Oberhoheit besass Karl nicht. Es ist eben eine Uebergangsperiode, zu deren Charakter das Unbestimmte, Fliessende gehört. Ein Beispiel, wie sich Karl nicht mit der von der päpstlichen Auffassung ursprünglich dem patricius zugedachten Stellung begnügte, sondern aus dem Patriciat Rechte ableitete, ergibt sich aus einem um 788 geschriebenen Brief Hadrians[3]), wornach Karl als patricius die Anwesenheit eines fränkischen missus bei der Wahl des Ravennatischen Erzbischofs beansprucht hat. In diesem Brief (wie auch in der epist. 98) beteuert Hadrian seinen aufrichtigen Eifer für die Wahrung, ja die Erhöhung der Ehre des Patriciats des Königs. Karl selbst sorgte dafür, dass die ursprünglich hohle Form der Titulatur thatsächlich mit realem Inhalt gefüllt wurde. Es ist bedeutungsvoll, dass seit 774 der Frankenkönig sich selbst in amtlicher Weise „patricius Romanorum" nannte. —

Bald nach dem Regierungsantritt Papst Leo's III. geschah von dessen Seite ein Schritt, durch welchen die Oberhoheit Karls sogar über Rom selbst anerkannt wurde. Die Annalen Einhard's berichten: „der Papst bat, Karl möge einen von seinen

---

[1]) Jaffé bibl. IV S. 354.
[2]) a. a. O. S. 194 ff, 233 ff.
[3]) Jaffé bibl. IV p. 266 ep. 88. Vgl. dazu Martens a. a. O. S. 201.

Grossen schicken, qui populum Romanum ad suam fidem atque subjectionem per sacramenta firmaret". Die an den König zugleich übersandten Symbole der Schlüssel zum Grab Petri und der Fahne der Stadt Rom könnten bloss Ausdruck der bewaffneten Advokatie sein; aber die Angabe Einhard's lässt keinen Zweifel daran übrig, dass Leo dem patricius die Rechte der obersten Herrschergewalt in Rom einräumte [1]). Der Papst selbst jedoch hat damals noch keinen Akt der Huldigung dem König gegenüber auf sich genommen; er stellt sich nicht **unter**, sondern **neben** den patricius. Es ist von besonderem Interesse, das Verhältnis beider Gewalten genau zu untersuchen, wie dasselbe **beim damaligen Papstwechsel** selbst hervortrat.

Hadrian I. war am 25. Dez. 795 gestorben; am folgenden Tag erfolgte die Wahl Leo's III. und am 27. Dez. die Konsekration (nach der vita bei Muratori S. 195). Im Hinblick auf die späteren stürmischen Ereignisse unter Leo's Regierung muss man wohl an der von der vita behaupteten Einstimmigkeit der Wahl zweifeln. Die Gesandtschaft, welche Leo, wie wir sahen, bald nach Antritt seines Amts an Karl schickte, ist ohne Zweifel dieselbe, welche den Brief Leo's überbrachte, den Karl in einem uns erhaltenen Schreiben beantwortete [2]). Die Konsekration erfolgte, ohne dass man vorher die Wahl dem König unterbreitet hätte; erst nach der Konsekration ging jener Brief an Karl ab. — Davon dass die Wahl selbst durch einen missus Karls beeinflusst worden wäre, ist keine Spur vorhanden [3]). Hätte ein missus Karls bei der Wahl mitgewirkt, oder wäre ein solcher bei der Konsekration anwesend gewesen, so wäre das in dem Brief kaum mit Stillschweigen übergangen. — Die munera, welche Leo schickte [4]), könnten an die zur Zeit der Ostgothen und Byzantiner, vielleicht schon früher, bestehende Sitte erinnern, dass die Päpste für die Bestätigung des Herrschers eine bestimmte Geld-

---

[1]) Es ist interessant zu sehen, wie sich der Gang der Entwickelung in der Datierungsweise der päpstlichen Urkunden spiegelt. Vgl. Pflugk-Harttung, Papstpolitik in Urkunden in Sybels histor. Zeitschrift Band 19 (1886) S. 72.

[2]) Jaffé bibl. IV S. 354.

[3]) Vgl. Hirsch in den Forschungen zur deutschen Geschichte Band 20 S. 140.

[4]) Einhard: „cum aliis muneribus".

summe zu zahlen hatten¹). Allein der Austausch von Geschenken zwischen Papst und König war nichts als eine häufig und von beiden Teilen geübte Ehrenerweisung, wie denn Karl nicht unterliess, auch diesmal die päpstlichen Geschenke königlich zu erwidern.

Aus dem Brief Karls haben wir zuerst die Frage zu beantworten: **Was war das Verhalten des Papstes?** Leo übersandte das Wahldekret (decretalis cartula), aus welchem Karl die unanimitas electionis ersieht. Wir haben hier die erste Angabe, dass dies dem Frankenkönig gegenüber geschah, und schwerlich ist es schon vorher einmal der Fall gewesen. In dieser Wiederaufnahme der zur Zeit des Exarchen bestehenden Sitte spiegelt sich das gesteigerte Ansehen des Patricius. Dennoch liegt darin keineswegs notwendig schon die Konzession der Wahlprüfung oder gar die Unterstellung der Wahl unter die königliche Genehmigung²), sondern es kann sehr wohl bloss das Bestreben zu Grund liegen, dem König die Ueberzeugung von der Rechtmässigkeit der Wahl beizubringen, ohne dass diese königliche Ueberzeugung ein Requisit der Rechtmässigkeit selbst wäre. Und dass die Sache in letzterem Sinn sowohl von Leo als von Karl selbst aufgefasst worden ist, wird nahegelegt einmal durch den Umstand, dass das Dekret abgesandt wurde erst nachdem die Wahl durch die Konsekration schon zu einer perfekten gemacht war, und dann durch den weiteren Inhalt der beiderseitigen Erklärungen.

Aus dem Brief Leo's ging weiter sein demütiger Gehorsam hervor, und es war darin enthalten ein dem König gegebenes

---

¹) Hinschius a. a O. I S. 219, 4.
²) Ich kann nicht zugeben, was Sickel, das Privilegium Otto I. für die römische Kirche von 962 (1883) S 159 sagt: „decretalis cartula besagt, dass dem König das übliche Gesuch um Genehmigung der Wahl unterbreitet wurde." — Diese Bedeutung hatte die Uebersendung des Wahldekrets nur in der byzantin. Zeit. Sie konnte diese Bedeutung aber nur dann haben, wenn der Akt der Papsterhebung noch nicht ein abgeschlossener war. Auch der Ausdruck Dahns (deutsche Gesch. I, 2, S. 351: „durch Uebersendung des Wahlprotokolls erkannte Leo das Recht des Schirmherrn, die Gültigkeit der Wahl zu prüfen, an") scheint mir zu weit zu gehen. Auch Weiland erklärt in der Zeitschrift f. Kirchenr. Band 19 S. 170 gegen Sickel: „ein Gesuch um Genehmigung der Wahl nach der Konsekration hätte keinen Sinn gehabt".

Versprechen [1]). An die Stelle der herkömmlichen Auffassung der betreffenden Worte, wornach Leo Karl seinen Gehorsam erklärt habe, hat Grauert [2]) die Interpretation gesetzt, dass Leo durch die Annahme der Wahl seinen Gehorsam **gegen den Willen Gottes** bewiesen habe, — eine Auffassung, die ich zwar nicht für unbedingt sicher [3]), aber doch für sehr wahrscheinlich halte. Aber auch wenn die oboedientia des Papstes sich auf Karl beziehen sollte, so dürfte sie hier nicht in ihrem Vollsinn (= Unterthanengehorsam) genommen werden. Karl hält in dem ganzen Brief für die Beziehungen zwischen ihm und dem Papst an dem Grundcharakter des *foedus* fest, er betrachtet diese Beziehungen als ein gegenseitiges Sichentgegenkommen („ex collatione mutua"), wobei auch ihm nur der Wunsch und das Bestreben („desidero", „studemus"), die alten Beziehungen zu erneuern, und nicht die Vollmacht, diese Erneuerung zu befehlen, zukommt. Wir werden zwar diesen Charakter des foedus noch in die Zeit hineinragen sehen, in welcher die Unterthanenschaft des Papstes durch die Errichtung des Kaisertums zu einer zweifellosen geworden ist; aber eben weil das Kaisertum im Jahr 796 noch nicht errichtet war, müsste hier die oboedientia, falls sie auf Karl zu beziehen wäre, wohl in einem unbestimmteren Sinn genommen und auf das Gleiche bezogen werden, worauf ohne Zweifel die promissio geht, auf die Erneuerung des alten Verhältnisses, in dem Hadrian zu Karl stand. Leo versprach in (Gehorsam und) Treue in diesem innigen Bundesverhältnis verharren zu wollen.

Freilich werden gewöhnlich die Worte: *„in promissionis ad nos fidelitate"* so aufgefasst, wie wenn darin läge, dass Leo Karl

---

[1]) „Gavisi sumus ... in humilitatis vestrae (ist der Lesart „nostrae" vorzuziehen) oboedienta et in promissionis ad nos fidelitate".

[2]) In seiner Abhandlung über die konstantinische Schenkung im histor. Jahrbuch der Görresgesellschaft Band IV (1883) S. 550, 4; noch etwas weiter begründet ib. Band V S. 119. Die Ansicht Grauerts wurde acceptiert von Waitz, deutsche Verfassungsgesch. IV, 2. Aufl., S. 704 und von Weiland in der Zeitschrift für Kirchenrecht Band 22 (1888) S. 190.

[3]) Die Richtigkeit der Lesart „vestrae" vorausgesetzt, spricht für die Ansicht Grauerts namentlich die Stellung der Worte „ad nos". Um jedoch diese Ansicht als sicher bezeichnen zu können, müssten für die Bezeichnung der Wahlannahme als oboedienta doch auch Beispiele beigebracht werden können, die nicht wie die von Grauert beigebrachten einer um mehrere Jahrhunderte späteren Zeit entstammen.

dem Grossen Treue versprochen habe. So setzt Jaffé den Worten als den vermuteten Sinn bei: „in fidelitatis ad nos promissione"¹). Allein wir haben keinen Grund, aus den Worten, die so, wie sie lauten, einen guten Sinn geben, einen Sinn herauszulesen, der doch nur durch Umbiegung des Wortlauts darin gefunden werden kann. Nach dem Wortlaut wird von der promissio die fidelitas ausgesagt. Es handelt sich um ein treues (in treuer Gesinnung gegebenes) Versprechen, nicht um ein Treueversprechen. Das Versprechen Leo's stimmte sachlich mit dem einst von Paul I. an Pippin abgegebenen Versprechen überein (oben S. 12). Ohne Zweifel schloss sich an das Versprechen Leo's wie bei Paul I. die Bitte an, dass auch Karl seinen Arm nicht vom Papst zurückziehen möge. — Immerhin scheinen die Ausdrücke, mit denen Leo die Beziehungen zu Karl eröffnete, derart gewesen zu sein, dass sie nahe an die Erklärung der Unterthanenschaft hinstreiften.

Stellen wir nun das Verhalten Karls gegenüber. Dieser gibt in dem Brief den Gefühlen Ausdruck, welche in ihm durch das Schreiben Leo's und die Uebersendung des Wahldekrets erregt worden seien. Diese Gefühle sind: grosse Freude über die Einstimmigkeit der Wahl und über die Erklärungen, die Leo ihm abgegeben hat, — innigster Dank gegen Gott, dass er ihm durch die Erhebung Leo's einen so grossen Trost bereitet hat, — endlich der Drang, dem Papst ein vicarium laetitiae munus darzubringen, d. h. ihm durch seinerseitige Erklärungen ebensolche Freude zu bereiten²), wie Leo ihm bereitet hat. Dies geschieht

---

¹) Dass Leo dem Karl Treue versprochen habe, leitet aus dieser Stelle ab z. B. Lorenz a a. O. S. 39, Waitz, Verfassungsgesch. III 2. Aufl. S. 184, Simson, Jahrbücher des fränk. Reichs unter Karl dem Gr. II S. 111; namentlich Grauert im histor. Jahrbuch IV S. 550 Anm. 4 und in Uebereinstimmung mit ihm Weiland in der Zeitschr. für Kirchenrecht Band 22 S. 190 Anm. 2. Die von Grauert für seine Auffassung aus dem Brief Pauls I Nro. 36 des cod. Carol. angeführte Parallele kann doch auch so aufgefasst werden, dass durch die Worte „sponsionis fide", welche freilich den Worten „fidei promissione" entsprechen, ein weiteres Gedankenmoment hinzugefügt wird, nämlich: „ihr werdet in der Treue eures (Treue-)Versprechens verharren" = „ihr werdet in eurem Versprechen treu verharren". — Karl sagt von der „promissio" das Prädikat der fidelitas aus, ähnlich wie er im gleichen Brief die fidelitas von seinem vertrauten Verhältnis zu Hadrian aussagt: „suavissimae inter nos familiaritatis fidelitas".

²) „ut aeque gaudeatis".

dadurch, dass Karl dem Papst „sein und seiner Unterthanen Wohl anbefiehlt und ihm die friedfertige Einstimmigkeit, welche sein ganzes Königreich in Beziehung auf den Willen Gottes hegt, mitteilt." Hiemit soll, wie Karl selbst sagt, seine devotio ausgedrückt sein. — Karl gibt also entsprechend der ihm gemachten Mitteilung die Erklärung ab, dass er dem Leo die ihm als Papst gebührende Ergebenheit zolle und dass sein ganzes Königreich diese Gesinnung hege: der unanimitas electionis entspricht die unanimitas totius regni nostri. Hiemit spricht der König dem Papst s e i n e A n e r k e n n u n g aus; er erklärt, den Leo als rechtmässigen Papst betrachten und ehren zu wollen, und zwar erscheint diese Anerkennung im Brief nicht als Erfordernis der Gültigkeit der Erhebung, sondern als eine Konsequenz der dem König gemachten Mitteilung. Hätte Leo um Bestätigung seiner Wahl gebeten, so müssten Karls Erklärungen anders lauten; dann dürfte es nicht an jeder Spur einer Andeutung davon fehlen, dass Leo auf die Willensäusserung Karls wartet, ehe er sich im vollen rechtlichen Besitz seiner Würde betrachtet. Karl spricht vielmehr von dem ganzen Prozess des Pontifikatswechsels als von einem ohne jegliche Mitwirkung seinerseits vor sich gegangenen abgeschlossenen Ereignis.

Ein etwas anderes Ansehen gewinnt die Sache, wenn wir die Art, wie Karl seine Erklärung b e g r ü n d e t, ins Auge fassen. Nicht bloss die „unanimitas electionis" (oder die „voluntas Dei", die sich in der Wahl des Papstes geoffenbart hat) erscheint als der Grund der königlichen Anerkennung; nachdrücklich stellt Karl auch das voran, dass ihm der Papst zugleich eine promissio abgegeben habe und deshalb erscheint die Anerkennung doch nicht bloss als Folge der Wahlmitteilung, sondern auch als Folge jener im Zusammenhang mit der Wahlmitteilung abgegebenen Erklärungen. Einen wenn auch rechtmässig erhobenen Papst, der die Verbindung mit dem fränkischen Königtum nicht erneuert hätte, hätte Karl nicht anerkannt. Ein von ihm nicht anerkannter Papst hätte aber unmöglich bestehen können. Die Nichtanerkennung wäre so viel gewesen als der Befehl an die Römer, einen andern Papst zu wählen. Es springt in die Augen, dass der dem Frankenkönig gegenüber beobachtete Modus zu den wirklichen Verhältnissen nicht recht stimmt. Der Schein, als ob die Erhebung des Papstes eine lediglich römische Angelegenheit wäre, besteht freilich noch fort, indem der neue Papst sich dem König erst vorstellt, nachdem er schon alle Rechte der päpstlichen Würde erlangt hat; aber dieser Schein ist im Grund trügerisch; denn die Beziehung zum König ist für den Papst eine Existenzfrage. Dieses Bewusstsein durchbricht auf beiden Seiten die unpassend gewordenen Formen. Nur ein solcher Modus hätte den Verhältnissen entsprochen, welcher den Austausch der gegenseitigen Erklärungen vor den Amtsantritt des Papstes verlegt hätte. Formell hat Karl nur eine wie selbstverständlich scheinende Anerkennung deklariert; faktisch hat er einen Akt der Bestätigung ausgeübt [1]).

So ist, was unter Pippin noch nicht in diesem Mass der Fall war, der Pontifikatswechsel ein Anlass geworden, die Abhängigkeit des Papsttums, wenn auch eine nur faktische, vom fränkischen Königtum scharf hervortreten zu lassen. Dagegen ist der Einfluss des Königs noch nicht rechtlich in den Prozess des Papstwechsels eingeschaltet.

Bei aller Devotion lässt denn auch Karl den Papst es deutlich genug fühlen, dass die formell noch vorhandene freie Position des Papsttums in seinen Augen kaum mehr als ein Schein ist. Im Verlauf des Briefs liegt es ihm ferne, auch seinerseits dem Papst mit einer promissio entgegenzukommen, sondern „alles, was er für wünschenswert oder für den Papst notwendig erachtet", trägt er seinem Bevollmächtigten Angilbert auf; „in wechselseitiger Uebereinkunft sollen sie bestimmen, was sie zur Erhöhung der Kirche Gottes und zur Dauer der Ehre des Papstes und zur Befestigung des königlichen Patriciates als notwendig erkennen". So soll der Wunsch Karls erfüllt werden, das gleiche pactum, das gleiche unverletzliche fidei et caritatis foedus, wie es zwischen ihm und Hadrian bestand, auch mit Leo zu erneuern. — Das Bewusstsein der erhabeneren Stellung drückt sich gegen den Schluss des Briefs

---

[1]) Gegenüber der Auffassung von Lorenz S. 37 ff. dürfte also zu betonen sein, dass Karl nicht als derjenige erscheint, der ein Bestätigungsrecht ausübt. Mit Recht spricht sich Martens a. a. O. S. 235 hiegegen aus. Noch weniger kann ich dem Urteil Sickels a. a. O. S. 158 f. beistimmen, dass „bei der Erhebung Leo's III. nicht korrekt vorgegangen worden sei und dass Leo III. nach seiner Konsekration den Verstoss gegen die damals zu Recht bestehende Ordnung gut zu machen versucht habe".

in merkwürdiger Weise aus, einmal in Bezeichnung der beiderseitigen Aufgabe im allgemeinen (dem Papst wird die Aufgabe zugewiesen, dass er betend die militia Karls unterstützen soll, welche sich nicht bloss auf die Abwehr der äusseren Feinde der Christenheit bezieht, sondern auch auf die Befestigung des katholischen Glaubens im Innern; also als der eigentliche Inhaber der obersten theokratischen Gewalt auf Erden erscheint Karl selbst, der Papst nur als adjutor [1]), — und sodann darin, dass Karl eine Ermahnung an den Papst anhängt, „allezeit in den kanonischen Satzungen zu verharren und das Licht guter Werke leuchten zu lassen". Diese Anschauung des Königs, dass der Papst vor ihm wenigstens moralisch verantwortlich ist, spricht sich noch deutlicher in der dem Angilbert mitgegebenen Instruktion aus [2]). Hiernach soll Angilbert den Papst ermahnen, ein ehrbares Leben zu führen, die Canones zu beobachten, die Kirche fromm zu regieren; er soll ihn an die kurze Dauer seiner irdischen Ehre und an die ewige Verantwortung erinnern; namentlich soll er ihn zur Ausrottung der Simonie und anderer Uebelstände in der Kirche antreiben.

In der That, nur noch ein Schritt war notwendig, damit aus diesem König, der den Papst seinem moralischen Urteil unterwarf, der Träger einer oberhoheitlichen Gewalt über denselben wurde. Als 3 Jahre später Leo durch einen Aufstand in Rom genötigt war, die Hilfe Karls gegen die Römer selbst in Anspruch zu nehmen, fasste Karl seine Aufgabe so auf, dass er einen Akt der Jurisdiktion in Rom ausübte, der die Person des Papstes selbst streifte. Karl war durch die Verhältnisse so hoch über den Papst erhoben, dass er nun selbst die rechtlichen Konsequenzen daraus zog. Freilich konnte diese Gewalt noch als eine usurpatorische angesehen werden, wenn nicht zu den Rechtstiteln, die Karl schon besass, ein neuer hinzukam, welcher allgemeinere und tiefer gehende Ansprüche begründete.

---

[1] „Nostrum est, secundum auxilium divinae pietatis sanctam ubique Christi ecclesiam ab incursu paganorum et ab infidelium devastatione armis defendere foris et intus catholicae fidei agnitione munire. Vestrum est, sanctissime pater, elevatis ad Deum cum Moyse manibus nostram adjuvare militiam."

[2] Jaffé bibl. IV S. 353.

Die geschilderte Stellung Karls zur Papsterhebung wäre unbegreiflich, wenn die Nachricht wahr wäre, dass Hadrian Karl dem Grossen im Jahre 774 vermöge eines Synodaldekrets das Recht übergeben habe den apostolischen Stuhl zu besetzen. Keine der Quellen, die dies berichten, geht über die Zeit des Investiturstreits zurück. Von einer vollständigen Aufzählung dieser Quellen kann hier abgesehen und hiefür auf die Untersuchung Bernheims[1]) verwiesen werden. Am ausführlichsten erscheint der Bericht über das Hadrianische Dekret in einer von Kunstmann in der theologischen Quartalschrift 1838 S. 337 ff. herausgegebenen Bamberger Handschrift (saec. XII). Hier wird erzählt: Karl sei während der Belagerung von Pavia zum Osterfest nach Rom gegangen, sei von Papst Hadrian und den Römern ehrenvoll empfangen und es sei ihm akklamiert worden: Carolo perpetuo Augusto a Deo coronato vita et victoria! Nach Ostern sei er nach Pavia zurückgekehrt und habe den Desiderius gefangen genommen. Dann sei er zum zweitenmal nach Rom gegangen und habe dort mit Hadrian in patriarchio Laterani in ecclesia scti Salvatoris eine Synode konstituiert unter sehr zahlreicher geistlicher und weltlicher Beteiligung (103 Bischöfe und Aebte u. s. w.). Von dieser Synode heisst es: „Adrianus papa cum omni clero et populo et universa scta synodo tradidit Carolo Augusto omne suum jus et potestatem eligendi pontificem et ordinandi apostolicam sedem, dignitatem quoque patriciatus ei concessit. Insuper archiepiscopos, episcopos per singulas provincias ab eo investituram accipere definiunt." In Beziehung auf jeden erwählten Bischof soll der Grundsatz gelten: „nisi a rege laudetur et investiatur, a nemine consecretur".

Während hier (und in den verwandten Berichten; vgl. Bernheim) das Hadrianische Dekret als Gegenstand einer Relation für sich erscheint, ist es in dem sogenannten Diplom Leo's VIII als Voraussetzung („exemplum") dessen angeführt, was Leo dem Otto I. zugesteht. Jedoch ist der Hinweis auf ein Dekret Hadrians I. nur in einer der beiden Rezensionen enthalten, in welcher

---

[1]) Bernheim in den Forschungen zur deutschen Geschichte Band 15 (1875): „das unechte Dekret Hadrians I. im Zusammenhang mit den unechten Dekreten Leo's VIII. als Dokumente des Investiturstreits". S. 618 ff. besonders 635 ff. (vgl. auch Simson, Jahrb. des fränk. Reichs unter Karl dem Gr. I S. 175 ff.)

wir das Diplom Leo's haben, und zwar in der kürzeren [1]). Die betreffende Stelle lautet: „Idcirco ad exemplum beati Adriani sedis apostolicae episcopi, cujus vitam et actionem satis discretam audivimus et rationabilem admodum in suis spiritualibus sanctionibus recognovimus, qui ejusmodi sanctam synodum constituit et domno Carolo victoriosissimo regi Francorum ac Longobardorum ac patricio Romanorum patriciatus dignitatem ac ordinationem apostolicae sedis et episcopatuum concessit, nos quoque Leo etc."

Welches auch das Verhältnis der beiden Rezensionen des Diploms sein mag und worin auch der Hauptzweck der Dokumente liegen mag [2]), so viel steht fest, dass wir es bei beiden Urkunden mit Fälschungen des Investiturstreits zu thun haben und dass auch das angebliche Dekret Hadrians damals erdichtet wurde. Fraglich, aber auch kaum zu entscheiden ist nur, ob im Diplom Leo's der ursprüngliche Sitz der auf Hadrian I bezüglichen Erfindung ist oder ob der Bericht über Hadrian früher als das Diplom verfasst wurde [3]).

Nur Gfrörer [4]) hält das Hadrianische Drekret für echt. Seine Begründung ist gegenüber dem Gewicht der Gegengründe

---

[1]) In den M. G. Leg. II, 2, 167. Die ausführlichere Rezension wurde herausgegeben von Floss 1858 aus einer Trierer Handschrift des 11.—12. Jahrhunderts.

[2]) Nach Bernheim ist der kürzere Text um wenige Jahre später aus dem längeren als eine mässigende Umarbeitung entstanden. In dem längeren Text erkennt Bernheim einen echten zu Grund liegenden Kern dessen Inhalt wäre: Ausschluss des populus Romanus von der Papst- und Herrscherwahl zu gunsten des Kaisers als erblichen patricius. Aus den an diesen Kern angefügten Bestimmungen erschliesst Bernheim als Entstehungszeit der Fälschung die Jahre um 1084. — Martens dagegen („die Besetzung des päpstlichen Stuhls unter den Kaisern Heinrich III. u. Heinrich IV." 1886) S. 281 ff. erklärt die kürzere Fassung für den Grundtext, den er für eine kurz nach dem Jahr 1112 entstandene Fälschung hält. Die verschiedene Datierung hängt zusammen mit der Differenz in der Beurteilung des Hauptzweckes der Fälschung. Nach Bernheim soll durch die Fälschung das königliche Recht, den Papst zu ernennen, geltend gemacht werden, wogegen nach Martens das kaiserliche Recht der Investitur der Bischöfe sicher gestellt werden soll, während die ordinatio papae in der Fälschung nur eine Nebenrolle spiele. Ob Martens dieser Nachweis gelungen ist, was mir zweifelhaft erscheint, kann hier dahingestellt bleiben.

[3]) Bernheim S. 633 ff. entscheidet sich für die Priorität des Diploms; Martens S. 286 für die Priorität des über Hadrian Berichteten.

[4]) Gregor VII. Band 5 S. 39 f. Kirchengesch. III S. 582.

wertlos. Alle beglaubigten Thatsachen widersprechen den Angaben des Leonischen Diploms und noch mehr den besonderen Berichten über das Dekret Hadrians. Von einer Aufzählung der einzelnen Irrtümer in diesen Berichten kann hier abgesehen werden [1]).

Unter dem Recht der „ordinatio apostolicae sedis" (Diplom) ist offenbar ein Ernennungs-, nicht bloss ein Bestätigungsrecht verstanden, was in den andern Berichten mit völliger Deutlichkeit gesagt ist („jus eligendi pontificem et ordinandi apostolicam sedem"). Unsere Darstellung hat gezeigt, wie weit Karl von dem Besitz oder der Beanspruchung eines solchen Rechts entfernt war. Es war dem Fälscher eben darum zu thun, ein „exemplum" für das zu haben, was nach ihm Leo dem Otto zugestanden hat [2]). Und um das exemplum noch eindrucksvoller zu machen, wird dem Hadrian ein förmliches Leumundszeugnis ausgestellt (in den Worten „cujus vitam" bis „recognovimus").

Der Punkt, an den der Fälscher seinen Ideengang angeknüpft hat, scheint mir der Begriff des Patriciats zu sein. Sowohl nach dem Diplom als nach den andern Berichten wird der Patriciat zugleich mit dem Recht der Besetzung des apostolischen Stuhls an Karl übertragen. Es ist zwar nicht gesagt, dass der Patriciat das Recht den Papst einzusetzen in sich schliesse; aber der Patriciat und das bezeichnete Recht sind wenigstens unmittelbar neben einander genannt. Martens glaubt freilich gerade die Art, wie sie neben einander aufgeführt sind, als Beweis dafür auffassen zu müssen, „dass nach der Anschauung der betreffenden Autoren die ordinatio papae mit dem Patriciat in keiner Beziehung stand" [3]). Er verwertet in dieser Richtung insbesondere den Wortlaut der besonderen Relationen über Hadrians Dekret, wo auf die Verleihung des Papsternennungsrechts die Worte folgen: „dignitatem *quoque* patriciatus ei concessit" [4]). Allein ab-

---

[1]) Vgl. auch Hirsch, de Sigeberti Gemblacensis vita et scriptis (1841) S. 45.

[2]) Das längere Diplom lässt es sich besonders angelegen sein, die Meinung abzuwehren, als wäre das in ihm Festgesetzte irgendwie eine Neuerung. Vgl. z. B. gleich nach den ersten Sätzen: „jam enim dudum populus Romanus imperatori omne suum jus concessit". Oefters wird wiederholt: „non est novi juris"; z. B. S. 151 (bei Floss): „non est novi juris, ut rex pontificem eligere et ordinare debeat".

[3]) Martens, die Besetzung etc. S. 300.

[4]) So im Kunstmann'schen Bericht; im Auctarium Aquicinense (S.S. VI 393); bei Gratian.

gesehen davon, dass im Diplom Leos (nach Bernheim der ursprünglichen Stelle des Hadrianischen Dekrets) der Patriciat vor dem Recht der ordinatio papae genannt wird, wobei der Sinn nahe liegt: „er verlieh den Patriciat und damit das Recht der Ordination", gestattet die nachträgliche Anfügung der Verleihung des Patriciats mit „*quoque*" doch auch die Auffassung: „Auch die (als Grundlage dazu gehörige) Patriciatswürde wurde ihm verliehen" [1]). Und dass diese mögliche Auffassung als die richtige anzunehmen ist, dafür spricht die im 11.—12. Jahrhundert nachweisbar vorhandene Anschauung, dass zwischen dem Patriciat und der Besetzung des päpstlichen Stuhls ein Zusammenhang bestehe. Die Ausführungen von Martens über den Patriciat Heinrichs III. und Heinrichs IV. [2]) beweisen das Vorhandensein dieser Anschauung, wenn auch Martens die bisher herrschende Auffassung über die Beziehung zwischen dem Patriciat und dem Recht der Ordination des Papstes bekämpft [3]). Nach seinen einer späteren Zeit entstammenden Begriffen glaubte wohl der Fälscher aus dem Patriciat, den Karl freilich besass, auch das mit einigem Schein des Rechts ableiten zu dürfen, dass Karl auch das Recht der Pontifikatsbesetzung bekommen habe.

Zu den an Karls Romreise von 774 geknüpften Erfindungen rechnet man gewöhnlich auch die Nachricht des *libellus de imperatoria potestate* [4]): in dem zwischen Karl und Hadrian geschlossenen pactum sei bestimmt worden, dass bei der Ordination des Papstes ein kaiserlicher Gesandter anwesend sein müsse [5]).

---

[1]) Wie wichtig dem Autor des Diploms der Patriciat war, zeigt namentlich die Stelle: „et ut ipse sit rex *et patricius*" (kürzeres Diplom).
[2]) Martens a. a. O. S. 46 ff. u. S. 267 ff.
[3]) Nach Martens hat erst Heinrich IV., und zwar erst seit 1076, aus dem Patriciat das Recht der Papstab- resp. einsetzung abgeleitet, während vorher der Patriciat als inhaltsleerer Titel gegolten habe. Uebrigens scheint mir die Bestreitung der bisherigen Auffassung durch Martens nicht durchweg überzeugend, was freilich hier nicht näher begründet werden kann.
[4]) M. G. S.S. III 719 ff. Watterich, pontificum Romanorum vitae (1862) tom. I S. 626 ff.
[5]) „fecitque pactum cum Romanis eorumque pontifice et de ordinatione pontificis ut interesset quis legatus et ut contentiosas lites ipse deli-

Giesebrecht[1]) dagegen hält (von dem libellus) für glaubhaft überliefert, „dass Karl schon vor seiner Kaiserkrönung ein Abkommen mit dem Papst traf, wonach ein Gesandter von ihm bei der Papstwahl gegenwärtig sein und er streitige Rechtsfälle vor sein Forum ziehen konnte." — Ueber Entstehungszeit und Tendenz des libellus de imp. pot. verweise ich auf Wattenbach, Deutschlands Geschichtsquellen 5. Aufl. 1885 Band I. S. 397. „Der libellus scheint in S. Andrea um die Mitte des 10. Jahrhunderts verfasst zu sein, ehe noch Otto eine neue Ordnung der Dinge begründet hatte." Das Büchlein schildert und preist die alte Zeit, in der der Kaiser sei's direkt sei's durch seinen Stellvertreter in Rom, selbst dem Papst gegenüber, seine Oberhoheit machtvoll ausübte. In Beziehung auf die Glaubwürdigkeit sind die Urteile verschieden. Jung (in den Forschungen 14 S. 409 ff.) urteilt, der Hauptteil des libellus, nämlich die Darstellung der Verhältnisse unter den Carolingern, enthalte zuverlässige Nachrichten, sogar mit Benutzung urkundlichen Materials. Hirsch glaubt das Gegenteil beweisen zu können. — Der von Hirsch geübten Kritik muss jedenfalls die Angabe des libellus über das 774 angeblich festgesetzte Recht des Kaisers in Beziehung auf die Papsterhebung verfallen[2]). Auch Hirsch erklärt mit Recht den Hergang bei der Erhebung Leo's III. für entscheidend gegen die Richtigkeit dieser Angabe. Da später allerdings die Anwesenheit eines kaiserlichen missus bei der päpstlichen Konsekration als Regel aufkam, so darf man in jener Angabe des libellus nichts anderes sehen als eine Anticipation späterer Verhältnisse. Wie wird doch Hadrian, der den

---

beraret". — Hirsch (in den Forschungen etc. 20 S. 140) sieht in den Worten: „et ut deliberaret" das angegeben, was der missus bei der Einsetzung eines neuen Papstes thun soll: er soll die dabei vorkommenden Streitigkeiten entscheiden. Da aber nachher im libellus gesagt wird: „inventum est (im Jahr 800), ut suus missus omni tempore moraretur Romae ad deliberandas litigiosas contentiones", so wird auch in der ersteren Stelle von den überhaupt, auch abgesehen von der Papstwahl, vorkommenden Streitigkeiten die Rede sein.

[1]) Giesebrecht, Geschichte der deutschen Kaiserzeit I (5. Aufl. 1881) S. 870. Die Angabe des libellus wird befürwortet auch von Zöpffel (historische Zeitschrift Band 37 (1877) S. 124).

[2]) Vgl. Waitz, Verfassungsgesch. III 2. Aufl. S. 182, 3, wo die betreffende Angabe des libellus als sagenhaft bezeichnet wird. Auch sonst wird sie verworfen, z. B. von Buxmann, die Politik der Päpste 1868 I 278; Hinschius I 230, neuestens von Simson, Jahrbücher unter Karl dem Gr. I S. 178.

Einfluss eines fränkischen missus von der Bischofswahl in Ravenna so angelegentlich zurückwies [1]), einen solchen missus zur Erhebung des römischen Bischofs zugelassen haben! Der allgemeinere Standpunkt, von dem aus der libellus seinen historischen Ueberblick gibt, macht den Verfasser geneigt, die karolingische Staatsgewalt in Rom in einer gewissen prinzipiellen Beleuchtung darzustellen, wobei nicht darauf gesehen wird, dass jene Gewalt, auch nachdem sie aufgerichtet war, in Rom erst allmählich nach den Anforderungen der Umstände sich zu durchgreifenderer Bedeutung entwickelte. Bei diesem Charakter der Schrift ist es wohl begreiflich, dass der Verfasser die Verhältnisse unter dem Patriciat nicht scharf von denen unter dem Kaisertum zu scheiden weiss [2]). Auch das, was der libellus über die jurisdiktionellen Verhältnisse sagt, die schon seit 774 bestanden haben sollen, ist mindestens übertrieben [3]).

---

[1]) Vgl. oben S. 20. Jaffé bibl. IV ep. 88.
[2]) Hirsch a. a. O. S. 139: „der Verfasser des libellus ist offenbar der Meinung, dass Karl schon 774 die Kaiserwürde erhalten habe".
[3]) Vgl. Hirsch a. a. O. S. 141.

II. Das Kaisertum als Universalgewalt.

Schon Pippin war durch die päpstliche Salbung noch mehr, als es vorher der Fall war, in die kirchlichen Bahnen getrieben worden, welche im Unterschied von den Merovingern für das Haus Pippins bezeichnend bleiben. Noch inniger gestaltete sich der Bund zwischen Staat und Christentum unter Karl. Durch die Kaiserkrönung wurde dieser Bund in eigentümlicher Weise verstärkt. Dem neuen Kaisertum, das durch die Hände des Papstes hindurch gegangen war, musste in besonderer Weise ein geistliches Gepräge aufgedrückt sein. Das Moment der Christlichkeit war in seinem Begriff zum absolut beherrschenden geworden. Das Imperium wird nun identifiziert mit der Christenheit. Der Begriff des Kaisers besteht recht eigentlich darin, dass er — wenigstens der Idee nach — Herr der Christenheit ist [1]). Der Staat übt seine Aufgabe aus mittelst der von ihm angeeigneten christlichen Ideen. Das bedeutet keineswegs, dass der Staat der **Anstalt** der Kirche d. h. der Geistlichkeit dient. Es handelt sich vielmehr bei dem Kulturplan der Reichsregierung um das christliche Wohl der Unterthanen, um die Förderung des populus christianus. Die Förderung der Anstalt der Kirche und ihrer persönlichen Vertreter, der Geistlichen, erscheint allerdings als ein Hauptanliegen Karls und seiner Gesetzgebung; die Kirche geniesst des ausgedehntesten Schutzes, weil sie, die eine höhere Ordnung der Dinge darstellt und die in spezifischer, von keinem Laien — auch vom Kaiser nicht — zu leistender Weise für das ewige Wohl der Menschen sorgt, Gegenstand besonderer Ehrfurcht ist, — aber auch deswegen, weil sie, selbst nicht wehrhaft, besonders schutzbedürftig ist. Aber im Grund ist auch die Kirche mit ihren spezifischen Funktionen Organ des Reichs. Die Geistlichen sind Organe des

---

[1]) Vom Verhältnis zum oströmischen Kaisertum sehe ich ab.

Reichsoberhaupts so gut wie die weltlichen Grossen [1]). Die Bischöfe sind als solche Glieder der Reichsversammlungen; Graf und Bischof werden vereint als missi ausgesandt, um die persönliche Allgegenwart des Herrschers im ganzen Reich darzustellen. Somit ist die Geistlichkeit nicht ein Staat im Staat, sondern in den Staat eingefügt. Sie muss in Gemeinschaft mit den weltlichen Beamten den theokratischen Beruf des Reichsoberhaupts unterstützen, das Christentum als Lebensgesetz der beherrschten Völker durchzuführen [2]).

Freilich ist der Keim eines Dualismus zwischen Kirche und weltlicher Gewalt auch im Staat Karls des Grossen nicht getilgt. Thatsächlich überragt und beherrscht der Herrscher die Kirche in letzter Linie eben vermöge der **Macht**, die er in den Händen hat. Durch die christliche Auffassung des Herrscherberufs, die durch die Kaiserwürde in besonderer Weise sanktioniert wurde, wird diese Macht freilich in die Sphäre der — von der Kirche **unmittelbar** vertretenen — übernatürlichen Ordnung der Dinge erhoben. Aber dieser Zusatz übernatürlicher Weihe konnte nur dann genügen, die weltliche Herrschermacht auch wirklich über die geistliche Gewalt zu erheben, wenn erstere über eine alles überragende Macht verfügte. Im anderen Fall konnten die Vertreter der Kirche sich gar leicht als neben, ja über der Staatsgewalt stehend betrachten. Kam doch in den Augen jener Zeit den eigentlich kirchlichen Würden eine übernatürliche, göttliche Weihe in originalerer Weise zu als selbst der höchsten weltlichen Gewalt, als selbst dem Kaisertum.

In Beziehung auf das Verhältnis der Kaiserwürde **zur Papstwürde** muss getrennt werden zwischen der geistlichen und politischen Stellung des Papstes. Seiner **geistlichen** Stellung nach ist das Verhältnis des Papstes zum Kaiser kaum rechtlich definierbar. In den Augen Karls stand die eigene Würde, in welcher sich die höchste Erhabenheit der Macht und der christ-

---

[1]) Es scheint mir nicht zutreffend, wenn Niehues, Verhältnis von Kaisertum und Papsttum im Mittelalter Band II (1887) S. 43 sagt: Karl habe bei den kirchlichen Anordnungen „gleichsam als Ausführungsorgan" der hohen Geistlichkeit seines Reichs gehandelt.

[2]) Dass der Kaiser über die Kirche herrscht, wird ausgesprochen z. B. durch die Wendung: „ecclesia imperatori regenda tuendaque commissa". Vgl. die Stellen bei Waitz a. a. O. III S. 202, 1.

lichen Idee verschwisterte, ohne Zweifel als eine nicht bloss selbständige, sondern auch als die geistig erhabenere da¹). Der Papst ist zwar für Karl der oberste der Priester, derjenige, in dem sich die Auktorität der priesterlichen intercessio konzentriert, aber als solcher ist er doch nicht mehr als der oberste adjutor seiner so tiefgreifenden militia Christi²). Er ist eben doch auch einer der Reichsbischöfe³). Karl ist der eigentliche Funktionär der irdischen Theokratie; nur die speziell priesterlichen Funktionen fallen den Priestern und in höchster Instanz dem Papst zu⁴).

Die Selbständigkeit des kaiserlichen Bewusstseins drückt sich am deutlichsten darin aus, dass Karl über das Kaisertum aus eigener Machtvollkommenheit verfügte: bei der Ernennung Ludwigs zum Mitkaiser wurden weder der Papst noch die Römer befragt; ebenso ernannte noch Ludwig den Lothar. Die späteren Karolinger vermochten diese Vollkraft des kaiserlichen Bewusstseins nicht festzuhalten.

Freilich tritt beim Verhältnis zwischen Kaiser und Papst in verstärktem Mass das in Geltung, was oben im allgemeinen in Beziehung auf das Verhältnis zwischen Kirche und Staat gesagt wurde. Der Keim des Dualismus zwischen weltlich-kaiserlicher und geistlich-päpstlicher Gewalt ist auch von Karl dem Grossen nicht beseitigt. Nur die Ueberfülle **der Macht** entschied die auch das Papsttum überragende Bedeutung des Kaisertums. Vermöge der Fülle von originaler göttlicher Weihe, die das Papsttum in sich schloss, konnte sich der Papst leicht neben, ja über den Kaiser stellen, sobald die Idee des Kaisertums weniger machtvoll vertreten war.

Die andere Seite in der Stellung des Papstes ist die **politische**. Nach dieser erscheint der Papst ganz zweifellos als

---

¹) Vgl. den noch unter dem Königtum Karls geschriebenen Brief Alcuin's Jaffé bibl. rer. Germ. VI S. 464: die dignitas regalis Karls sei gegenüber der päpstlichen und byzantinisch-kaiserlichen potentia excellentior, regni dignitate sublimior. Vgl. auch Hinschius, Kirchenrecht III S. 706.

²) Vgl. den Brief Karls oben S. 27, der zwar von Karl als patricius, aber doch schon aus kaiserlichem Bewusstsein heraus geschrieben worden ist.

³) Waitz a. a. O. III S. 197.

⁴) Ermoldus Nigellus (S.S. II S. 482) lässt den Kaiser Ludwig zu Stephan sagen: „Haec est causa sacer, qua te accersiri rogavi: *Adjutor* fortis esto beate mihi".

Unterthan des Kaisers, wenn auch freilich, wie Martens [1]) richtig bemerkt, nicht „als simpler Unterthan", d. h. seine Unterthanenschaft ist eine eigentümlich modifizierte. Leo III. scheint keinen ausdrücklichen Eid der fidelitas geschworen zu haben [2]). Hätte Leo III. einen solchen Eid geleistet, so hätte der nächste Papst nach seinem Amtsantritt auch geschworen. Nun wird uns über Stephan IV. bloss berichtet, dass er **das römische Volk** dem Ludwig Treue schwören liess. Wohl aber wurde Karl nach der Krönung alsbald vom Papst **adoriert** und hierin liegt die Unterthanenschaft ausgedrückt [3]). Niehues (Verhältnis etc. II S. 12) sieht darin freilich nur eine Verkehrsformel byzantinischen Ceremoniells. Aber so wenig diese Form, zwischen dem byzantinischen Kaiser und dem Papst angewandt, bedeutungslos war, ebensowenig war sie es dem neuen abendländischen Kaiser gegenüber. Warum hat Leo **vorher** den König Karl nicht adoriert? — Uebrigens hängt die Frage, ob der Papst selbst 800 Unterthan des Kaisers wurde, nicht an der Interpretation der Adoration. Alles das, was Niehues selbst a. a. O. S. 6—11 aufzählt, beweist **wirklich**, nicht bloss **scheinbar**, wie Niehues will, eine staatsrechtliche Oberhoheit Karls als Kaisers über Rom und den Kirchenstaat, wie auch über den Papst selbst nach dessen politischer Stellung. Niehues leugnet nämlich nicht bloss die Oberhoheit des Kaisers über den Papst, sondern auch über Rom und den Kirchenstaat. In der That ist beides nicht von einander abtrennbar. Nur vorübergehend für die kurze Zeit von 796—800 konnte der sonderbare Zwischenzustand bestehen, in welchem die Römer dem Frankenherrscher zur Unterthanentreue verpflichtet waren, während der Papst wenigstens formell **neben**, nicht unter dem König stand. Der oberste Herr im Kirchenstaat musste durch die Logik der Thatsachen auch Herr des unmittelbaren Beherrschers dieses Staats werden, und diese Konsequenz wurde 800 gezogen. Wie Niehues leugnen kann, dass die Römer im Kaiser ihren Oberherrn hatten, ist unbegreiflich. Den von Leo III. den Römern abgenommenen Eid der Treue gegen Karl leugnet Niehues (freilich ohne

---

[1]) Martens, die römische Frage etc. S. 245.
[2]) Trotz Waitz a. a. O. III S. 198, der auf Cenni II S. 22 verweist; dort ist aber kein Eid Leo's angeführt.
[3]) Döllinger a. a. O. 364 f., Martens a. a. O. 210 f.

Grund); aber die späteren Eidesleistungen kann er nicht leugnen. Das Eidesformular von 824 erkennt er als echt an. Was soll es denn aber nun bedeuten, wenn die Römer sprechen mussten: „fidelis ero dominis nostris imperatoribus etc."? Niehues bleibt die Antwort schuldig [1]). Dass die Römer im Unterschied von den **unmittelbaren** Unterthanen des Kaisers die Treue unter Vorbehalt der dem Papst schuldigen Treue beschworen, entspricht ganz dem Sachverhalt, wornach der Papst allerdings **auch als Herr**, nämlich als unmittelbarer Landesherr, über ihnen stand. Durch diese Einschränkung wird doch nicht die von ihnen beschworene Unterthanentreue gegenüber dem Kaiser aufgehoben!

Die staatsrechtliche Stellung des Papstes im Reich ist ja freilich eine eigenartige. Die unmittelbare Landeshoheit über Rom und den Kirchenstaat wurde ihm nicht nur nicht genommen, sondern sogar gestärkt und garantiert (namentlich auch gegenüber den innerrömischen Bestrebungen, welche auf Einschränkung des päpstlich-weltlichen Regiments tendierten). Zum Fortbestand der relativen politischen Selbständigkeit des Papstes wirkte auch der historische Charakter mit, welchen die Beziehungen zwischen Papsttum und fränkischem Königtum hatten. Für diese Beziehungen war charakteristisch das allmähliche Sichentgegenkommen, woraus zunächst ein Vertragsverhältnis erwuchs. Noch bei der Errichtung des Kaisertums selbst war zwar die ungleich grössere Bedürftigkeit auf Seiten des Papstes; dennoch bedurfte auch Karl dabei des Papstes, sofern nur dieser ihm zur Kaiserwürde verhelfen konnte [2]). So war der Papst für den König auch zum Vermittler eines grossen politischen Guts geworden, und dies musste die Auktorität vermehren, die er schon vorher als Vermittler der religiösen Güter, als intercessor, wie Karl an Leo schrieb, genoss. So erklärt es sich, dass wir auch nach der Kaiserkrönung zur Bezeichnung des gegenseitigen Verhältnisses Ausdrücken begegnen, welche von der Anschauung des **Vertrags** ausgehen; insbesondere ist es auch in der Folge immer noch ein „pactum", das zwischen dem neuen Papst und dem Kaiser abgeschlossen zu werden pflegt. — Auch die räumliche Trennung zwischen Kaiser

---

[1]) Vgl. Niehues, Verhältnis etc. II S. 14.

[2]) So viel dürfte feststehen, auch wenn der Grund der von Einhard berichteten Unzufriedenheit Karls, die er nach der Krönung äusserte, dahingestellt bleiben muss.

und Papst trug dazu bei, die Abhängigkeit des letzteren zu mildern. Der Papst wurde, was freilich auch seinen Einfluss im Frankenreich minderte, weniger als die näher residierenden Bischöfe in die Staatsinteressen hineingezogen. — Bei dem allem kann die Oberhoheit des Kaisers über Rom und den Papst nicht bezweifelt werden. Es hing freilich von den Umständen und von der Entwickelung der Dinge ab, in welchem Grad diese Oberhoheit ausgeübt wurde und in die Erscheinung trat. Das Verhalten Karls selbst, soweit es sich erkennen lässt, erscheint ziemlich zurückhaltend. Umstände, welche die Oberhoheit des Kaisers dem Papst gegenüber hervortreten liessen, traten z. B. 815 ein, wo sich Kaiser Ludwig durch ein vom Papst gefälltes Todesurteil veranlasst sah, eine nachträgliche Untersuchung anzustellen [1]). Am deutlichsten wird die Oberhoheit des Kaisers illustriert durch das Auftreten Lothars 824, das zur Lotharischen constitutio führte. Auch Niehues kann in dem Auftreten Lothars nichts Usurpatorisches sehen. Es war in der That lediglich eine ganz normale Entfaltung der im Kaisertum implicite enthaltenen Rechte. Niehues bezeichnet den Zustand, der durch die constitutio geschaffen wurde, als eine Art condominium zwischen Kaiser und Papst in Rom [2]). Damit ist aber zu wenig gesagt. In Wahrheit steht in dieser constitutio der Kaiser deutlich als Oberherr im Hintergrund, und dieser Zustand wurde damals nicht erst geschaffen, sondern nur einigermassen präzisiert.

Niehues führt das Privileg Ludwigs von 817 als einen Beweis an, dass der Kaiser sich eine Oberhoheit über den Papst und das päpstliche Gebiet nicht beilegte. In Wahrheit ist dieses Privileg (seine Echtheit vorausgesetzt) nur der Ausdruck eines weniger entwickelten Stadiums in dem Verhältnis zwischen dem Papst und dem kaiserlichen Oberherrn. Was dem Papst garantiert wird, ist die landesherrliche Gewalt in einer auch dem Kaiser gegenüber sehr selbständigen Weise. Aber an einer Stelle bricht die der ganzen Ausstellung des Privilegs zu Grund liegende Oberhoheit des Kaisers auch in deutlicher und ausdrücklicher Weise durch, nämlich da, wo auf das Zugeständnis, dass der Kaiser nur auf die Bitte des Papstes richterlich eingreifen

---

[1]) Ueber die Rechte des Kaisers in Rom vgl. auch Simson, Jahrbücher unter Karl dem Gr. II S. 248 f.
[2]) a. a. O. S. 114.

will, die Beschränkung folgt: „exceptis his, qui violentiam vel oppressionem potentiorum passi ideo ad nos venerint, ut per nostram intercessionem justitiam mercantur, quorum altera conditio est et a superioribus valde disjuncta." Das ist eine Reservation der kaiserlichen Oberhoheit [1]). Niehues unterlässt es, sich mit dieser Stelle auseinanderzusetzen. In Wahrheit ist der kaiserliche Arm ungeachtet aller Konzessionen und Garantieen nicht bloss schützend, sondern auch machtvoll über den Papst ausgestreckt.

Eine Folge davon, dass der Natur der eigentümlichen Verhältnisse gemäss das, was von Anfang an im Kaisertum lag, erst allmählich aktualisiert wurde, war es, dass eine eidliche Verpflichtung des Papstes dem Kaiser gegenüber nicht gleich von Anfang, sondern erst später, nämlich erst seit 824, eintrat. Wir werden später über die Art und Bedeutung dieser eidlichen Verflichtung genau handeln müssen. Zum voraus sei hier bemerkt, dass es ganz unstatthaft ist, den päpstlichen Eid ganz den Versprechungen zu parallelisieren, welche die Kaiser den Päpsten gaben. Niehues versucht das [2]). Hier genüge vorerst das eine: der Kaiser nimmt dem Papst den Eid ab, sonst wird er überhaupt nicht Papst. Der Kaiser aber hat dem Papst gegenüber sich nicht in ähnlicher Weise eidlich zu verpflichten, ehe er Kaiser werden kann.

Nach Niehues hat die Kaiserwürde für Karl Rom gegenüber nur eine Erweiterung der Schutzgewalt mit sich gebracht. Während Karl als patricius Rom gegenüber bloss die Schutzgewalt gegen äussere Feinde besessen habe, habe er sie als Kaiser auch gegen die inneren Feinde des Papstes bekommen [3]); auch Rechte habe der Kaiser dem Papst und dem Kirchenstaat gegenüber gehabt, aber nur als Bedingungen der Ausübung seiner Schutzgewalt. Dem gegenüber ist zu sagen: die Aufrichtung des Kaisertums schloss die Oberhoheit über Rom als ganz selbstverständlich in sich. Schon der Titel „imperator Romanorum" sagt das, zumal wenn hinzugefügt wird: „Romanum gubernans imperium". Zu diesem imperium, das vom Kaiser beherrscht wird, gehört

---

[1]) Vgl. Martens a. a. O. 229 f. Ficker, Forschungen zur Reichs- und Rechtsgeschichte Italiens II (1869) S. 351.
[2]) a. a. O. S. 14.
[3]) z. B. Niehues a. a. O. S. 5.

doch auch Rom, und zwar als membrum praecipuum [1]). Die Kaiser waren, sofern sie eine wirkliche kaiserliche Gewalt im Abendland ausübten, immer auch Oberherrn über Rom. Die Deduktion von Niehues (a. a. O. S. 12) fällt in sich selbst zusammen. „Karl trat als Kaiser Rom und dem Papst gegenüber in die Stellung ein, welche bis dahin die byzantinischen Kaiser eingenommen hatten. Diese aber besassen schon seit 740 keine politischen Rechte mehr über den Kirchenstaat. Was sie nicht besassen, konnte Karl nicht von ihnen erben." Der Trugschluss liegt darin, dass Karl gerade das übernommen haben soll, was die byzantinischen Kaiser **damals** an Macht über Rom besassen; das wäre freilich = 0 gewesen! In Wahrheit aber hat Karl das **gerade infolge** der Machtlosigkeit der Byzantiner vom Papst als erloschen betrachtete abendländische Kaisertum geerbt, nicht damit es erloschen bleibe, sondern damit es aufgerichtet werde. die Oberhoheit über Rom natürlich mit inbegriffen. —

In der Konsequenz des Verhältnisses zwischen weltlicher Gewalt und Kirche, zwischen Kaisertum und Papsttum lag ohne Zweifel auch das Anrecht des Kaisers **auf irgend eine Art von Mitwirkung beim Papstwechsel**, wie sich denn der Kaiser überhaupt das Recht beilegte, bei der Besetzung der Bistümer mitzuwirken, ein Recht, dem gegenüber die „kanonische Wahl" wenigstens diesseits der Alpen sehr zurückstehen musste [2]). Aber in **welcher Art** sich Karl diese Mitwirkung gedacht hat oder gedacht haben würde, lässt sich nicht feststellen; denn ein Papstwechsel trat unter ihm nicht mehr ein. Nur so viel lässt sich im allgemeinen sagen, dass die in mehr als **einer** Beziehung eigenartige Stellung des Papsttums den Papstwechsel vor allzu unmittelbaren Eingriffen des Kaisers schützte.

Es hat allen Anschein, dass die Frage nach dem Verhältnis zur Papstwahl auch bei der Errichtung des Kaisertums nicht in bestimmter Weise geregelt wurde. Simson [3]) sagt: „zu den Hoheitsrechten, welche sich Karl nach seiner Kaiserkrönung vor-

---

[1]) Die Zugehörigkeit Roms zum Reich kann nicht so interpretiert werden, wie Niehues a. a. O. S. 14 will.

[2]) Vgl. Waitz a. a. O. III 420 f.

[3]) Jahrbücher des fränkischen Reichs unter Ludwig dem Frommen (1874) I, S. 231, 3. Vgl. dazu Simson, Jahrbücher des fränkischen Reichs unter Karl dem Grossen II S. 245—248. Mit Simson stimmt überein Dahn, deutsche Geschichte I, 2, S. 363.

behalten hatte, gehörte es aller Wahrscheinlichkeit nach, dass der Konsekration des Papstes die kaiserliche Genehmigung vorhergehen müsse"[1]). Dies schliesst Simson aus dem, was die fränkischen Quellen zur Erhebung Stephans IV. und Paschalis' I. berichten. Wir werden finden, dass diese Berichte kaum ein genügender Anhalt sind, um jenen Rückschluss zu gestatten, zumal da wir in späteren Abmachungen uns nie auf eine unter Karl getroffene Festsetzung zurückgewiesen finden, und da von einem Protest wegen Verletzung eines kaiserlichen Rechts weder bei der Erhebung des Stephan IV. noch des Paschalis noch des Eugen II. die Rede ist, welche doch alle den päpstlichen Stuhl bestiegen haben, ohne dass vor der Konsekration eine kaiserliche Genehmigung abgewartet wurde.

Eine andere Auffassung ist es, wenn behauptet wird, das kaiserliche Recht beim Papstwechsel sei seit Karls Kaiserkrönung durch den ständigen missus in Rom vertreten worden. So sagt z. B. Gregorovius[2]): „der beständige Legat des Kaisers war auch Bevollmächtigter bei der Papstwahl und Ordination, welcher er beizuwohnen hatte"[3]). Diese Auffassung gründet sich lediglich auf den libellus de imperatoria potestate, der aber unter den Funktionen des nach seiner Angabe seit Errichtung des Kaisertums beständig in Rom weilenden missus die Anwesenheit bei der Papsteinsetzung nicht einmal aufführt, wogegen er freilich in betreff der Patriciusgewalt die schon oben kritisierte Angabe gemacht hat: „(Carolus) fecit pactum cum Romanis eorumque pontifice ... de ordinatione pontificis, ut interesset quis legatus". Der libellus dachte sich wohl, was den Papstwechsel betrifft, das Gleiche als Funktion des ständigen missus, was er jenem legatus unter dem Patriciat zuschreibt. Er sagt dann auch später von Karl dem Kahlen: „removit etiam ab eis (sc. Romanis) regias legationes, assiduitatem vel praesentiam apostolicae electionis". — Allein in gleichzeitigen Berichten finden wir von einer derartigen

---

[1]) Aehnlich Himly, Wala et Louis le débonnaire (1849) S. 75. 95. — In den Jahrbüchern unter Karl dem Gr. a. a. O. bezeichnet Simson auch das als ein dem Kaiser schon 801 vorbehaltenes Recht „dass die Konsekration des Papstes in Gegenwart eines oder auch mehrerer kaiserlicher Missi stattzufinden hatte". Vor Eugen II. lässt sich dieses Recht nicht nachweisen.

[2]) Gregorovius, Geschichte der Stadt Rom 3. Aufl. III S. 11.

[3]) So auch Reumont, Geschichte der Stadt Rom II 189.

Vertretung des kaiserlichen Rechts durch einen ständigen missus, etwa bei der Erhebung Stephans IV. oder des Paschalis, gar nichts; und auch für die spätere Zeit werden wir finden, dass es nicht ein **ständiger**, sondern ein eigens zu diesem Zweck abgeordneter Gesandter war, dem die Vertretung des Kaisers beim Pontifikatswechsel zugeteilt wurde. Zudem ist die Existenz eines ständigen Missus in Rom unter dem karolingischen Kaisertum überhaupt eine problematische. Da die Quellen aus jener Zeit selbst ihn nirgends erkennen lassen, so hat S i m s o n [1]) alles Recht, ihn zu bezweifeln [2]).

Das Wahrscheinlichste ist also, dass Karl es unterlassen hat, ein kaiserliches Recht mit Beziehung auf den Pontifikatswechel festzustellen. Unter Karls Regierung trat kein Anlass ein, der einen gesetzgeberischen Schritt in dieser Hinsicht nahe gelegt hätte. Nach dem angegebenen Charakter der Beziehungen des Kaisertums zum Papsttum ist es wohl denkbar, dass der kaiserliche Einfluss noch nicht bis zum innersten Kern der Selbständigkeit des Papsttums, bis zur freien Papsterhebung, durchgedrungen war. Die Verbindung beider Mächte war durch allmähliche Annäherung entstanden; aus der Verbindung wurde an der Hand treibender Verhältnisse die Unterwerfung des einen Teils. Darum ist es auch begreiflich, wenn die Frankenmacht das Papsttum nicht gleich von Anfang an an der Wurzel, an der von nichtrömischen Einflüssen unabhängigen Genesis des Papstes anfasste. Ganz anders war später das Verhältnis Otto's I. und Heinrichs III. zum Papsttum. Diese sahen sich durch den Zustand, in welchem sie dasselbe antrafen, alsbald veranlasst, sich den massgebenden Einfluss auf die Papsterhebung anzueignen. Daneben ist zu bedenken, wie Hinschius (a. a. O. S. 230) bemerkt, „dass vorläufig noch gleiche Interessen beide Mächte so eng verbanden, dass von einem Bruch beider und von Massregeln zur Verhütung eines solchen nicht die Rede war."

Um mehr als 2 Jahre überlebte Leo den von ihm gekrönten

---

[1]) Jahrbücher unter Ludwig dem Fr. I S. 226, 5. Die entgegengesetzte Ansicht vertritt G i e s e b r e c h t, Gesch. der deutsch. Kaiserzeit I (5. Aufl.) S. 871 f.
[2]) Noch Genaueres darüber gibt Hirsch in den Forschungen zur deutschen Geschichte 20 S. 142 f. (gegen Jung in den Forschungen 14).

Kaiser. Dem Tod Leo's gingen ernstliche Unruhen vorher, welche dem Kaiser Ludwig Anlass gaben, durch seine Organe auch dem Papst gegenüber entschieden für das kaiserliche Ansehen und den Römern gegenüber für die Ordnung einzutreten. Dem Nachfolger Leo's wurde dadurch die Notwendigkeit eines engen Anschlusses an den Kaiser sehr nahe gelegt. Am 12. Juni 816 wurde Leo begraben; am 22. Juni wurde Stephan IV. konsekriert. Dass er seine Wahl den Gegnern Leo's verdankte[1], ist wahrscheinlich. Weder in seiner vita noch in den fränkischen Quellen wird irgend welche Mitwirkung von Vertretern des Kaisers bei seiner Erhebung erwähnt[2]. Einhard[3] scheint sogar das Bewusstsein davon zu verraten, dass ein kaiserliches Recht bei der Erhebung nicht in Betracht gezogen wurde. Denn während er die letzten Pontifikatswechsel nur mit den allgemeinen Ausdrücken: „successit", „pontificatum suscepit" bezeichnet hat, unterscheidet er bei Stephan IV. und von da an regelmässig zwischen den zwei Hauptakten der Erhebung, Wahl und Konsekration. „Stephanus in locum ejus electus atque ordinatus est". Der Grund dafür, dass dem fränkischen Annalisten, der seinen Bericht doch wohl nicht absolut gleichzeitig verfasste oder abschliessend redigierte, der Blick für diesen Unterschied geschärft ist, mag darin liegen, dass bald die Geltendmachung des kaiserlichen Rechts gerade zwischen diese beiden Akte eingeschoben wurde. Erst durch die Gesandten, welche Stephan an Ludwig schickt, „qui quasi pro sua consecratione imperatori suggererent" (= um ihm die auf die päpstliche Konsekration bezüglichen Mitteilungen zu machen[4] wird der Kaiser in eine Beziehung zu dem schon vollzogenen Pontifikatswechsel gesetzt.

[1] Simson a. a. O. S. 66.
[2] Staudenmeyer, Geschichte der Bischofswahlen (1830) S. 143 behauptet ohne Grund, Stephan sei in Gegenwart kaiserlicher Missi gewählt worden.
[3] Beim Gebrauch dieser herkömmlichen Bezeichnung der Annalen sehe ich von der Frage nach dem wirklichen Autor ab. Auch die Frage nach der genaueren Abfassungszeit sowie nach dem offiziellen oder nichtoffiziellen Charakter kann bei Seite liegen bleiben. Es genügt, dass wir allen Grund haben, den fränkischen Angaben einen hohen Grad von Zuverlässigkeit beizulegen.
[4] Bayet a. a. O. S. 73 f. ist geneigt, den Ausdruck Einhard's nicht auf die Weihe des Papstes, sondern auf die Weihe des Kaisers zu beziehen,

Von Wahlunruhen bei Stephans Erhebung sind keine Spuren vorhanden.

Thegan [1]) cap. 16 gibt die wichtige Nachricht, dass Stephan alsbald, nachdem er den Stuhl Petri bestiegen, das ganze römische Volk dem Ludwig eidlich Treue versprechen liess. Stephan erinnerte sich also dessen, was Leo III. nach seiner Erhebung that. Folge der veränderten Zeitlage ist es wohl, wenn diesmal der Papst selbst den Römern den Eid abnahm.

Stephan wollte also keineswegs das Band mit dem Kaisertum lockern, und dieser Richtung seiner Politik entsprang auch seine Reise zu Kaiser Ludwig. Noch nicht 2 Monate waren seit seiner Konsekration vergangen, als er die Reise antrat. Er betrieb sie mit solcher Eile, dass man glauben muss, er hätte sie gerne schon früher angetreten. Voraus schickte er 2 Gesandte, deren Mission Einhard mit den angeführten Worten bezeichnet. Der Astronom, welcher den Einhard kopiert [2]), gebraucht die Wendung: „praemisit legationem, quae super ordinatione ejus imperatori *satisfaceret*". Dieses „satisfacere" könnte besagen wollen, dass der Papst sich den Kaiser darüber, dass er nicht vor der Ordination des Papstes befragt wurde, ungehalten dachte und sich daher entschuldigte [3]). Aber notwendig liegt das nicht in dem Ausdruck, der auch bloss das besagen kann, dass der Papst den berechtigten Ansprüchen Ludwigs, wornach er die Mitteilung (Einhard: „suggestio") der Konsekration verlangen kann, genügte [4]). Aber auch wenn der Astronom den Sinn beabsichtigte, welchen manche ihm ohne weiteres beilegen [5]), so

---

welche Stephan nachholen wollte. Aber nach dem Vorhergehenden kann man an nichts anderes denken als an die vollzogene Konsekration des Papstes selbst (auch bei O. Abel und Wattenbach ist unrichtig übersetzt: „um den Kaiser geneigt zu machen, sich von ihm weihen zu lassen", worauf Simson, Jahrbücher unter Karl dem Grossen II S. 245, 2 hinweist).

[1]) M. G. S.S. II S. 594.

[2]) Vgl. über das Verhältnis des Astronomen zu Einhard Wattenbach Deutschlands Geschichtsquellen 5. Aufl. I 198.

[3]) Vgl. Einhard zu 815: „die Gesandten Leo's satisfecerunt imperatori de his quae objiciebantur".

[4]) Vgl. den Brief Pauls I oben S. 12, wo in „satisfactus" keine Spur von der Bedeutung „entschuldigen" enthalten ist.

[5]) z. B. Gregorovius a. a. O. III 33; Himly a. a. O. 75; Niehues, Verhältnis etc. II, 62. Simson, Jahrbücher unter Ludwig dem Frommen I S. 66: „Stephan erkannte doch wenigstens im Grundsatz an,

kann das auf einer Missdeutung Einhards beruhen oder kann die später aufgekommene Anschauung seine Darstellung beeinflusst haben. Diese Notiz bildet also eine zu schwache Stütze für die Behauptung, Stephan habe sich entschuldigt, weil er ohne vorherige Beiziehung des Kaisers konsekriert worden sei.

Immerhin ist es möglich, und diese Vermutung wird sich uns bei Paschalis I. in verstärktem Grad aufdrängen, dass der Papst von Besorgnissen erfüllt war in betreff der Stellung, welche der neue Kaiser zum Papsttum überhaupt und speziell zum Papstwechsel einnehmen werde. Wie Ludwig ohne Zuthun des Papstes Kaiser geworden war, so konnte er aus seiner Würde auch weitergehende Rechte gegenüber dem Papsttum ableiten. Dem Papst musste sehr viel daran liegen, sowohl die Kaiserkrönung nachzuholen als auch Garantieen für den Fortbestand des alten Verhältnisses zu erhalten. —

In Beziehung auf seine Erhebung hat also Stephan IV. dem Kaiser nicht **mehr** eingeräumt als Leo III. dem Patricius [1]). Dass auch Stephan sein Wahldekret übersandte, ist wahrscheinlich [2]).

Die vita des Stephan IV. bemerkt, ehe er die Reise antrat, sei er „in pontificatu jam positus" gewesen. Soll damit die Unabhängigkeit seiner Würde vom Kaiser betont sein? Als Zweck der Reise gibt die vita an: „pro confirmanda pace et unitate ecclesiae Dei", und als Resultat bezeichnet sie befriedigt: „so grosser Gnade würdigte ihn Ludwig, dass (der Papst) omnia, quae ab eo poposcisse dinoscitur, ab eo impetraret". Auch nach den fränkischen Quellen war die Aufnahme, die der Papst fand, und das Ergebnis seines Besuchs ein ihm günstiges. Genau beschreibt Ermoldus Nigellus die damalige Anwesenheit des Papstes [3]). Seine Angabe, dass Stephan die Reise auf Veranlassung Ludwigs unternommen habe [4]), widerspricht den andern Quellen und mag zur

---

dass seine Weihe der Genehmigung des Kaisers bedürfe und beeilte sich, 2 Gesandte an Ludwig abzuordnen, welche diesem seine Konsekration anzeigen und die kaiserliche Einwilligung gewissermassen nachträglich (?) einholen sollten". Vgl. auch Simson, Jahrbücher unter Karl dem Gr. II S. 245, 2.

[1]) So auch Hinschius, Kirchenrecht I 230.
[2]) Unrichtig Staudenmeyer S. 143: „das Wahldekret wurde dem Kaiser zur Bestätigung zugeschickt".
[3]) M. G. S.S. II 482 ff.
[4]) lib. II v. 197.

Verherrlichung seines Helden erfunden sein. Aber nicht der Phantasie des Ermoldus entsprungen kann die bestimmte Angabe V. 383 f. sein, dass Ludwig durch seinen Kanzler Elisachar eine Urkunde ausstellen liess, um seinen Willen kundzuthun, dass die jura Petri unverletzt in Kraft bleiben sollen und dass die römische Kirche auch unter seiner Regierung die erste Stelle einnehmen und an Ehre wachsen soll wie sie unter Karl gewachsen ist [1]).

Ueberblicken wir diese Angaben, so geht aus ihnen hervor, dass Ludwig keinerlei Ungehaltenheit über die Art, wie Stephan den päpstlichen Stuhl bestiegen, an den Tag legte. Er empfieng ihn mit den dem rechtmässigen Papst gebührenden Ehren und garantierte die Rechte und Interessen des Papstes. Die Verbindung des neuen Papstes mit dem Kaiser war gesichert und dabei war der Papst in seiner privilegierten Stellung belassen.

Die Frage, ob damals schon das Bestreben Ludwigs darauf gerichtet war, ein kaiserliches Recht in den Prozess des Pontifikatswechsels selbst einzuschalten, entscheidet sich durch die Antwort auf die Frage: ist das Dekret: „quia sancta" dem Stephan IV. zuzuschreiben? Denn da nicht anzunehmen ist, dass der Papst aus eigenem Trieb der kaiserlichen Gewalt eine auf die Papsterhebung sich erstreckende Ausdehnung gab, so wäre der Erlass jenes Dekrets auf Forderungen Ludwigs zurückzuführen. Dasselbe steht als 10. Kanon unter den Beschlüssen der römischen Synode, welche Johann IX. 898 hielt [2]). Ausserdem aber steht es mit einigen unwesentlichen, bloss formellen Verschiedenheiten in der Pannormia Ivos (III 1 § 1), von wo es in das Dekret Gratians übergieng (c. 28 Dist. LXIII), und hier trägt es die Inskription: Stephanus papa. Das Dekret lautet im Wortlaut bei Gratian: „Quia sancta Romana ecclesia, cui auctore Deo praesidemus, a pluribus patitur violentias pontifice obeunte, quae ob hoc inferuntur, quia absque imperiali notitia pontificis fit electio et consecratio nec canonico ritu et consuetudine ab im-

---

[1]) Bei Ficker, Forschungen etc. II S. 346 der Nachweis von Spuren davon, dass das von Ludwig dem Stephan IV. ausgestellte pactum noch 1105 vorhanden war.

[2]) Mansi 18, 221; M. G. Leg. II Anhang S. 158.

peratore directi intersunt nuntii, qui scandala fieri vetent: volumus, ut cum instituendus est pontifex, convenientibus episcopis et universo clero eligatur (ex) praesente [1]) senatu et populo, qui ordinandus est, et sic ab omnibus electus praesentibus legatis imperialibus consecretur, nullusque sine periculo sui juramenta vel promissiones aliquas nova adinventione audeat extorquere, nisi quae antiqua exigit consuetudo, ne vel ecclesia scandalizetur et imperialis honorificentia minuatur."

Die Frage ist: kann man einem Stephan des neunten Jahrhunderts — denn nur um einen solchen kann es sich handeln — dieses Dekret mit Fug zuschreiben? Wenn nicht, so würde in jener Inskription eine Verwechslung des Namens Stephan mit dem Namen Johann vorliegen. Zunächst muss in Betracht kommen Stephan IV.

Muratori glaubte die Ansicht älterer Forscher, welche das Dekret dem Stephan IV. absprachen, wie des Baronius (annal. ad a. 816), des Thomassin (vet. et nova eccl. discipl. tom. II lib. II cap. 25 III) durch die Herausgabe der Akten einer Synode des Nikolaus I, wie er meinte von 863 [2]), definitiv widerlegt zu haben [3]). Im 11. Kapitel dieser Synode glaubte er das fragliche Dekret citiert zu finden, woraus folgen würde, dass es von einem Stephan, der vor Nikolaus I. gelebt hat, also von Stephan IV. stammen muss. Unter denen, welche die Ansicht Muratoris billigen, ist hauptsächlich hervorzuheben Niehues, welcher in einer besonderen Abhandlung [4]) die Herkunft des Dekrets „quia sancta" von Stephan IV., mit besonderer Beziehung gegen Hinschius, nachzuweisen sucht [5]). Den Autoren, welche sich für

---

[1]) bei Ivo: „ex praesente"; bei Gratian: „praesente"; im 10. Kanon des Konzils von 898: „expetente" (vgl. unten bei Johann IX.) Weiland in der Zeitschr. für Kirchenrecht Band 19 (1884) S. 86 Anm. 3 erklärt, gewiss mit Recht, die Lesart „expetente" für die ursprüngliche (diese Lesart auch in der Ueberlieferung des Dekrets bei Wido von Osnabrück im cod. Udalrici, wo es dem Papst Deusdedit zugeschrieben wird; bei Jaffé, bibl. rer. Germ. V, 336. Vgl. darüber Weiland a. a. O. S. 89).

[2]) In Wahrheit von 862; vgl. Jaffé reg. 2. Aufl. S. 345.

[3]) Muratori, rer. ital. script. II, 2, 128.

[4]) Im historischen Jahrbuch der Görresgesellschaft Band I (1880) S. 141 ff. Niehues wiederholt seine Auffassung in Band II von „Verhältnis zwischen Kaisertum und Papsttum" S. 66.

[5]) Ausserdem stimmen mit Muratori überein Hofele, Konziliengesch.

Stephan IV. erklären[1]), steht eine Reihe von Autoren gegenüber, welche das Dekret dem Stephan IV. absprechen, besonders Hinschius, Kirchenrecht I. S. 231, der seine Ansicht in Band III des Kirchenrechts aufrecht erhält (S. 715 n. 8), Granderath (in den Stimmen aus Maria Laach Band 8 S. 183 f.), und Weiland, der in der Zeitschr. für Kirchenrecht, Band 19 S. 85—90 einen besonderen Aufsatz gegen Niehues gerichtet hat[2]).

Diejenigen, welche das Dekret dem 4. Stephan absprechen, schreiben es fast alle keinem Stephan mehr zu, sondern erklären jene Inskription aus einer Verwechslung mit Johann IX. Vereinzelt wird Stephan VI. für den Urheber gehalten[3]).

Zunächst ist die Ansicht Muratoris zu prüfen. Das Kapitel 11 des Konzils von 862 lautet:

„Si quis sacerdotibus seu primatibus, nobilibus seu cuncto clero hujus sanctae Romanae ecclesiae electionem Romani pontificis contradicere präsumserit, sicut in concilio beatissimi Stephani papae statutum est, anathema sit."

Erst später wird der Ort sein, die eigentlichen Motive dieses Kanons zu bestimmen. Jedenfalls werden hier die Faktoren aufgezählt, denen das Recht zukommt, den Papst zu wählen. Im Dekret „quia sancta" werden ebenfalls die bei der Papstwahl mitwirkenden Faktoren angegeben: „convenientibus episcopis et universo clero eligatur präsente senatu et populo." Sollte nun dieses Dekret citiert sein, so wäre doch auffallend, dass der Wortlaut, mit dem die einzelnen Faktoren aufgezählt werden, sowenig übereinstimmt; nur der Klerus kehrt beidemale wieder.

IV (2. Aufl.) S. 8; Floss, Papstwahl unter den Ottonen (1858) S. 56; Jaffé reg. 2. Aufl. 317 vgl. mit S. 442; Richter-Dove-Kahl, Kirchenrecht, 8. Aufl. S. 403 erklärt sich mit Niehues einverstanden.

[1]) Ohne ausdrückliche Beziehung auf Muratori wird Stephan IV. als Urheber des Dekrets angesehen von Gfrörer, Gregor VII Band 5 (1860) S. 100; Baxmann, Politik der Päpste (1868) I 328; Ficker, Forschungen etc. II 352; Lorenz a. a. O. S. 40; Grashof, der Patriciat der deutschen Kaiser im Archiv für kathol. Kirchenrecht Band 42 (1879) S. 231; Martens, die römische Frage etc. S. 230; Langen, Gesch. der röm. Kirche von Leo I. bis Nikolaus I. (1885) S. 797 f.

[2]) Auch Phillips K. R. V 768; Simson a. a. O. S. 66, 7; Bayet u. a. O. S. 74 f., der sich ganz an Hinschius anschliesst.

[3]) Zu den bei Hinschius I 231, 5 genannten kommt noch Gregorovius a. a. O. III S. 35, 2.

Dies wäre ja freilich kein zwingender Grund zu leugnen, dass das Dekret „quia sancta" das citierte sei, wenn wir nicht ein anderes Dekret eines Stephan hätten, in welchem auch die Faktoren der Papstwahl aufgezählt werden und zwar in einer mit dem Dekret des Nikolaus weit besser übereinstimmenden Weise. Dies ist jener auf der Lateransynode von 769 [1]) festgesetzte Kanon:

„a certis sacerdotibus atque proceribus ecclesiae et cuncto clero ipsa pontificalis electio proveniat."

Auch Niehues bemerkt, dass das Dekret des Nikolaus Bezug nimmt auf die Beschlüsse der Synode von 769. Namentlich ist es ein Satz der 4. Sitzung [2]), dem das Dekret des Nikolaus sichtlich nachgebildet ist. Während jedoch Niehues durch die weitere Vergleichung zu dem Resultat geführt wird, dass von Nikolaus noch auf ein anderes von einem andern Stephan herrührendes Dekret Bezug genommen worden sei, ergibt mir die weitere vergleichende Erwägung das entgegengesetzte Resultat, dass das Dekret von 769 als Vorlage für 862 vollständig genügt und dass nichts darauf hinweist, dass das Dekret „quia sancta" im Jahr 862 citiert worden wäre.

Die drei vom Konzil 769 aufgezählten Faktoren finden wir sämmtlich in dem Dekret des Nikolaus wieder. Die in diesem Dekret genannten *„primates"* werden von dem Konzil 769 in der dritten Sitzung mit dem gleichbedeutenden Ausdruck *„proceres ecclesiae"* bezeichnet, während die vierte Sitzung den Ausdruck „primates" aufweist. Durch beide Ausdrücke werden die geistlichen Hofbeamten des Papsts (Primicerius etc.) bezeichnet [3]). In dem Kapitel des Nikolaus ist nun freilich zu den Faktoren, welche von Stephan III. als direkt bei der Papstwahl mitwirkend aufgezählt werden, noch einer hinzufügt: die *nobiles* = die weltlichen Vornehmen (im lib. pontif. gewöhnlich als optimates bezeichnet). Zwar werden auch in dem Kanon von 769 die weltlichen Vornehmen („optimates militiae ... et cives honesti") als bei der Papsterhebung in Betracht kommend aufgeführt;

---

[1]) s. oben S. 17.

[2]) „*si quis resistere praesumserit* sacerdotibus atque *primatibus* ecclesiae vel cuncto clero ad eligendum sibi pontificem secundum hanc canonicam traditionem, anathema sit". Mansi tom. XII p. 720.

[3]) K. Hegel, Geschichte der Städteverfassung in Italien I 244 ff.

aber ihnen neben den andern aufgezählten Laienelementen wird nur eine sekundäre Rolle zugewiesen¹), während im Kapitel des Nikolaus dem Wortlaut nach die nobiles in gleiche Linie mit den geistlichen Faktoren gestellt werden.

Allein aus dieser Differenz erwächst keine Verstärkung für die Ansicht, welche in dem Kapitel von 862 das Dekret „quia sancta" citiert sieht. Denn auch in dem letzteren Dekret wird dem weltlichen Element nur eine sekundäre Rolle zugewiesen; der Papst soll ja gewählt werden „convenientibus episcopis et universo clero", dagegen nur „präsente senatu et populo"²). Ganz zweifellos soll dieser Wortlaut bekunden, dass Senat und Volk bei der Papstwahl nicht auf einer Linie mit den Bischöfen und dem Klerus stehen. Das Kapitel des Nikolaus legt also im Vergleich mit dem Dekret „quia sancta" die gleiche Differenz an den Tag wie im Vergleich mit dem Kanon von 769, wenn auch bei dem Dekret „quia sancta" die Differenz weniger in die Augen springt³).

Der populus, dem sowohl im Dekret „quia sancta" als in dem von 769 ein sekundärer Anteil an der Papstwahl eingeräumt wird, wird im Kapitel des Nikolaus gar nicht erwähnt. Auch diese Differenz kann also keinen Vorzug des einen der beiden Dekrete, um die es sich handelt, begründen.

Dass von Nikolaus, der auf die rechtmässigen Faktoren der Papstwahl hinweisen wollte, das Konzil von 769 citiert wurde, erscheint naheliegend, da jenes Konzil diese Faktoren in einer grundlegenden Weise aufzählt. Für das Dekret „quia sancta"

---

¹) Vgl. oben S. 17.

²) Die Lesart »expetentes« beseitigt auch nicht den sekundären Charakter der Beteiligung von Senat und Volk, wenn sie auch das diesen Faktoren zustehende Recht, ihre Wünsche geltend zu machen, hervorhebt.

³) Ganz dahingestellt mag bleiben, ob in den Worten „sicut in concilio Stephani statutum est" wenigstens für die nobiles der Hinweis auf eine bestimmt eingeschränkte Weise der Beteiligung an der Wahl liegt. Niehues (Jahrbuch I 147) nimmt das an. Er übersieht aber, dass das ebensogut auf das Dekret von 769 wie auf das Dekret „quia sancta" angewendet werden kann. Die nobiles sind ja in den 769 aufgezählten Laien doch auch mit einbegriffen. — Uebrigens ist der Umstand, dass im Dekret des Nikolaus die nobiles den geistlichen Faktoren dem Wortlaut nach gleichgestellt, ja sogar vor dem cunctus clerus genannt werden, nicht bedeutungslos (vgl. unten bei Nikolaus I.).

dagegen ist der ausdrücklich namhaft gemachte **Hauptzweck** die Feststellung der Anwesenheit kaiserlicher Boten bei der Konsekration.

Endlich müsste man, wenn man das Dekret „quia sancta" als das von Nikolaus citierte betrachtet, sich nach einem Konzil umsehen, das Stephan IV. gehalten hätte. Von einem solchen finden sich aber keine Spuren, und bei der kurzen Regierung dieses Stephans, welche nur 6 Monate währte und deren Hauptereignis die Reise zu Kaiser Ludwig war, ist es kaum wahrscheinlich, dass er eine grössere Synode gehalten hat.

Diese Gründe genügen, um Muratoris Ansicht zu widerlegen und die Ansicht als die richtige zu erweisen, dass Nikolaus den Synodalbeschluss Stephans III. von 769 citiert hat. Die Entscheidung darüber, wem das Dekret „quia sancta" zuzuschreiben ist, ist also lediglich von der Frage abhängig: **passt das Dekret in die Zeitlage unter Stephan IV.?** [1]).

Auch hier komme ich mit aller Entschiedenheit auf ein mit **Hinschius** übereinstimmendes, dem von **Niehues** entgegengesetztes Resultat. Es ist Niehues zuzugeben, dass der von Hinschius geltend gemachte Hinweis auf den ruhigen Hergang bei den vorhergehenden Papstwahlen nicht stichhaltig ist, da dieser ruhige Hergang sehr in Frage steht. Aber gegen Niehues entscheidend sind folgende Erwägungen. Als Grund, warum es bei den Papstwahlen so tumultuarisch zugehe, wird im Dekret das angegeben, dass das Mittel, welches allein derartige Unordnungen verhindern könnte, nämlich die Benachrichtigung des Kaisers und die Beiziehung kaiserlicher Gesandter zur Konsekration nicht angewendet worden sei. Welchen Sinn hat es aber, die Anwesenheit kaiserlicher Boten als das Mittel anzugeben, welches bei den etwaigen Wahltumulten vor Stephan IV. hätte angewendet werden sollen! Einerseits bestand damals das fränkische Kaisertum noch gar nicht, während eine Beiziehung des griechischen Kaisertums natürlich unmöglich von dem Dekret gemeint sein

---

[1]) Auch nach der von Weiland a. a. O. gegebenen treffenden Ausführung dürfte die vorstehende noch eingehendere Vergleichung der betreffenden Dekrete nicht überflüssig, sondern als Ergänzung erscheinen. Namentlich aber dürfte durch meine weitere Darlegung die Weiland'sche Beweisführung ergänzt werden, durch welch letztere die **Unmöglichkeit** der Autorschaft Stephans IV. nicht zwingend erwiesen ist.

kann. Andererseits konnte ein Dekret Stephans IV., auch wenn wir — die Möglichkeit einer unbestimmteren Redeweise zugebend — für Kaisertum Patriciat supponieren, die Anwesenheit königlicher Boten bei der Konsekration für jene Zeit des Patriciats nicht als einen canonicus ritus bezeichnen[1]). Stephan IV. konnte jener Zeit keinen Vorwurf daraus machen, dass man versäumt habe, diesen ritus anzuwenden; damals bestand ja noch keinerlei Interzession königlicher Gesandter bei der päpstlichen Erhebung zu Recht. Man sieht: das im Dekret angegebene Mittel, wodurch die Unordnungen hätten verhütet werden sollen, passt durchaus nicht für die Zeit der dem 4. Stephan vorhergehenden Papstwahlen.

Und auch dann, wenn Karl der Grosse als Kaiser die Anwesenheit kaiserlicher Gesandter bei der Konsekration festgesetzt hätte, was übrigens durchaus unwahrscheinlich ist[2]), könnte Stephan diesen modus wenigstens nicht eine „*consuetudo*" nennen[3]), wenn auch die Bezeichnung als eines „canonicus ritus" noch anginge. Gewohnheit wird etwas doch nur durch **öfteren Gebrauch**! Noch weniger könnte Stephan davon reden als von einer schon **abgekommenen** Gewohnheit.

Dass er diese Bezeichnung im Rückblick auf die **griechische Kaiserherrschaft** gebraucht hätte, ist nicht denkbar. Denn abgesehen davon, dass es keinem Papst damals in den Sinn kommen konnte, das einstige Verhältnis des byzantinischen Kaisertums zum Papstwechsel aus der Vergangenheit wieder heraufbeschwören zu wollen, so bestand auch das Wesen jenes Verhältnisses keineswegs in der Anwesenheit kaiserlicher Kommissäre bei der Konsekration.

Aber auch wenn man den im Dekret wieder **eingeführten Modus selbst** genauer ins Auge fasst, sieht man sich auf eine weit spätere Zeit verwiesen als auf die Stephans IV. Der kaiserlichen Auktorität wird nicht ein die Papsterhebung mitbedingendes Recht eingeräumt, sondern es wird bloss der **kaiserliche Schutz bei der Konsekration** in Anspruch ge-

---

[1]) „nec canonico ritu et consuetudine ab imperatore directi intersunt nuntii".
[2]) Vrgl. oben S. 42.
[3]) S. auch Hinschius I S. 231.

nommen¹). Obgleich von einer *notitia* des Kaisers die Rede ist²), ohne welche die Konsekration nicht erfolgen soll, ist die Absicht des Dekrets doch nicht die, dem Kaiser ein **Bestätigungsrecht** zuzusprechen. Der Kaiser soll in Kenntnis von der vollzogenen Wahl gesetzt werden, damit er alsbald Gesandte schicken kann, welche alle Störungen der bevorstehenden Konsekration verhüten sollen³).

Dass nämlich unter den legati des Kaisers solche zu verstehen sind, welche eigens zum Behuf der Assistenz bei der Konsekration abgesandt worden sind, geht aus der im Dekret verlangten „*imperatoris notitia*" hervor; auch das „ab imperatore directi nuntii" weist darauf hin. Dies ist **gegen Lorenz**⁴) zu bemerken, der unter den Gesandten solche kaiserliche missi versteht, „deren Anwesenheit in Rom doch wohl nicht als das ungewöhnliche anzusehen ist." An solche missi, die anderer Funktionen halber etwa da waren, denkt das Dekret offenbar nicht, stellt vielmehr eine unter allen Umständen gleich anwendbare Regel auf.

Lorenz legt übrigens gerade auf **seine** Auffassung der Gesandten einen besonderen Nachdruck, indem er glaubt, Stephan IV. (dem Lorenz das Dekret zuschreibt) habe diesen modus gerade mit **der** Absicht aufgestellt, dass die verzögerten Konsekrationen der byzantinischen Periode nicht wieder aufkämen. Gerade in der den kaiserlichen **Beamten** eingeräumten Vollmacht sieht Lorenz eine wesentliche Festsetzung des Dekrets. Allein wäre dies ein Zweck des Dekrets, so würde es demselben doch wohl

---

¹) So auch **Lorenz**, Kaisertum und Papstwahl S. 42; auch **Granderath** a. a. O. S. 183 ff., der mit Recht noch hinzufügt: „das Recht der Prüfung der Wahl ist in dem Schutz mit inbegriffen, denn um den rechtmässig Erwählten von dem Eindringling zu unterscheiden, muss er die Wahl prüfen. Aber am Ergebnis der nach kanonischem Recht stattgehabten Wahl kann er nichts ändern."

²) In dem Teil des Dekrets, welcher die Anordnung selbst enthält, ist zwar nicht ausdrücklich die notitia des Kaisers verlangt. Aber in dem Teil des Dekrets, welcher die **Motive** der Anordnung enthält, ist die notitia des Kaisers als eine **unerlässliche Bedingung** des **ordnungsmässigen Hergangs** angeführt, welche daher in der Anordnung selbst nicht stillschweigend **aufgehoben** sein kann, sondern **vorausgesetzt sein muss**.

³) „qui scandala fieri vetent."

⁴) Lorenz a. a. O. S. 41 ff. 46.

besonderen und deutlichen Ausdruck leihen [1]). — Die Frage, was für Gesandte gemeint sind, ist jedoch für die Beurteilung unseres Dekrets weniger wichtig als die Frage nach der den Gesandten zugeteilten Rolle, und letztere Frage wird, wie schon bemerkt, von Lorenz ebenso wie von mir beantwortet.

Wünscht nun das Dekret die Beiziehung kaiserlicher Kommissäre zur Papsterhebung gerade von dem Gesichtspunkt aus, dass dies das beste Mittel zur Verhütung von violentiae und scandala ist, und bedenkt man, dass Unordnungen ebenso häufig oder noch häufiger als bei der Konsekration bei und vor dem Wahlakt selbst vorfielen, so sollte man gerade vom Gesichtspunkt des Dekrets aus entschieden erwarten, dass auch zur Wahl selbst die Anwesenheit kaiserlicher Gesandter erfordert würde. Diese Inkonsequenz könnte man damit erklären, dass der Papst die Beiziehung der kaiserlichen Schutzbehörde zur Wahl selbst desshalb abwehrte, weil die Anwesenheit kaiserlicher Gesandter bei der Wahl der freien, den Römern allein zustehenden Papsterhebung leichter gefährlich werden konnte als die Anwesenheit bloss bei der Konsekration; der Papst hätte also einer naheliegenden Ueberschreitung des kaiserlichen Schutzrechts vorbeugen wollen. — Es ist aber noch eine andere Erklärung jener Inkonsequenz möglich. Da nämlich das Dekret den Modus der Geltendmachung eines kaiserlichen Rechts, auf den es hinweist, nicht selbst geschaffen hat, sondern, wie es selbst sagt, nur eine schon früher zu Recht bestehende Sitte neu einschärfen will, so ist es leicht möglich, dass die Begründung und Interpretation, welche das Dekret jenem Modus gibt, nicht mit den Gründen zusammenstimmt, welche der Entstehung jenes Modus ursprünglich zu Grunde lagen. Das Dekret hat sich in Beziehung auf die Grenzen, bis zu welchen die kaiserliche Auktorität beim Papstwechsel beigezogen werden soll, einfach an die frühere thatsächliche Ausdehnung angeschlossen. Eine authentische Interpretation der genuinen Bedeutung jenes Modus liegt uns daher im Dekret nicht vor.

---

[1]) Auch Niehues (Histor. Jahrbuch I 150) sieht in dem Dekret „quia sancta" eine Verordnung, durch welche „die neugewählten Päpste der Verpflichtung überhoben wurden, über ihre Wahl an den Kaiser berichten zu müssen". — Nicht nur das „absque imperiali notitia" spricht dagegen sondern auch die Geschichte der späteren Papstwahlen.

Welche der beiden möglichen Erklärungen der im Dekret selbst sich findenden Inkonsequenz ist nun wohl anzunehmen? Zur Entscheidung dürfte folgende Erwägung führen. Wenn Stephan IV. dem Kaiser ein Recht der Interzession beim Papstwechsel eingeräumt hat, so hat er das auf Andringen Ludwigs gethan. Wurde aber damals überhaupt die Forderung der Assistenz kaiserlicher Gesandter bei der Konsekration gestellt, so wurde für diese eine in den Prozess der Papsterhebung tiefer eingreifende Funktion beansprucht als die einer blossen Schutzbehörde, die lediglich eine Polizeigewalt entfaltet. Zu dieser Annahme berechtigt uns ein Blick auf die folgende Geschichte. Wir werden nämlich finden, dass in der Folge die Anwesenheit kaiserlicher Gesandter bei der Konsekration allerdings zum Ausdruck eines in den Prozess der Papsterhebung eingeschobenen kaiserlichen Rechts wird, dass aber dabei ein viel tiefer einschneidendes Recht zu Grund liegt, als die blosse Ueberwachung [1]). Hieraus folgt, dass wir eben nicht den Stephan IV. als den Urheber des Dekrets anzusehen haben, sondern einen Papst aus späterer Zeit, welcher auf eine frühere Periode zurückblicken konnte, in der die Anwesenheit kaiserlicher Gesandter bei der Konsekration geltendes Recht gewesen war. Und als einfachste Erklärung des Dekrets ergibt sich, dass dieser spätere Papst den früher bestehenden Modus wieder aufnimmt, ihm aber eine andere Bedeutung beilegt, als ihm ursprünglich zukam, — eine Bedeutung, mit welcher sich die Auffassung des karolingischen Kaisertums nicht begnügen konnte.

Das Dekret trägt somit den Stempel, dass seine Erlassung von päpstlicher Seite ausging, dass aber der betreffende Papst im Bund mit dem Kaisertum und seiner schützenden Macht die Rettung für die in ihrer Wurzel bedrohte päpstliche Gewalt sah. Die kaiserliche Ueberwachung wird ja als Radikalmittel gegen die violentiae beim Papstwechsel angesehen, durch welche die

---

[1]) Uebrigens ist daran kein Zweifel, dass sich die karolingischen Kaiser von Anfang an das Recht und die Pflicht zuschrieben, allen Störungen der öffentlichen Ordnung in Rom, also auch den Störungen der Ordnung bei der Wahl und Konsekration des Papstes entgegenzutreten. Speziell erhellt dies aus Lothars römischer Konstitution von 824, wo im 3. Kapitel die Störungen der Papstwahl verboten werden.

Ruhestörer das Papsttum zum Werkzeug ihrer Partei machen wollten. In diesem Sinn werden die Versuche verboten, dem Kandidaten neue Eide und Versprechungen auszupressen. Hiedurch werde, sagt das Dekret, „die Kirche geärgert" d. h. das Papsttum wird in seiner selbständigen Würde beeinträchtigt; aber auch „die dem Kaiser schuldige Ehre werde dadurch verringert", indem nämlich der Kaiser durch jede Unordnung als Herr der Ordnung verletzt wird [1]).

Das Dekret „quia sancta" macht den Eindruck, in einer Zeit erlassen worden zu sein, welcher ein längerer Verfall der Kaisergewalt in Rom und ein Herabsinken des Papsttums zum umstrittenen Kampfpreis der Parteien vorausgegangen war. Es trägt den Charakter einer von päpstlicher Seite im Bund mit dem Kaisertum unternommenen Restauration. Die alten Formen werden wieder hervorgesucht; aber es wird ihnen — vielleicht mit Absicht, vielleicht unbewusst — ein anderer Sinn unterlegt, als ihnen ursprünglich zukam.

Unser Resultat, dass nicht Stephan IV., sondern ein späterer und zwar ein um geraume Zeit späterer Papst Urheber des Dekrets ist, wird durch den Blick auf den Hergang bei den Wahlen der Nachfolger Stephans IV. durchaus nicht beeinträchtigt. Da unter Eugen II. das Recht des Kaisers in Beziehung auf den Pontifikatswechsel neu geregelt wurde, so kommt nur der Hergang bei der Erhebung des Paschalis und des Eugen II. in Betracht. Bei keinem von beiden finden wir eine Spur davon, dass zwischen Wahl und Konsekration ein kaiserliches Recht eingetreten wäre; ebenso wenig finden wir die Spur eines kaiserlichen Protests gegen eine etwaige Verletzung der Kaiserrechte. Dies wird im Näheren die folgende Darstellung ergeben [2]).

Das Verständnis der folgenden Geschichte würde im

---

[1]) Floss a. a. O. S. 56, der das Dekret dem Stephan IV. zuschreibt, glaubt, dass die Schlussdrohung: „nullusque sine etc." sich gegen die kaiserliche Partei kehre, welcher Stephan durch sein Dekret gerecht werden wolle, der gegenüber er aber zugleich den ernstlichen Entschluss ausspreche, jedem Ansinnen weiterer Zugeständnisse sich entgegenzustemmen. — Gegen diese Auffassung spricht die dem Kaisertum in dem Dekret gegebene Stellung überhaupt und speziell der Schlusssatz: „et imperialis honorificentia minuatur".

[2]) Dies gegen Lorenz, der a. a. O. S. 53,1 urteilt: „alle Umstände setzen

Gegenteil durch die Voraussetzung der Autorschaft Stephans IV.
sehr erschwert. Insbesondere sei jetzt schon angeführt, dass das,
was im **Privilegium Ludwigs** über die Papstwahl festgesetzt
wird, sich mit dem Dekret „quia sancta" nicht vereinigen lässt.

Stephan IV. starb am 24. Januar 817. Schon am folgenden Tag wurde Paschalis I. konsekriert [1]). Einhard erzählt: nachdem die Ordination des Paschalis in der herkömmlichen Weise vollzogen gewesen sei, habe er dem Kaiser Geschenke und einen Entschuldigungsbrief geschickt, worin er versicherte, dass ihm die päpstliche Würde, trotzdem dass er sie nicht begehrt, ja sich entschieden dagegen gesträubt habe, gleichsam aufgedrungen worden sei [2]); durch eine andere Gesandtschaft, an deren Spitze der Nomenklator Theodor stand, habe er den Kaiser gebeten, das mit den früheren Päpsten geschlossene pactum auch mit ihm abzuschliessen und zu bestätigen; der Papst habe alles erlangt, um was er gebeten habe. — Mit etwas veränderten Ausdrücken berichtet der Astronom cap. 27 dasselbe, nur bezeichnet er das, was Einhard an zwei Gesandtschaften verteilt, als Aufgabe einer und derselben Gesandtschaft. Obgleich man sich wundert, dass nicht beides von derselben Gesandtschaft abgemacht worden sein

---

eine Verfügung, wie sie Stephan IV. zugeschrieben wird, voraus"; — auch gegen Niehues, histor. Jahrbuch I 150 ff. — Auch daraus, dass die constitutio Lotharii von 824 nichts über die Anwesenheit eines kaiserlichen missus bei der Konsekration enthält, während doch im Römereid von 824 solche Anwesenheit vorausgesetzt wird, schliesst Niehues a. a. O. 151, dass Stephan IV. diese Anwesenheit müsse festgesetzt haben. Allein das Schweigen der constitutio beweist durchaus nicht, dass nicht eben damals 824 auch die Assistenz des kaiserlichen Gesandten bei der Konsekration eingeführt wurde. Ich verweise hierüber auf meine spätere Ausführung.

[1]) Langen a. a. O. 800 muss, weil er das Dekret „quia sancta" auf Stephan IV. zurückführt, urteilen: „wie es scheint, war man in Rom mit dem Wahlgesetz Stephans nicht einverstanden und beschleunigte darum die Konsekration, ohne die kaiserliche Bestätigung abzuwarten".

[2]) „excusatoriam imperatori misit epistolam, in qua sibi non solum nolenti, sed etiam plurimum renitenti pontificatus honorem velut inpactum adseverat" („inpactum" missverstanden bei Lorenz S. 42, 1 und Schum a. a. O. S. 234).

soll, ist doch wohl die genauere Angabe Einhards vorzuziehen. Das päpstliche Schreiben charakterisiert der Astronom als „epistola apologetica", und als dessen Inhalt gibt er an, dass der Papst beteuerte, er habe nicht ehrgeizig nach dem Pontifikat gestrebt, sondern sei wider Willen lediglich durch die Wahl des Klerus und die Akklamation des Volks zu dieser Würde gekommen. Als Resultat der Gesandtschaft bezeichnet er, dass ihrer Bitte gemäss das unter den Vorgängern des Paschalis bestehende Paktum und die alte Freundschaft vom Kaiser bestätigt worden sei.

Wie sind diese Berichte aufzufassen?

Vielfach begegnet man der Ansicht, dass nach dem Sinn derselben der Inhalt der von Paschalis dem Kaiser gegenüber vorgebrachten „Entschuldigung" oder „Verteidigung" das sei, dass die Konsekration ohne Beiziehung der kaiserlichen Auktorität erfolgt sei [1]). Der Wortlaut der Berichte über das päpstliche Schreiben erlaubt kaum die Annahme, dass der Papst darin ausdrücklich davon redete, dass er eigentlich auf die kaiserliche Bestätigung oder auf einen kaiserlichen Gesandten hätte warten sollen, ehe er konsekriert wurde. Nicht aus einer Silbe kann man hier erkennen, dass der Papst speziell in betreff seiner voreiligen Konsekration sich entschuldigt hätte. Wenn er schrieb, er sei durch die electio cleri und acclamatio populi zu seiner Würde gekommen, so weist er damit auf die rechtmässigen Faktoren der Wahl hin. Was konnte das aber zur Rechtfertigung einer voreiligen Konsekration beitragen? Oder was konnte zum gleichen Zweck der Hinweis darauf helfen, dass er sich wegen mangelnden Ehrgeizes gegen die Erhebung überhaupt gesträubt habe [2])?

Hat also das päpstliche Schreiben kaum einen ausdrücklichen

---

[1]) So sieht schon Pagi nach Cenni, monumenta dominationis pontif. I 112, welcher ihm widerspricht, in den angeführten Berichten „indicia minus dubia imperatoriae confirmationis". Aehnlich von den neueren z. B. Papenkordt, Geschichte der Stadt Rom 139, 2; Simson, Jahrbücher unter Karl dem Gr. II S. 245, 2. — Andere bestreiten es, dass die Beziehung auf einen kaiserlichen Rechtsanspruch notwendig in der päpstlichen Entschuldigung liege; so Funk, Ludwig der Fromme (1832) S. 245, 3; Phillips a. a. O. V, 770; Hinschius K. R. I 232.

[2]) Bayet, rev. hist. 24, S. 75 urteilt: „on n'y voit pas de quoi s'excusa Pascal; y trouver une allusion au droit de confirmation est une hypothèse qui peut paraitre vraisemblable, mais non certaine".

Hinweis auf ein etwaiges Kaiserrecht enthalten, so scheint dennoch der ganze Ton desselben [1]) derart gewesen zu sein, dass man daraus schliessen konnte, der Papst setze eine Ungehaltenheit des Kaisers über seine Erhebung als möglich voraus. Wie vielleicht schon beim Vorgänger des Paschalis, so scheinen auch bei letzterem, als er den Stuhl Petri bestieg, besorgnisvolle Gedanken an die Möglichkeit aufgestiegen zu sein, dass sich der Kaiser mit der blossen Anzeige der vollzogenen Erhebung nicht mehr begnügen werde. Die Frage wegen des kaiserlichen Rechts in Beziehung auf die Papstwahl schwebte damals als eine solche in der Luft, deren Lösung nicht mehr lange hinausgeschoben werden konnte. Dem Papst musste es darum zu thun sein, die gegenwärtig bestehende Freiheit der ganzen Papsterhebung für die Zukunft zu erhalten. Das nächste Anliegen des neu erhobenen musste sein, beim Kaiser aus dem Pontifikatswechsel durchaus keinen Grund zur Missstimmung erwachsen zu lassen und zu diesem Zweck die Erhebung in ein möglichst günstiges Licht zu rücken. Ein besonderes Zeichen der Würdigkeit des Kandidaten war es, wenn dieser sich gegen seine Wahl hartnäckig widersetzte; obgleich dieser Widerstand bei Paschalis nicht auffallend gewesen zu sein scheint [2]), wird er doch dem Kaiser gegenüber ins Feld geführt. Im Hinblick auf die später zwischen Paschalis und dem Hof eintretende Spannung kann vermutet werden, dass Paschalis von Anfang an keine persona grata beim Frankenherrscher war und dass er deshalb persönlich Grund hatte, sich gleichsam zu entschuldigen, dass er Papst geworden war.

Von kaiserlicher Seite begegnet uns kein Anzeichen einer

---

[1]) Mühlbacher, Regesten des Kaiserreichs unter den Karolingern I S. 241 bemerkt, dass jene Entschuldigungsformeln, die offenbar dem Notifikationsschreiben selbst entstammen, erkennen lassen, dass dieses Schreiben nach den Formeln des liber diurnus stilisiert war. Zur Vergleichung bietet sich dar das Formular LXXXIV (auch LXXXV), wo der neue Papst seine Unwürdigkeit, die dem ihm als Joch auferlegten Amt nicht gewachsen sei, in starken Ausdrücken betont. Das hier nicht ausdrücklich erwähnte Widerstreben wurde in späterer Zeit in den päpstlichen Wahlschreiben geradezu Formel (vgl. Mühlbacher, die streitige Papstwahl des Jahrs 1130 (1876) S. 1 n. 1). Durch solche Verwendung derartiger Demutsformeln ohne allen Zusammenhang mit dem Gedanken an etwaige voreilige Konsekration wird die oben vertretene Ansicht verstärkt.

[2]) Der lib. pontif., der dies von so manchen Päpsten berichtet, schweigt bei Paschalis davon.

Missstimmung über die Art, wie Paschalis erhoben worden war; ohne weiteres erhält er die kaiserliche Anerkennung, welche sich in der Erneuerung des alten Paktums und der alten Freundschaft ausdrückte. Hinschius (a. a. O. S. 232) hat gewiss Recht, wenn er die Existenz des Dekrets „quia sancta" für unvereinbar mit diesem willfährigen Verhalten des Kaisers hält. Wir wissen ja vom Jahr 815 her und werden es zum Jahr 823 noch deutlicher bemerken, dass Ludwig keineswegs gesonnen war, seinen Rechten in Rom etwas zu vergeben [1]).

Aus den vorhandenen Berichten wird wahrscheinlich, dass Theodor eine schriftliche Garantie der Gerechtsame des Papstes mitbekommen hat, wie schon dem Stephan IV. eine solche Urkunde ausgestellt worden war.

Es ist uns nun eine Urkunde eben dieses Inhalts überliefert, welche sich selbst als *pactum confirmationis*, das von **Ludwig dem Paschalis** ausgestellt worden sei, bezeichnet und an deren Schluss eben der Nomenklator Theodor als der Uebermittler genannt wird [2]). Obgleich durch die Untersuchungen **Fickers** [3]) und **Sickels** [4]) das Zutrauen zur Glaubwürdigkeit dieser Urkunde bedeutend gehoben worden ist, so kann doch — das ist gesichertes Resultat — der überlieferte Wortlaut nicht als durchaus authentisch gelten [5]). Ein Teil des Ludovicianum ist, wie Sickel urteilt, durch das von Otto I. ausgestellte Privileg gedeckt. In Beziehung auf den übrigen Teil erklärt Sickel, nicht über Fickers Ergebnisse hinausgekommen zu sein [6]). Nach Ficker ist der Inhalt der Urkunde im Wesentlichen echt; nur einen Teil der Schenkungen (Sicilien, Corsica, Sardinien) hält er für interpoliert.

Für uns liegt die Frage vor: gehört der Abschnitt, welcher

---

[1]) Auch Einhards Ausdruck: „post completam *solemniter* ordinationem" scheint darauf hinzuweisen, dass man am fränkischen Hof keinen Anstoss am Hergang bei der Erhebung des Paschalis nahm.

[2]) Mon. Germ. Leg. II Anhang p. 9; Sickel, das Privilegium Otto I. für die röm. Kirche vom Jahr 962 S. 174 ff.; Capitularia regum Francorum, ed. Boretius I S. 353 f.

[3]) Ficker, Forschungen etc. II § 347 f.

[4]) Sickel a. a. O. S. 50—102.

[5]) Sickel a. a. O. S. 51: „das Original muss frühzeitig in Verlust geraten sein".

[6]) Sickel a. a. O. S. 100.

vom Pontifikatswechsel handelt, auch zu den interpolierten Stücken oder nicht? Einige sehen gerade auch in diesem Abschnitt des Privilegiums ein Argument gegen die Echtheit desselben [1]). Dagegen führt Ficker aus, dass die Bestimmungen über die Papstwahl nicht bedenklich sind [2]).

Der Abschnitt lautet: „et quando divina vocatione hujus sacratissimae sedis pontifex de hoc mundo migraverit, nullus ex regno nostro aut Francus aut Longobardus aut de qualibet gente homo sub nostra potestate constitutus licentiam habeat contra Romanos aut publice aut private veniendi vel electionem faciendi nullusque in civitatibus vel territoriis ad ecclesiae beati Petri apostoli potestatem pertinentibus aliquod malum propter hoc facere praesumat, sed liceat Romanis cum omni veneratione et sine qualibet perturbatione honorificam suo pontifici exhibere sepulturam, et eum quem divina inspiratione et beati Petri intercessione omnes Romani uno consilio atque concordia sine aliqua promissione ad pontificatus ordinem elegerint, sine qualibet ambiguitate vel contradictione more canonico consecrari, et dum consecratus fuerit, legati ad nos vel ad successores nostros reges Francorum dirigantur, qui inter nos et illos amicitiam et caritatem ac pacem socient, sicut temporibus piae recordationis domni Caroli attavi nostri seu domni Pippini avi nostri vel etiam domni Caroli imperatoris genitoris nostri consuetudo erat faciendi".

Der Inhalt dieser Bestimmungen ist: 1) die Erhebung des neuen Papstes wird als ein lediglich den Römern zukommendes Recht bezeichnet, dessen Ausübung ihnen von keinem Nichtrömer gestört werden darf, weder von einem Unterthanen des Kaisers (keiner soll in amtlicher oder privater [3]) Eigenschaft einen Anspruch auf Beteiligung an der Papstwahl erheben), noch von sonstigen — nicht zur Stadt Rom gehörigen — päpstlichen Unterthanen (keiner von diesen soll sich herausnehmen, anläss-

---

[1]) So Papenkordt a. a. O. 155, 6; Floss a. a. O. 57; Gregorovius a. a. O. III 38; Baxmann, Politik der Päpste I 331; Richter-Dove, K. R. 8. Aufl. S. 404 sagt über den Papstwahlabschnitt: „es scheint eine Interpolation im päpstlichen Interesse vorzuliegen".

[2]) Auch Lorenz a. a. O. 43 ff. und Niehues, Verhältnis etc. 96 f. halten die Papstwahlbestimmungen für echt. Auch Bayet a.a. O. 75 ff. neigt dazu. Hinschius I 232 sieht von der Untersuchung der Echtheit ab.

[3]) So ist „aut publice aut private", zu übersetzen, und nicht, wie Niehues, Verhältnis etc. II 78 wiedergibt: „öffentlich oder heimlich".

lich des Pontifikatswechsels irgend welche Unordnung anzurichten); 2) wenn die Römer den Papst einmütig erwählt und kanonisch konsekriert haben [1]), so sollen an den fränkischen König Gesandte geschickt werden, um zwischen dem König und dem neuen Papst das alte Band der Freundschaft zu knüpfen.

Die im Privilegium gegebene Beschreibung des rechtmässigen Hergangs bei der Papsterhebung selbst (quem divina inspiratione bis consecrari) ist nicht **ein besonderer** Punkt unter den vom Privilegium getroffenen Bestimmungen. Denn der Hergang bei der Papsterhebung erscheint nicht als das, was festgesetzt werden soll, sondern vielmehr als die vorausgesetzte Ordnung, die durch die Festsetzungen des Privilegiums geschützt werden soll. Der Gesichtspunkt, der den ganzen Abschnitt von „nullus ex regno nostro" bis „more canonico consecrari" beherrscht, ist: Bewahrung der Papsterhebung vor aller Beeinflussung und Störung durch Nichtrömer.

Unter den Nichtrömern ist unterschieden zwischen solchen, welche „sub nostra potestate constituti" sind, sei es, dass sie dem fränkischen oder dem longobardischen oder sonst einem Volk angehören, und zwischen solchen, welche den unter der potestas des hl. Petrus stehenden civitates und territoria angehören. Dass nämlich bei letzteren nicht auch an die Angehörigen der Stadt Rom selbst zu denken ist, beweist der Gegensatz, in den auch die Angehörigen der Städte und Gebiete Petri zu den Romani selbst gesetzt sind („sed liceat Romanis"). — Diesen allen ist verboten, sowohl die Wahl zu stören, als auch sich bei der Wahl beteiligen zu wollen, ersteres durch die Worte: „contra Romanos veniendi" und „aliquod malum facere praesumat", letzteres durch: „aut electionem faciendi". Und wenn alsbald darauf gesagt ist:

---

[1]) „dum consecratus fuerit" übersetzt Niehues, Verhältnis etc. II 78: „bis jedoch die Weihe vollzogen ist" und versteht das so (S. 97), dass die päpstlichen Gesandten vor der Konsekration abgeschickt werden müssen. — Dies entspricht, wenn die Uebersetzung auch grammatikalisch je möglich sein sollte, dem beabsichtigten Sinn gewiss nicht. Schon die Reihenfolge, in der die verschiedenen Akte aufgezählt sind, ergibt, dass die ganze Erhebung des Papstes, einschliesslich der Konsekration, abgeschlossen ist, wenn die Sendung an den König erfolgt. So viel ich sehe, steht Niehues mit seiner Auffassung allein. Auch Ranke, Weltgesch. VI, 2, S. 222 sieht in unserem Privilegium „Anmeldung der Wahl an den Kaiser erst nach erfolgter Konsekration" angeordnet.

„es soll den Römern gestattet sein, cum omni veneratione et sine qualibet perturbatione suo pontifici exhibere sepulturam", so ist im Sinn des Diploms an die Nichtrömer als an diejenigen zu denken, von welchen möglicherweise Ordnungsstörungen ausgehen könnten. Indirekt liegt natürlich in allem auch eine Mahnung für die Römer selbst, und wenn ambiguitas und contradictio von der Konsekration abgewehrt werden, d. h. wenn verboten wird, einer ordnungsmässig vollzogenen Wahl gegenüber Zweifel und Widerspruch zu erheben und dadurch die vorzunehmende Konsekration zu stören, so gilt diese Mahnung Römern wie Nichtrömern. Auch in der nebenhergehenden, aber doch nachdrücklich ausgeführten Beschreibung des Modus, wie die Erhebung rechtmässig vor sich geht, wobei gesagt ist, dass der Papst einmütig von allen Römern ohne simonistische Beeinflussung der Wähler [1]) gewählt wird, liegt eine indirekte Mahnung an die Römer, sich demgemäss zu verhalten. Aber es ist doch charakteristisch für das Privilegium, dass den Römern kein direktes Gebot ihr Verhalten bei der Papsterhebung betreffend gegeben wird, gleichsam als wäre der rechtmässige Verlauf des Papstwechsels schon gesichert, wenn nur aller auswärtige Einfluss abgewehrt wäre.

Eine neue Festsetzung beginnt erst mit: „et dum consecratus fuerit". Hier wird nun in der That den Römern nicht bloss eine Freiheit gewährleistet, sondern es wird ihnen geboten, alsbald nach vollbrachter Konsekration für die Regelung des Verhältnisses des neuen Papstes zum Frankenherrscher Sorge zu tragen ("legati dirigantur").

Hiemit ist — darüber kann kein Zweifel sein — das Verhältnis, in welchem thatsächlich damals das junge Kaisertum zum Papstwechsel stand, in völlig entsprechender Weise ausgedrückt [2]). Die Ausdrücke, womit die Aufgabe der abzuordnenden Gesandtschaft bezeichnet wird, stimmen wörtlich mit denen überein, womit die fränkischen Quellen den Zweck und das Resultat der

---

[1]) So verstehe ich „sine aliqua promissione". Vgl. die an den zu konsekrierenden Bischof gerichtete Frage: „vide, ne aliquam promissionem cuiquam aut dationem fecisses, quia simoniacum est." (Jaffé bibl. IV p. 289)

[2]) So auch Hinschius a. a. O. I 232; Boretius a. a. O. S. 352. Simson dagegen (Jahrbücher unter Karl dem Grossen II S. 247 Anm.) urteilt über das im Privilegium Ludwigs über das Verhältnis des Kaisers zur Papstkonsekration Gesagte, „dass es mit der echten Ueberlieferung kaum übereinstimmt".

Reise Stephans IV. und der Gesandtschaft des Paschalis bezeichneten. Die Genesis des neuen Papstes erscheint als in einer Sphäre begründet, innerhalb deren die Römer frei schalten; nicht ohne Betonung wird der Papst als „den Römern gehörend" bezeichnet („liceat Romanis *suo* pontifici exhibere sepulturam"). Der Zweck der Gesandtschaft ist durchaus nicht, eine nachträgliche Bestätigung einzuholen, sondern die an sich rechtsgültige Erhebung des Papstes ist die Voraussetzung, auf deren Grund die Beziehungen zwischen dem neuen Papst und dem Kaiser eröffnet werden. Und nicht ein Akt der Unterwerfung ist der erste Akt des Papstes dem Kaiser gegenüber, sondern diesen ersten Beziehungen ist ihr Charakter von dem Gesichtspunkt aus aufgeprägt, dass das Papsttum eine mit dem Kaisertum eng verbündete Macht ist, welcher Bund durch keinen Wechsel der persönlichen Vertreter alteriert werden kann. Dies ist einfach dasselbe Verhältnis, wie es unter dem Patriciat der Frankenkönige bestand und welches trotzdem, dass es dem durch die Errichtung des Kaisertums veränderten Grundverhältnis widersprach, noch fortwirkte. Die alte Ordnung der Dinge ragte hierin noch in die neue hinein [1]).

Für die Grundanschauung dieses Abschnitts ist auch die Nebeneinanderstellung der Angehörigen des „regnum nostrum sub nostra potestate" und der Angehörigen der „potestas Petri" bezeichnend. Bezeichnend ist auch, dass nur vom fränkischen regnum und von fränkischen reges (ausser einmal „Caroli imperatoris") die Rede ist [2]). —

Ganz anders urteilt über den Papstwahlabschnitt G f r ö r e r. Ich würde auf seine Auffassung nicht näher eingehen, wenn ich nicht bei F i c k e r und N i e h u e s einer im wesentlichen

---

[1]) F i c k e r, Forschungen etc. II 353 führt die auch von ihm bemerkte Uebereinstimmung dieser Bestimmungen des Privilegiums mit dem unter dem Patriciat bestehenden Verhältnis darauf zurück, dass diese Bestimmungen, wie auch anderes in dem Privilegium, aus älteren pacta, die in der Zeit des Patriciats, und zwar unter Karl dem Grossen, geschlossen wurden, einfach herübergenommen worden seien. Wenn überhaupt unser Papstwahlabschnitt echt ist, so ist dies sehr wahrscheinlich.

[2]) Gegen die Auffassung des Abschnitts von L o r e n z a. a. O. S. 46 ff. („die Curie muss auf Grund eines in Liebe und Freundschaft zu schliessenden Vertrags die Anerkennung oder Bestätigung des Pontifikatswechsels erlangen") wendet sich mit Recht L a n g e n a. a. O. S. 802, 2, ohne sich genauer über die Echtheit des Abschnitts auszusprechen.

mit Gfrörer übereinstimmenden Auffassung begegnen würde. Gfrörer glaubt (Gregor VII. V S. 84), dass in dem Satz: „quem uno consilio . . . elegerint" die Bedingung ausgedrückt sei, unter welcher allein es den Römern erlaubt sein soll, ohne Beiziehung eines kaiserlichen Rechts einen Papst zu erheben. „Wenn nicht alle Römer einstimmig wählten, dann erfolgte die Weihe nicht, sondern die Sache gieng an den kaiserlichen Hof, und dieser zeugte den Papst". Die Freiheit der Wahl sei hiemit von einer schon an sich fast unmöglichen Bedingung abhängig gemacht worden, und zudem habe der Kaiser über Mittel genug in Rom verfügt, um die Einstimmigkeit der Wahl zu hintertreiben. Aehnlich sagt Ficker (Forschungen etc. II S. 352), dass „bei den meisten Papstwahlen behauptet werden konnte, der Papst sei nicht so gewählt worden, wie im Privilegium der normale Hergang beschrieben wird, und dann war wenigstens der Kaiser durch jene Bestimmungen in keiner Weise gehindert, ganz nach Gutdünken einzugreifen." Auch Niehues (Verhältnis etc. II S. 97) sieht in der Voraussetzung der einstimmigen Wahl eine Handhabe für den Kaiser, um, wenn es ihm vorteilhaft schien, beim Papstwechsel zu intervenieren.

Solche Eindeutung widerstreitet dem Gesichtspunkt, von welchem aus, wie gezeigt wurde, der fragliche Abschnitt beurteilt sein will. Aber eben in der Markierung dieses Gesichtspunkts müsste man, wie Gfrörer konsequent urteilt, lauter kaiserliche Perfidie erblicken; alle scheinbare Rücksicht auf die Freiheit der Römer in betreff der Papsterhebung würde durch jenen „die finstersten Pläne" in sich bergenden Relativsatz aufgehoben! Allein wenn der Kaiser mit solchen Plänen umging, so ist nicht einzusehen, warum er sich nicht im Privilegium schon bei dem normalen Hergang der Papsterhebung ein Mitwirkungsrecht zugestehen liess. Die Macht, einer solchen Forderung Nachdruck zu geben, hatte er ja in den Händen und in ihrem Besitz musste er solche unsichere Schleichwege verschmähen. Was man in Rom eine einstimmige Wahl zu nennen und ebenso, wie es im Privilegium geschieht, auf Inspiration zurückzuführen pflegte, war etwas sehr häufiges; für den Curialstil war es die Regel. Für den Fall, dass keine Einstimmigkeit zu erreichen war, musste der Aussteller des Privilegiums nicht notwendig die Ansicht haben, „dass die ganze Sache dann an den Kaiser ging" (Gfrörer), sondern er konnte sich ebensogut denken, dass dann eben eine Neuwahl vor sich zu gehen hatte; und letzteres liegt weit mehr im Geiste des Privilegs als ersteres. —

Obgleich also der Papstwahlabschnitt gerade in der Auffassung seines Inhalts, die ich für die allein richtige halte, den thatsächlich damals bestehenden Verhältnissen genau entspricht, so wage ich es doch nicht, seine Echtheit entschieden zu bejahen. Gegen die Echtheit muss doch stark die Erwägung ins Gewicht fallen, dass der Kaiser Bedenken getragen haben muss, den faktischen Zustand urkundlich zu fixieren und zu garantieren. Legte er sich nicht damit selbst ein Hindernis der weiteren Ausdehnung seiner Rechte in den Weg? Wir werden sehen, wie in der That das Kaisertum bald weitergehende Ansprüche erhoben hat, wie es denn auch nicht denkbar ist, dass das karolingische Kaisertum nicht den Trieb gehabt haben sollte, seine Rechte nach den Anforderungen der Umstände zu erweitern. Weiteren Ansprüchen gegenüber hätten sich ja Papst und Römer mit Fug auf Ludwigs Privilegium berufen können. Wir werden, sobald das Kaisertum dem Pontifikatswechsel erweiterte Ansprüche gegenüberstellt, auf römischer Seite eine Opposition dagegen bemerken. Könnte nicht unser Abschnitt im Interesse dieser Opposition gefälscht sein? Aus der Sehnsucht, mit der diese Opposition auf den Stand der Dinge unter dem Patriciat und in der ersten Zeit des Kaisertums zurücksah, konnte leicht die Erdichtung der urkundlichen Fixierung jenes Verhältnisses hervorgehen. Durch den Ausschluss aller Franken von dem ganzen Prozess der Papsterhebung und durch das Verbot, dass jemand *publice* in den Papstwechsel eingreife, hätte der Kaiser — das wäre die Fiktion — auch sich selbst und seine Beamten ausgeschlossen.

Die Möglichkeit, dass der Abschnitt gefälscht ist, legt sich also sehr nahe. Doch bleibt immer noch die Möglichkeit offen, dass Ludwig unter der Macht der Tradition und römisch-päpstlicher Einflüsse den fraglichen vom Standpunkt römischer Exklusivität beherrschten Abschnitt wirklich ausgestellt hat [1]).

---

[1]) Einige Anklänge zwischen dem Privilegium und dem 3. Kapitel der constit. Rom. von 824 beweisen natürlich nichts für die Priorität des Privilegiums, da von dem Fälscher die constit. benützt werden konnte. — Was den Inhalt jenes Kapitels von 824 betrifft, so ist darin allerdings auch die Wahl des Papstes als eine lediglich den Römern zukommende Ange-

Eine definitive Beantwortung der Frage wäre zwar für die Beurteilung der später hervortretenden Bestrebungen wünschenswert, ist jedoch deshalb von weniger grossem Belang, weil wir finden werden, dass das Privilegium, auch wenn es in seinen Papstwahlbestimmungen echt ist, jedenfalls nicht lange in Rechtskraft bestand.

Was endlich das Verhältnis zwischen dem Privilegium und dem Dekret *„quia sancta"* betrifft, so wäre, wenn letzteres aus dem Jahr 816 stammen würde, was oben verneint wurde, das Privilegium, welches die Konsekration geschehen lässt, ohne die Anwesenheit kaiserlicher Gesandter zu erwähnen, die Aufhebung dessen, was 816 bestimmt wurde. So sieht denn auch Lorenz, der jenes Dekret ins Jahr 816 verlegt, den Kern dessen, was im Privilegium über die Papstwahl festgesetzt wird, darin, dass den kaiserlichen missi das ihnen 816 gegebene Recht wieder genommen wird [1]). Freilich wäre hiebei vor allem auffallend, dass das Dekret im Privilegium nicht einmal erwähnt wird, ein Bedenken, das auch von Ficker [2]) erhoben wird. Dieses Bedenken glaubt Ficker dadurch entkräften zu können, dass er sagt, in dem Privilegium sei eben auf ältere pacta zurückgegangen. Aber dies kann nicht genügen, um die Annahme zu rechtfertigen, welche zu machen Lorenz keinen Anstand nimmt, dass der Kaiser ein im Jahr 816 erworbenes Recht im folgenden Jahr leichthin wieder preisgibt. Es ist offenbar, dass das auf 816 angesetzte Dekret „quia sancta" und das Privilegium von 817 **sich gegenseitig ausschliessen.**

Von Niehues (Verhältnis etc. II 96) wird der Widerspruch zwischen dem Privilegium und dem Dekret „quia sancta" als ein nur scheinbarer erklärt. Daraus, dass das Privileg die Anwesenheit kaiserlicher Gesandter bei der Konsekration nicht erwähnt, folge nicht, dass Ludwig auf dieses Recht seiner Gesandten verzichtet habe. Die Nichterwähnung dieses Rechts folge ganz natürlicher Weise daraus, dass dasselbe nicht durch ein kaiserliches, sondern durch ein kirchliches Dekret festgesetzt worden sei; nur der Papst, nicht der Kaiser habe darum die Durchführung dieses

---

legenheit bezeichnet, von der Konsekration jedoch ist darin gar nicht die Rede.

[1]) Lorenz a. a. O. S. 45. Seine Uebereinstimmung mit Lorenz erklärt Martens, die römische Frage S. 230.

[2]) Ficker, Forschungen etc. II S. 352.

Dekrets versprechen können. Diese Beweisführung ist durchaus nicht stichhaltig. In dem Paktum zwischen Kaiser und Papst konnten — ausser Versprechungen, welche der Kaiser gibt — ganz wohl auch Verpflichtungen, die dem Papst und den Römern auferlegt werden, enthalten sein, wie ja das Privileg Ludwigs und spätere kaiserliche Privilegien [1]) solche Verpflichtungen enthalten. So gut in späteren kaiserlichen Privilegien die Beziehung kaiserlicher missi zur päpstlichen Konsekration erwähnt wurde [2]), so gut hätte sie auch im Privileg Ludwigs erwähnt werden können, und sie hätte, wenn sie damals schon, sei's durch päpstliches sei's durch kaiserliches Dekret, festgesetzt gewesen wäre, erwähnt werden müssen. Es handelte sich in einem solchen Privileg ja gerade um die Sanktionierung des Fortbestands der Beziehungen zwischen Kaisertum und Papsttum, und dem Gebrauch, kaiserliche Gesandte zur Konsekration beizuziehen, muss von Anfang an wesentlich die Absicht zu Grund gelegen haben, die Verbindung jedes neuen Papstes mit dem Kaiser vom ersten Anfang seiner päpstlichen Existenz an zu dokumentieren. Wie konnte dieser bedeutungsvolle Gebrauch im Privileg ignoriert werden, wo doch so ausführlich vom Hergang der Papsterhebung und von den ersten Beziehungen zwischen dem neuen Papst und dem Kaiser geredet wird? Auch wenn man zugibt, dass, wie Niehues a. a. O. sagt, „die Karolinger sich um die kirchliche Seite der Papstwahl niemals gekümmert haben", so folgt doch daraus nimmermehr, dass ein kaiserliches Recht, auch wenn es durch ein päpstliches Dekret festgesetzt war, im Privileg, das der Kaiser ausstellte, nicht hätte erwähnt werden sollen. Ich vermag nicht einzusehen, wie man sich ohne künstliche Deduktionen dem klarliegenden Sachverhalt verschliessen kann, dass von dem Privileg Ludwigs (seine Echtheit angenommen) die Anwesenheit kaiserlicher Gesandter bei der Konsekration als ein rechtsgültiger Gebrauch entweder gar nicht gekannt oder aber abgeschafft wurde [3]).

---

[1]) Vgl. das Privileg Otto's I.
[2]) Cfr. die spätere Ausführung über das Privilegium Otto's.
[3]) Die Bemerkung Bayet's a. a. O. S. 78, dass das Privileg die Präsenz von fränkischen missi bei der Konsekration wenigstens nicht ausschliesse, hat darum wenig Gewicht, weil Bayet nur an die Assistenz zu-

Lothar erhielt die Kaiserwürde durch die Reichsteilungsakte von 817, deren Zweck die Erhaltung der Einheit des Imperiums war. Trotzdem, dass die Kaiserernennung Lothar's einen ausgeprägten kirchlich-theokratischen Charakter trug, wurde dem Papst kein Mitwirkungsrecht eingeräumt [1]). Während seines kurzen römischen Aufenthalts wurde Lothar am 5. April 823 zum Kaiser gekrönt — ein nachträglicher Akt päpstlicher Klugheit ähnlich der Kaiserweihe Ludwigs in Rheims. Damals bestand im ganzen offenbar ein freundliches Einvernehmen zwischen Kaiser und Papst. Allein noch im Jahre 823 wurde dasselbe durch Vorfälle gestört, deren Eindruck beim Kaiser in seinem Verhalten zur nächsten Papsterhebung noch nachwirkte und die ein Schlaglicht auf das damalige römische Parteiwesen werfen. Dies ist der Grund, der uns nötigt, jene Vorfälle etwas näher ins Auge zu fassen. — Am kaiserlichen Hof wurde gemeldet, dass bald, nachdem Lothar Rom verlassen hatte, zwei Minister des päpstlichen Palastes, der Primicerius Theodor und der Nomenklator Leo im Lateran getötet worden seien, und zwar von Dienstleuten des Papstes („de familia Petri"); sie seien deshalb ermordet worden, weil sie in allen Beziehungen treue Anhänger des jungen Kaisers Lothar gewesen seien [2]). So berichtet Einhard. Thegan sagt cap. 30: vom populus Romanus sei der Papst beschuldigt worden, er sei ein homicida. Einhard sagt nur: einige haben behauptet, der Mord sei auf Befehl des Paschalis geschehen. Allein dass die Schuld an dem Mord nicht nur von einigen, sondern vom römischen populus dem Papst zugemessen wurde, beweist die ebenfalls von Thegan gegebene Notiz, die er nicht aus der Luft gegriffen haben kann, dass der erbitterte römische populus die Bestattung des Paschalis in St. Peter nicht duldete. Alsbald beschloss Ludwig eine Untersuchung über diese Vorfälle in Rom anstellen zu lassen. Von der Absendung seiner zwei

---

fällig anwesender missi denkt, ohne von der Fixierung dieses modus durch ein päpstliches Dekret auszugehen. Bayet spricht ja das Dekret quia sancta dem Stephan IV. ab.

[1]) Darüber, ob der Papst die Urkunde von 817 unterschrieben hat, vgl. zu Dümmler, Gesch. des ostfränk. Reichs I (2. Aufl.) S. 74. Simson Jahrbücher unter Ludwig dem Fr. I S. 108, 5.

[2]) „quod se in omnibus fideliter erga partes Lotharii juvenis imperatoris agerent."

missi stand er nicht ab, obgleich vor deren Abreise päpstliche Gesandte erschienen, welche den Papst von allem Verdacht der Urheberschaft jenes Mords reinigen sollten [1]). Diese kühle Haltung Ludwigs als Untersuchungsrichters dem Papst gegenüber lässt uns den hohen Grad des aus Anlass der römischen Kunde gefassten Misstrauens erkennen. Und der weitere Verlauf diente nicht dazu, dieses Misstrauen völlig zu beseitigen. Paschalis reinigte sich nemlich durch einen Eid von jeder Gemeinschaft mit der That, aber er verteidigte zugleich die That selbst und die Thäter mit aller Entschiedenheit, indem er erklärte, jene beiden Ermordeten haben als Majestätsverbrecher ihr Schicksal verdient. Hiemit gab der Papst zu, dass die That wenigstens in seinem Sinn geschehen sei, und ohne dass der Kaiser die Aufrichtigkeit des päpstlichen Eids zu bezweifeln brauchte, musste er von dem Benehmen des Papsts sehr wenig befriedigt sein. Aber eine weitere Untersuchung war durch das Eintreten des Papstes abgeschnitten. Das Resultat der Gesandtschaft war: „legati Romam venientes rei gestae certitudinem assequi non potuerunt". Den kaiserlichen Gesandten gab der Papst noch eigene Gesandte mit. „Als Ludwig von diesen hörte, dass der Papst geschworen und die Thäter entschuldigt hatte, glaubte er, dass in dieser Sache nichts weiter zu thun sei und entliess die päpstlichen Gesandten mit dem entsprechenden Bescheid." Wenn wir schon aus diesen gemessenen Worten des Annalisten herauslesen können, dass die gespannte Stimmung des Kaiserhofs fortdauerte, so sagt uns der Astronom cap. 37 dies noch deutlicher: „imperator ... quamquam multum volens ab inquisitione hujusmodi cessandum existimavit."

Der Grund dieser Verstimmung war der Verdacht, dass das Motiv der That in der Kaiserfreundlichkeit der Ermordeten gelegen habe [2]), dass also aus dieser That auf das Bestehen einer kaiserfeindlichen Partei in Rom zu schliessen sei, welcher der Papst selbst und die spezifisch päpstlich Gesinnten angehören. Völlige Berechtigung ist diesem Verdacht kaum beizumessen;

---

[1]) „Zur Erforschung der Wahrheit liess er, wie er vorher beschlossen, seine Gesandten nach Rom abgehen". Einhard.

[2]) Durch öftere Verwendung bei päpstlichen Gesandtschaften waren beide am Hof wohl bekannt cfr. Simson a. a. O. I 202, 5.

denn das Benehmen des Papstes muss doch schwer ins Gewicht fallen. Seine Aussage, dass die Gemordeten Pläne gegen das päpstliche Regiment geschmiedet haben und deshalb ermordet worden seien, kann kaum in Zweifel gezogen werden [1]). Die Mörder scheinen nur der päpstlichen Justiz zuvorgekommen zu sein. Wie hätte der Papst bei der damaligen Stellung des Kaisertums in dieser schroffen Weise für die Thäter einzutreten wagen können, wenn die ganze und eigentliche Schuld der Ermordeten in ihrer Kaiserfreundlichkeit bestanden hätte! — Periodisch kehren die Versuche römischer Aristokraten wieder, einen Umsturz in der Regierung Roms herbeizuführen. Die Bewegungen von 799, 815 und 823 haben wohl alle die Tendenz auf Beschränkung des weltlichen Regiments und namentlich auch des Besitzes des Papstes [2]). Aber die Stellung des Frankenherrschers zu diesen Empörungen ändert sich: 799 verurteilte das fränkische Gericht nach gründlicher Untersuchung die Empörer zum Tod, obgleich auch damals schon der Aufstand keine antifränkische Tendenz hatte; 815 zeigt sich der Kaiser schon ungehalten über das schnelle Verfahren des Papstes gegen seine römischen Feinde (nach Einhard primores Romanorum); vollends 823 tritt der Kaiser für die, welche der Papst für Aufrührer erklärt, als für seine treuesten Anhänger ein. Aus dieser Vergleichung ist zu schliessen, dass die Träger der dem päpstlichen Regiment feindlichen Bestrebungen sich seit 800 immer enger an den Frankenherrscher anschlossen; die Herrschaft des fernen Kaisers dünkte ihnen wohl weniger drückend als die des Papstes [3]). Der Fortschritt, den das römische Parteiwesen gemacht hat, ist also der, dass der Name des Kaisers in den Kampf der Parteien hereingezogen wurde.

Nun darf man aber auf der andern Seite den Charakter der damaligen spezifisch päpstlichen Partei kaum schon als einen „antifränkischen" bezeichnen, wie z. B. Papenkordt

---

[1]) Funk, Ludwig der Fromme S. 77 redet ohne Weiteres von einem Meineid des Paschalis.

[2]) Vgl. Jung in den Forschungen 14 S. 440: „namentlich nationalökonomische Gesichtspunkte kamen (bei den Auflehnungen der römischen Grossen gegen das päpstliche Regiment) in Betracht."

[3]) Insbesondere scheint die Anwesenheit Lothars 823 von den Gegnern des Paschalis dazu benutzt worden zu sein, sich als die ergebensten Anhänger des Kaisers darzustellen.

thut. Wenn sich die Gegner des Papstes als die wahren Freunde des Kaisers ausgaben, so ist damit noch nicht gegeben, dass die päpstlich Gesinnten und namentlich der Papst selbst ihrerseits Bekämpfung der kaiserlichen Macht in Rom auf ihre Fahne schrieben. Das päpstliche Interesse ging damals im Grossen noch zu sehr Hand in Hand mit dem kaiserlichen, die Idee und die Macht des Kaisertums waren noch zu jugendkräftig, als dass das Papsttum sich hätte in direkten Gegensatz zu ihm stellen können. In Wahrheit waren damals wohl erst die Anfänge einer kaiserfeindlichen und einer kaisertreuen Partei vorhanden. Aber die späteren entwickelteren Parteiverhältnisse dieses Jahrhunderts dürfen für diese frühere Zeit noch nicht angenommen werden. Wenn auch einzelne von den römischen Grossen sich als besondere Kaiserfreunde hervorthaten, so bestand doch noch nicht die ausgebildete, kaiserlich gesinnte Aristokratenpartei, auf welche sich der Kaiser später hauptsächlich stützte.

Die Macht und Zahl der antipäpstlichen Partei, der Freunde der beiden Getöteten, darf man sich nicht allzu gross denken; denn mit dem Untergang dieser beiden war eine völlige Niederlage aller ihrer Gesinnungsgenossen verbunden; wir finden dieselben nach dem Regierungsantritt Eugens in einer sehr gedrückten Lage, aus welcher Lothar sie aufrichten muss. Einen Hintergrund hatte diese Partei zwar in der damaligen Stimmung des Volks; dieses war (nach Thegan) in eine sehr bedenkliche Gährung gegen den Papst geraten. Aber die Masse der einflussreichen Personen hatte Paschalis offenbar auf seiner Seite; sonst wäre die Revolution nicht im Keim erstickt worden. Auch zeigt das rücksichtslose Auftreten des Paschalis, der den Toten seinen Verdammungsruf ins Grab nachschleudert, dass er sich durch eine starke Partei gedeckt weiss.

Aber auch n a c h der Katastrophe stellte sich noch heraus, wie gefährlich für den Papst die spezielle Verbindung seiner römischen Feinde mit dem Kaisertum war. Was jene Partei beabsichtigte, den Papst und seine Anhänger in den Augen des Kaisers als dessen Feinde zu brandmarken, war jetzt in der That bis zu einem gewissen Grad gelungen. Die am Kaiserhof entstandene Spannung, welche zu beseitigen dem Paschalis nicht gelungen war, machte sich bei dem bald eintretenden Pontifikatswechsel geltend.

Die nach Rom zurückkehrenden Gesandten des Paschalis trafen diesen schon dem Tod nahe; er starb im Frühjahr 824. Der Tag seines Todes lässt sich so wenig sicher bestimmen, wie der Tag der Wahl und der der Konsekration seines Nachfolgers. Dieser war Eugen II. Nur so viel ist sicher, dass Eugen vor 6. Juni konsekriert wurde [1]). Die von der vita Eugens behauptete Einstimmigkeit der Wahl fand nicht statt; vielmehr erfahren wir von Einhard, dass Eugens Erhebung das Ergebnis eines Wahlkampfes war, aus welchem die Partei der *nobiles* siegreich hervorgieng. Wie es an sich nicht zweifelhaft sein kann, dass in diesem Wahlkampf die vorausgegangenen Ereignisse nachwirkten, so haben wir ein ausdrückliches Anzeichen dafür in dem Umstand, dass gerade nach dem Amtsantritt Eugens und zwar noch geraume Zeit darnach die Partei, welche sich besonderer Ergebenheit gegen den Kaiser rühmte, als eine schwer darniedergedrückte erschien. Der Astronom berichtet nämlich, cap. 38, dass Lothar, als er 4—5 Monate nach Eugens Konsekration nach Rom kam, bittere Klage darüber führte, dass die dem Kaiser und den Franken treu Gesinnten teils ungerecht ermordet worden seien, teils (qui supervivrent) dem Hohn der Uebrigen preisgegeben seien [2]). Eugen hätte seit seiner Erhebung Zeit genug gehabt, der Lage der speziellen Kaiserfreunde aufzuhelfen. Daraus folgt, dass die siegreiche Partei oder die von Einhard angeführten nobiles die altpäpstliche, dem Paschalis anhängende war [3]). Als einen Freund des Paschalis präsentierte sich auch Eugen dem Kaiser damit, dass er den Subdiakon Quirinus, ein Mitglied der letzten von Paschalis an Ludwig geschickten Gesandschaft, zum Vermittler seiner ersten Beziehungen zu Ludwig wählte (Einhard). Den Gegensatz der nobiles bildet der in Aufregung gegen Paschalis versetzte populus, dessen Kandidat zugleich der Kandidat jener Minorität der nobiles war, die auf der Seite der getöteten

---

[1]) cfr. Jaffé reg. 2. Aufl. p. 320 f. Nach Jaffé fand die Konsekration Ende Mai oder Juni statt.

[2]) Auch sonst zeigt sich der Astronom über die römischen Verhältnisse und speziell über den Römerzug Lothars selbständig unterrichtet. Vgl. Simson, Jahrbücher unter Ludwig dem Frommen II S. 299.

[3]) Die Bezeichnung „antifränkisch", welche Hinschius a. a. O. 1 S. 232 der Partei Eugens gibt, ist übrigens gemäss dem über den allgemeinen Charakter der Parteien Gesagten zu modifizieren.

Gegner des Paschalis stand, die sich aber in der damaligen Lage hinter das aufgeregte Volk gestellt haben mag. — Gegenüber der entwickelten Ansicht vom Charakter der Eugenischen Partei scheint mir die gegenteilige Ansicht, welche in den nobiles die Gegner des Paschalis sieht, nicht stichhaltig [1]). Das entgegenkommende Verhalten Eugens dem Lothar gegenüber, worauf sich die letztere Auffassung beruft, ist als Folge der Entschiedenheit, mit der Lothar auftrat, auch bei meiner Auffassung leicht begreiflich. In den nobiles an und für sich schon eine kaiserliche Partei zu erblicken geht nicht an. Simson führt als Beweis für deren Kaiserfreundlichkeit an, dass Lothar nachher in Kapitel 3 der constit. Rom. „der Aristokratie das ausschliessliche Recht der Papstwahl wahre". Dies beruht, wie von mir gezeigt werden wird, auf einer Verkennung dieser Lotharischen Bestimmung. Auch das wird geltend gemacht, dass Wala während der Erhebung Eugens in Rom gewesen sei und natürlich seinen Einfluss zu gunsten des kaiserlichen Kandidaten geltend gemacht habe [2]). Indessen ist es gar nicht ganz sicher, ob Wala schon während Eugens Wahl und Ordination in Rom war. Wala war dem Lothar, der 822 nach Italien geschickt wurde, als Beirat mitgegeben worden. Einhard sagt nicht, ob Wala mit Lothar 823 wieder nach Francien zurückkehrte; aber auch davon sagt er nichts, dass Wala dem Lothar bei seiner zweiten Sendung nach Italien (August 824) wieder mitgegeben wurde. Aus der vita Walae aber [3]) geht hervor, dass Wala jedenfalls zugleich mit Lothar 824 in Rom war und bei der Ordnung der dortigen Dinge mithalf. Die vita Walae scheint vorauszusetzen, dass die italienische Anwesenheit Wala's eine zusammenhängende war (Kap. 25 Schluss ff.) [4]). Kap. 28 wird gesagt: Wala habe Italien verlassen „paene omnibus correctis rebus et Eugenio sanctissimo apostolicae sedis antistite ordinato, in cujus nimirum ordinatione plurimum laborasse dicitur, si quo modo per eum deinceps corrigerentur, quae diu negligentius a plurimis fuerant depravata".

---

[1]) Sie ist vertreten von Funk a. a. O. 78. 250; Gfrörer, Gregor VII. V 104 f.; Simson a. a. O. I 214; Niehues, Verhältnis etc. II 112.

[2]) Muratori, annali d'Italia IV 527; Funk a. a. O.; Gfrörer a. a. O.

[3]) M. G. SS. II 545.

[4]) Himly, Wala et Louis le débonnaire S. 98 dagegen fasst die vita so auf, dass Wala zwischen hinein nach Francien zurückgekehrt sei.

Auch diese Stelle bringt uns nicht ins Klare; man kann sie mit Simson so verstehen, dass sie „nicht sowohl von Bemühungen Wala's um die Ordination als von Bemühungen um eine Reform der römischen Zustände" redet. Gezwungen wären wir, Wala's Rückkehr 823 vorauszusetzen, wenn die von Simson angeführte und von diesem als vielleicht unrichtig bezeichnete Angabe der Translatio S. Viti richtig wäre, wornach Wala ein am 27. Juli 823 ausgestelltes Immunitätsprivileg für Corvey persönlich am Kaiserhof ausgewirkt hätte [1]). Aber wenn auch Wala während Eugens Erhebung in Rom weilte, so ist es doch zu rasch geschlossen, dass sein Einfluss auf die Papstwahl bestimmend gewesen sein soll. —

Der neue Papst beeilte sich, seine Erhebung dem Kaiser anzuzeigen, jedoch erst nach seiner Konsekration [2]). Auf diese Meldung hin beschloss Ludwig sofort, den Lothar nach Rom zu schicken. Dieser rasche Entschluss erklärt sich daraus, dass das Misstrauen des Kaisers gegen die in Rom herrschende Partei durch die neue Papstwahl frische Nahrung bekommen hatte. Lothar kam frühestens im Oktober in Rom an. Die Angabe des Astronomen, dass Lothar dem Papst gegenüber über die Bedrückung seiner besten Freunde Klage führte, beweist, dass Lothars Sendung wesentlich den Zweck hatte, die bedroht scheinenden kaiserlichen Interessen zu wahren. Auch die Ordnung des zerrütteten römischen Rechtswesens diente diesem Zweck insofern, als gerade „die Freunde des Kaisers" unter der Willkürlichkeit und Habsucht der päpstlichen judices besonders zu leiden hatten [3]). Die päpstliche Kammer musste alle ungerecht konfiszierten Güter herausgeben. Der ganze status populi Romani war nach Einhard ein schon längst depravierter, und darin, dass er die ganze Schuld der *perversitas quorundam praesulum* beimisst, spiegelt sich die

---

[1]) Rodenberg, die vita Walae (1877) S. 26 f. sucht die Angabe der translatio S. Viti als unwahr nachzuweisen und erklärt auf Grund der vita Walae die italienische Anwesenheit des Wala für eine ununterbrochen vom Herbst 822 bis mindestens Sommer 824 währende. Vgl. Rodenberg a. a. O. S. 81.

[2]) Einhard a 824: „Eugenius . . . subrogatus atque ordinatus est. Cujus rei nuntium cum Quirinus . . . ad imperatorem detulisset . . ."

[3]) Vgl. die Art, wie der Astronom die Lage der Kaiserfreunde mit dem traurigen Zustand der päpstlichen Justiz in Zusammenhang setzt. Kap. 28: „cumque de his quae accesserant" bis „confiscata".

damalige Gereiztheit des Hofs gegen das Papsttum ¹). Dieser Vorwurf bezieht sich auf die Art, wie die Päpste die weltliche Gewalt ausübten ²). Der Kaiser erkennt damit den periodisch wiederkehrenden Aufständen eine Berechtigung zu ³).

Die *constitutio Romana Lotharii* von 824 (M. G. Leg. I 239) ist der Ordnung der römischen Rechtsverhältnisse und der unordentlichen öffentlichen Zustände im römischen Gebiet überhaupt gewidmet. Das Verhältnis der Römer zum Kaiser ist nicht Inhalt dieser Konstitution, sondern die Oberherrlichkeit des Kaisers ist die Voraussetzung, die allen diesen Bestimmungen zu Grund liegt. Weil die inneren römischen Verhältnisse geordnet werden sollen, so erscheint als das nächste Prinzip der Ordnung, das wiederholt eingeschärft wird, der Gehorsam gegen den Papst und seine Beamten ⁴). Der Papst als unmittelbarer Landesherr kommt zunächst in Betracht; nur im Hintergrund steht schützend und die oberste Aufsicht führend die Auktorität des Kaisers. Deshalb sollen der kaiserliche und der päpstliche missus, welche in Gemeinschaft die römischen judices beaufsichtigen sollen, die entdeckten Uebelstände zuerst dem Papst referieren, und von dessen Entscheidung hängt es ab, ob weiter an den Kaiser berichtet und dessen Einschreiten veranlasst werden soll. Deshalb wird auch immer die Nennung des Papstes der des Kaisers vorangestellt. Dabei kommt aber in ganz unzweifelhafter Weise die Oberhoheit des Kaisers zum Ausdruck, welcher für die Römer als allerhöchste Auktorität dasteht. Nächst Gottes Gnade ist die

---

¹) Der Astronom nennt als Ursache neben der cupiditas der Beamten die *ignorantia vel desidia quorundam praesulum*.

²) Dies gegen Phillips Kirchenrecht V 770.

³) Wenn Himly a. a. O. 99 sagt, Eugen sei noch nicht bestätigt gewesen, als Lothar nach Rom kam, und als Preis dieser Bestätigung habe man wichtige Zugeständnisse verlangt, so kann er sich dafür nicht auf die Quellen berufen.

⁴) Gleich im ersten Kapitel: „hoc decernimus, ut domno apostolico in omnibus ipsi justam observent oboedientiam seu ducibus ac judicibus suis ad justitiam faciendam." Und am Schluss des 9. Kapitels: „omnis homo praestet in omnibus oboedientiam atque reverentiam huic pontifici".

Gnade des Kaisers die höchste [1]). Nach Kap. 8 müssen die Beamten Roms vor dem Kaiser erscheinen, um von ihm an die Pflichten ihres Amts erinnert zu werden. Wo der Papst nicht durchgreifen kann, greift der Kaiser ein (Kap. 4). Die kaiserlichen missi müssen die Rückerstattung dessen auswirken, „quae fuerunt injuste a potestate pontificum invasae".

Unter den Kapiteln, welche den Zweck haben, den häufig vorkommenden Störungen der öffentlichen Ordnung vorzubeugen (Kap. 1, 2, 3, 7) ist Kap. 3 gegen die Unordnungen bei der Papstwahl gerichtet, offenbar im Rückblick auf die bei Eugens Wahl vorgefallenen Tumulte. Sein Wortlaut ist: „Volumus, ut in electione pontificis nullus praesumat venire, neque liber neque servus, qui aliquod impedimentum faciat illis solummodo Romanis, quibus antiquitus fuit consuetudo concessa per constitutionem sanctorum patrum eligendi pontificem. Quod si quis contra hanc jussionem nostram facere praesumserit, exilio tradatur."

Grammatikalisch zusammengeworfen, aber logisch zu trennen sind in diesem Kapitel 2 Punkte: 1) niemand, weder ein Freier noch ein Sklave, soll bei der Wahl des Papstes irgend ein Hindernis bereiten; 2) kein Unberechtigter soll sich zur Wahl herzudrängen, welche lediglich jenen Römern zusteht, denen von Alters her durch die Festsetzung der heiligen Väter diese Gewohnheit eingeräumt ist. — Das Kapitel steht ganz unter dem die ganze Konstitution beherrschenden Gesichtspunkt, dass der Kaiser für die Aufrechterhaltung der inneren römischen Ordnung Sorge trägt. Das rechtliche Verhältnis des Kaisers zum Papstwechsel zu bestimmen ist nicht sein Zweck.

In „*illi Romani*", denen die Papstwahl reserviert wird, sieht nicht bloss Gfrörer [2]), sondern auch Simson [3]) ganz besondere Pläne zur Verstärkung der kaiserfreundlichen Faktoren bei der Papstwahl versteckt. Diese glauben nach dem Vorgang Funks (a. a. O. 252, 4), dass das Kapitel auf eine Novelle Justinians [4])

---

[1]) Kap. 9: „ut omnis homo, sicut Dei gratiam et nostram habere desiderat, ita praestet obedientiam . . . huic pontifici".

[2]) Gregor VII. V 122 f.

[3]) Jahrbücher unter Ludwig dem Frommen I S. 229 verglichen mit S. 214, 2.

[4]) Corpus jur. civil. Novell. Constit. CXXIII cap. 1 de ordinatione episcoporum: „sancimus, quoties opus fuerit episcopum ordinari, *clericos*

hinweisen wolle, nach der ein Bischof von den Klerikern und den Primaten der betreffenden Stadt gewählt werden soll. Und nun meint Gfrörer: das Kapitel habe den Zweck, den Sieg des (nach ihm frankenfreundlichen) Adels bei der Erhebung Eugens zu verewigen, das Volk für immer von der Papstwahl auszuschliessen [1]). Simson sagt sogar, Lothar habe durch die constitutio Romana der Aristokratie das ausschliessliche Recht zur Papstwahl gewahrt. — Wäre es dem Lothar um derartige ganz besondere Pläne zu thun gewesen, deren Möglichkeit bei meiner Auffassung des Charakters der Parteien zum voraus wegfällt, so hätte er die von ihm bevorzugten Faktoren genauer bezeichnen müssen. Auch wenn der Gedanke an jene Novelle wirklich so nahe lag, so konnte diese Novelle, die den Klerus an die Spitze der Wähler stellt, kaum für sich geeignet erscheinen, der Aristokratie den beherrschenden Einfluss zu sichern. Um so mehr hätte Lothar jene Faktoren näher bezeichnen müssen, als sowohl nach der bisherigen Wahlpraxis als auch nach den über die Papstwahl bis jetzt bestehenden canones das Volk keineswegs von aller Beteiligung an der Wahl ausgeschlossen war. Wohl aber war, wenigstens nach dem Statut der Kirche, sowohl der Adel als das Volk d. h. das weltliche Element überhaupt in eine sekundäre Linie gerückt worden. Was die bestehenden canones betrifft, so ist vor allem an das Synodaldekret von 769 zu denken [2]). In der Praxis galt allerdings dieses Dekret nicht unbedingt. Wie die Berichte des lib. pontif. zeigen, liess sich der Adel nicht in die sekundäre Linie herabdrücken. Aber auch das Volk war, wie diese Berichte zeigen, nicht von aller Beteiligung an der Wahl ausgeschlossen, wenn auch, wie z. B. aus dem Bericht über die Wahl des Nikolaus I. hervorgeht, der Klerus und die Optimaten für sich allein Vorbesprechungen halten konnten, um den Kandidaten festzusetzen; doch erst durch die Beistimmung des Volks

---

et primates civitatis, cujus futurus est episcopus ordinari, mox in tribus personis decreta facere . . . "; § 1: „. . . ex trium personarum pro quibus talia decreta facta sunt, melior ordinetur . ."

[1]) Gfrörer sagt weiter: „Ueber die Reihenfolge der Päpste sollte hinfort ausser dem Klerus, den man nicht ausschliessen konnte und unter dem sich durch kaiserlichen Einfluss reudige Schafe genug befanden, der Adel entscheiden, d. h. eine durch ihr Interesse ganz an den Kaiser gekettete Genossenschaft."

[2]) cfr. oben S. 17.

(die vita Stephan's V. nennt es acclamare) kam die eigentliche Wahl zu stand[1]). Hieraus folgt, dass wenn Lothar das Volk ganz ausschliessen wollte, er dies ausdrücklich thun musste; sonst konnte man nicht wissen, was er wollte.

Uebrigens halte ich die Annahme für ganz unstatthaft, dass Lothar, der auf die heiligen Väter verweist, jene Novelle Justinians im Auge habe. Dieselbe redet von den bischöflichen Wahlen überhaupt und nicht speziell von der Papstwahl. Und wie konnte Lothar auf ein so entferntes Gesetz verweisen, da es doch neuere und zwar päpstlich gutgeheissene Bestimmungen gab, die nicht einmal im Einklang mit jener Novelle waren!

Wenn somit die eingelegten Hintergedanken von dem Kapitel abzuwehren sind, so ist es überhaupt nicht wahrscheinlich, dass das „illi Romani" in partitivem Sinn zu nehmen ist. Dieses scheint vielmehr so viel zu sein als: „die Römer, denen bekanntermassen die Papstwahl zusteht" — ähnlich wie das Privileg Ludwigs die Romani oder omnes Romani als Wähler des Papstes bezeichnet.

Im Ausdruck erinnert unser Kapitel (abgesehen von den Anklängen an das Privilegium Ludwigs cfr. oben S. 67,1) an jenes Dekret von 769, in dem ja gerade auch unter anderem die Beteiligung von Auswärtigen und von Sklaven an dem Wahlakt ausgeschlossen wird[2]). —

Ueber das **Verhältnis des Kaisers zur Papsterhebung** will das Kapitel zwar keine Festsetzung treffen. Dennoch ist aus demselben zu erschliessen, dass der Kaiser für sich und seine Vertreter nicht den Anspruch erhob, an der Wahl selbst irgendwie teilzunehmen; denn sonst müsste der Kaiser neben den Römern als mitwirkender Faktor aufgeführt sein. Allein der Erhebungsakt ist mit der Wahl noch nicht abgeschlossen. Da das Kapitel von der Konsekration gar nicht redet, so schliesst es die Möglichkeit nicht aus, dass Lothar zwischen Wahl und Konsekration ein kaiserliches Recht stehend dachte. Das Schweigen der Konstitution beweist nichts gegen ein solches Recht. Wenn damals Lothar wirklich ein derartiges Recht beansprucht hat, so

---

[1]) Vgl. auch oben S. 3 die im lib. diurn. aufgezählten Faktoren der Wahl.
[2]) Dekret von 769: „decernimus, ut nulli unquam laicorum ... praesumant inveniri in electione pontificis . ."; Constit. von 824: „volumus, ut in electione pontificis nullus praesumat venire . ."

fiel es gar nicht unter den Gesichtspunkt, wovon die Konstitution beherrscht ist. Wie in dieser das Grundverhältnis der Römer zum Kaiser nicht festgesetzt, sondern vorausgesetzt wird, so lag auch ein etwaiges Rechtsverhältnis des Kaisers zu dem gewählten päpstlichen Kandidaten ausserhalb des Bereichs dessen, was in der Konstitution festgesetzt werden soll [1]).

Dass der Kaiser sich und seinen Organen die Befugnis zuschrieb, den Hergang bei der Papstwahl von aussen zu überwachen, um Unordnungen zu verhüten, folgt aus dem Erlass des Kapitels selbst, wenn auch nicht ausdrücklich seinen Beamten dieser Auftrag gegeben wird.

Nach dem, was der Absendung Lothars vorhergegangen ist, ist man nicht überrascht, ausser dem, was die constitutio enthält, auch noch von einer solchen Massnahme Lothars in Rom im Jahr 824 zu vernehmen, welche eine direktere und ausdrückliche Klarstellung des Verhältnisses der Römer und des Papstes zum Kaiser enthält. Ja, man erwartet geradezu Massregeln, welche über die constitutio hinausgehen, und zwar speziell auch mit Beziehung auf die Stellung des Papstes zum Kaiser. War doch Misstrauen gegen die Päpste ein hauptsächliches Motiv der Absendung Lothars. Solcher Erwartung wird entsprochen durch die überlieferte Formel eines Eides, den, wie die Quelle desselben behauptet, Lothar bei seiner zweiten Anwesenheit in Rom die Römer schwören liess.

Das *sacramentum Romanorum* steht in der sogenannten continuatio Romana der longobardischen Geschichte des Paulus diaconus [2]). Diese enthält eine Fortsetzug der longobard. Geschichte bis zur Unterwerfung des Desiderius, worauf annalenartige No-

---

[1]) Auch hier wie beim Privilegium Ludwigs (oben S. 68) findet Niehues (Verhältnis etc. II 117) den Grund der Nichterwähnung eines kaiserlichen Rechts, das zwischen Wahl und Konsekration eintritt, unrichtiger Weise darin, „dass man diese Angelegenheit als eine rein kirchliche, welche durch kirchliche Organe geregelt werden müsse, betrachtet habe."

[2]) Bei Muratori rer. ital. script. I 2 p. 184. M. G. Leg. I 240. Scriptores rer. Longobard p. 203. Capitularia regum Francorum ed. Boretius I S. 324. Ueber diese Quelle cfr. bei Muratori a. a. O. I 1 p. 398 und besonders Waitz in den Scriptores rer. Longobard. p. 200.

tizen zum Zeitraum 776 bis 825 folgen. Dem Inhalt nach zu schliessen ist das Fragment in Rom entstanden. Derselbe ist überwiegend aus den gesta pontificum genommen mit nur wenigen eigentümlichen Notizen. Eine speziell kaiserfreundliche Tendenz ist nicht zu erkennen; höchstens könnte man eine Uebertreibung in der Notiz zu 823 finden, Paschalis habe dem Lothar bei seiner damaligen römischen Anwesenheit die Macht über das römische Volk eingeräumt, welche die alten Kaiser hatten. Zu 825 melden die Annalen: „als Lothar wiederum (iterum) nach Italien kam, feierte er die Messe des hl. Martin in Rom. Und folgendes ist der Eid, welchen er und Papst Eugen dem römischen Klerus und Volk zu leisten befahlen." Dann folgt der Wortlaut dieses Eids.

„Promitto ego ille per deum omnipotentem et per ista sacra quatuor evangelia et per hanc crucem domini nostri Jesu Christi et per corpus beatissimi Petri principis apostolorum, quod ab hac die in futurum fidelis ero dominis nostris imperatoribus Hludovico et Hlothario diebus vitae meae juxta vires et intellectum meum sine fraude atque malo ingenio, salva fide, quam repromisi domno apostolico, et quod non consentiam, ut aliter in hac sede Romana fiat electio pontificis nisi canonice et juste, secundum vires et intellectum meum; et ille, qui electus fuerit, me consentiente consecratus pontifex non fiat, priusquam tale sacramentum faciat in praesentia missi domni imperatoris et populi cum juramento, quale domnus Eugenius papa pro conservatione omnium factum habet per scriptum".

Die Besprechung dieses Dokuments darf nicht ohne weiteres von der Voraussetzung seiner Echtheit ausgehen. Zwar wird die Echtheit jetzt überwiegend angenommen [1]). Diese Annahme ist jedoch nicht unbestritten. Reumont (Gesch. d. Stadt Rom II 193) und noch entschiedener Luden (Gesch. des deutschen Volks V, 298. 591) äussern sich zweifelhaft. Phillips (Kirchenrecht V, 775) behauptet die Unechtheit. Granderath (a. a. O. S.

---

[1]) Ich nenne als Vertreter der Echtheit z. B. Ficker, Forschungen etc. II S. 353; Hinschius I 233; Lorenz a. a. O. 48 f.; Simson a. a. O. I 230 f.; Sickel, das Privil. Otto I. S. 161; Bayet a. a. O 79; Ranke, Weltgesch. VI, 1, S. 31; Niehues, Verhältnis etc. II 118; Dümmler, Gesch. des ostfränk. Reichs I (2. Aufl.) 249; Boretius a. a. O.; Mühlbacher, Regesten etc. S. 377. Richter-Kohl, Annalen des fränk. Reichs II (1887) S. 247.

187 f.), welchem Grashof[1]) beistimmt, formuliert die Bestreitung des Dokuments in der Weise, dass er in ihm eine **von Lothar mitgebrachte Vorlage** sieht, deren Annahme aber in Rom nicht durchgesetzt werden konnte[2]).

Niehues, der den Inhalt nicht beanstandet, bemerkt doch: „die Quelle, welche den Wortlaut des Eids aufbewahrt hat, ist eine höchst zweifelhafte." In der That ist die Bezeugung eine dürftige. Kein sonstiger gleichzeitiger Berichterstatter weiss etwas davon; auch in der folgenden karolingischen Zeit begegnet uns nirgends eine besonders in die Augen fallende Spur des Römereids von 824 und des in ihm angegebenen spezifischen Modus für die Grundlegung der Beziehungen zwischen jedem neuen Papst und dem Kaiser. Der Verdacht der Unechtheit liegt nicht sehr ferne; **oder** wenigstens könnte man vermuten, der im Römereid bezeichnete und 824 eingeführte Modus habe keinen Bestand gehabt; **oder** auch könnte man der oben bezeichneten Ansicht Granderaths beizustimmen geneigt sein. Die Frage der Echtheit kann ohne eine erneute, die Frage genauer und umfassender, als es bisher geschehen ist, behandelnde Untersuchung weder bejaht noch verneint werden. Wenn von den meisten Neueren die Echtheit eben **vorausgesetzt** wird, so erscheinen auf der andern Seite die auf die Frage näher eingehenden Bemerkungen von Phillips, Hinschius und Granderath in ihrem gegenseitigen Widerstreit derart, dass sie das Problem zwar beleuchten, aber nicht definitiv lösen. Die Untersuchung der Echtheit wird um so förderlicher sein, da wir auf diesem Wege auch bestimmtere Anhaltspunkte für das inhaltliche Verständnis des Römereids gewinnen werden.

Vor allem ist festzustellen, dass die sonstigen gleichzeitigen Quellen, obgleich sie nichts von einem Eid wissen, den Eugen und unter ihm die Römer geschworen haben, die in dem Fragment berichteten Thatsachen wenigstens nicht ausschliessen. Phillips und Granderath behaupten zwar, die Nichtaufnahme der Eidesformel oder vielmehr der in derselben enthaltenen Bedingung

---

[1]) Im Archiv für kathol. Kirchenrecht Band 42 (1879) S. 234. Auch Hergenröther in seiner Kirchengesch. 3. Aufl. (1887) II S. 4 hält diese Ansicht für wahrscheinlich.

[2]) Unter den älteren Verfechtern der Unechtheit hebe ich namentlich Cenni hervor, der in den monumenta dominationis pontificiae (1760) den Pagi als den Vertreter der Echtheit sehr eingehend bekämpft.

der Papstkonsekration in die constitutio Romana könne nicht erklärt werden, wenn sie damals eingeführt worden wäre. Allein oben (S. 80 f.) wurde gezeigt, dass neben dieser Konstitution sehr wohl andere Festsetzungen, das Verhältnis der Römer und des Papstes zum Kaiser betreffend, getroffen worden sein können. An und für sich erscheint die Quelle ihren andern Angaben nach nicht als ein unglaubwürdiger Zeuge [1]). Der aus ungenügender Bezeugung abgeleitete Einwand ist also wenigstens nicht zwingend [2]). — Einen formellen Anstoss könnte man auch daran nehmen, dass der Inhalt dessen, was Eugen geschworen hat, nicht angegeben ist. Allein wenn Eugen einen Eid geschworen hat, so musste derselbe den Römern in frischer Erinnerung sein, so dass ganz wohl nur im allgemeinen auf denselben verwiesen werden konnte. Zudem hätte ein Fälscher am ehesten das Interesse gehabt, den Inhalt genauer anzugeben. — Die Nachricht, dass Lothar 824 die Römer einen Treueid schwören liess, hat durchaus nichts auffälliges, ebensowenig die Einfügung von Bestimmungen über die Papsterhebung in einem solchen Treueid. Eine ganz ähnliche Verbindung der Beschwörung der Treue mit der eidlichen Anerkennung der Rechte des Kaisers fand nach Liudprand [3]) im Jahr 963 statt. Von den Römern heisst es da: „fidelitatem repromittunt, hoc addentes et firmiter jurantes, nunquam se papam electuros aut ordinaturos praeter consensum et electionem imperatoris." Wenn der Kaiser eine Garantie für seinen beanspruchten Einfluss beim Papstwechsel haben wollte, so war das nächste Mittel das, die betreffende Festsetzung von den Römern als den Wählern jedes neuen Papstes beschwören zu lassen.

---

[1]) Der Chronist verwechselt zwar die Jahre; er sagt: Lothar sei 825 zum zweitenmal nach Italien gekommen; allein diese Verwechslung kann nicht schwer ins Gewicht fallen. Auch beim Sturz des Desiderius, den er richtig erzählt, verwechselt er das Jahr. Bei seiner Angabe zu 825 stimmt wenigstens der Monat.

[2]) Die durch die bedeutende Häufung dessen, worauf geschworen wird, etwas auffallende Einleitung, an der Cenni u a. O. II 183 Anstoss nimmt, gibt eben eine Spezifizierung dessen, was im Römereid von 896 mit den Worten zusammengefasst ist: „juro per haec omnia Dei mysteria." Der Ton unserer Eidesformel ist ganz im Ton der damals üblichen Treueide gehalten; vgl. besonders die Formel von 896. In betreff der formellen Unanstössigkeit vgl. noch Mühlbacher, Regesten I S. 377.

[3]) Liudprand, histor. Ottonis cap. 8.

Eine entscheidende Frage für die Echtheit des Römereids ist nun die: **wie verhält sich die vorhergehende und die nachfolgende Geschichte zu ihm?** Spricht wirklich, wie Grauderath meint, das Zeugnis der Geschichte dagegen, dass die Römer jenen Eid geleistet? Schon oben (S. 81) wurde darauf hingewiesen, dass die vorhergegangenen Ereignisse erwarten lassen, dass Lothar 824 auch die Stellung des Papstes zum Kaiser berühren werde. Am nachdrücklichsten aber geschah das, wenn die Beziehung zum Kaiser in die Genesis des Papstes selbst miteingeflochten wurde. Aber auch was die nachfolgende Geschichte betrifft, so weisen die fränkischen Berichte über das Verhältnis des Kaisers zu den folgenden Papstwechseln entschieden darauf hin, dass eben durch Lothars damalige Anwesenheit eine Veränderung des alten Verhältnisses bewirkt worden ist. Denn nach der Angabe Einhards zu 827, welche wir trotz der entgegenstehenden Aussage des lib. pont. zu bezweifeln keinen Grund haben, wurde Eugens zweiter Nachfolger, Gregor IV., nicht eher konsekriert, als bis ein Gesandter des Kaisers nach Rom kam und die Beschaffenheit der Wahl des Volks prüfte. Aus dieser Angabe geht zwar nicht deutlich hervor, was eigentlich der Gesandte in Rom zu thun hatte; aber so viel erhellt daraus, dass der Kaiser zwischen Wahl und Konsekration durch einen besonderen Abgesandten ein Recht seinerseits ausgeübt hat. Und das gleiche Recht tritt, zwar nicht als faktisch ausgeübt, wohl aber als von kaiserlicher Seite beansprucht, bei der Erhebung des Nachfolgers Gregors IV., des Sergius II, hervor. Gemäss den fränkischen Zeugen ist der Kaiser nicht davon befriedigt, dass Sergius „praeter sui jussionem missorumque suorum praesentiam" ordiniert wurde und schickt seinen Sohn Ludwig nach Rom, um zu bewirken, dass dies in Zukunft nicht mehr vorkomme. Aus diesem Bericht folgt zwar nicht zwingend, dass Lothar sich auf ein schon bestehendes Recht berufen konnte. Doch scheint der ganze Ton des Berichts hierauf hinzuweisen; und wir werden dies durch die Analyse dessen, was der lib. pont. erzählt [1]), bestätigt finden, obgleich dieser von einem in dieser Richtung erhobenen kaiserlichen Anspruch schweigt. Anlässlich der Erhebung Leo's IV. finden wir sogar im lib. pont. bezeugt, dass

---

[1]) Vgl. unten bei Sergius II.

auch von römischer Seite das Recht des Kaisers anerkannt wurde, dass ohne seine Auktorität kein Papst konsekriert werden sollte [1]). Bei Benedikts III. Erhebung nennt der lib. pont. die Uebersendung des Wahldekrets vor der Konsekration geradezu eine „*consuetudo prisca*". Damit erweist sich diese römische Quelle selbst als sehr ergänzungsbedürftig.

Nun scheint aber freilich ein Umstand dagegen zu sprechen, dass diese neue Rechtsauffassung von 824 her zu datieren ist, nämlich der, dass Valentins, des unmittelbaren Nachfolgers Eugens, Konsekration berichtet wird, ohne dass der Interzession eines kaiserlichen Rechts zwischen Wahl und Konsekration Erwähnung geschieht [2]). Von Einhard wird der Mangel dieser Interzession in ausdrücklicher Antithese zu dem Hergang bei der Erhebung Gregors IV. hervorgehoben [3]). Allein man muss fragen: woher kommt denn plötzlich der veränderte Modus bei Gregors IV. Erhebung? Unter dem sehr kurzen, „kaum einen Monat" (Einhard) währenden Pontifikat Valentins trat durchaus kein Ereignis ein, an welches die Einführung der Neuerung angeknüpft werden konnte. Man ist also auf den Pontifikat Eugens zurückgewiesen als auf die Zeit, in welcher der neue Modus wurzelt. Nur der Ausweg ist möglich, dass man das bei Gregors IV. Erhebung beobachtete Verfahren als lediglich durch zufällige Umstände verursacht betrachtet und nicht als Folge einer bestehenden Rechtsordnung. Als einen solchen Umstand beutet Phillips das vom lib. pontif. berichtete Widerstreben Gregors gegen seine Wahl aus. „Durch das Sträuben Gregors erkläre sich leicht, dass der Kaiser von den Vorgängen in Rom nicht auf dem offiziellen Weg einer Gesandtschaft in Kenntnis gesetzt wurde, und nunmehr seine Gesandten nach Rom kamen, ehe Gregor konsekriert war". Granderath adoptiert diese Ansicht und führt sie noch weiter aus. Allein diese Auskunft charakterisiert sich selbst als eine erkün-

---

[1]) Vgl. unten die Darstellung der Erhebung Leo's IV.

[2]) Nichues, Verhältnis etc. II 118 unterlässt es, diesen Umstand hervorzuheben.

[3]) Einhard a. 827: „in cujus locum Valentinus diaconus a Romanis electus et ordinatus, vix unum mensem in pontificatu complevit, quo defuncto Gregorius presbiter . . . electus, sed non prior ordinatus est, quam legatus imperatoris Romam venit et electionem populi, qualis esset examinavit."

stelte und dem Bericht Einhards [1]) widersprechende. Auch gibt der Bericht des lib. pont. durchaus keinen Anlass, anzunehmen, dass das Widerstreben Gregors einen andern und hartnäckigeren Charakter hatte, als das so vielen andern Päpsten nachgerühmte [2]).

Man sieht: die folgende Geschichte der Papstwahlen spricht dafür, dass 824 ein kaiserliches Recht zwischen Wahl und Konsekration eingeschoben wurde. Nun scheinen sich aber aus dieser folgenden Geschichte Bedenken dagegen zu erheben, ob dieses Recht in der Form geltend gemacht wurde, in welcher es gemäss dem Römereid festgesetzt worden sein soll. Denn nirgends wird uns von den gleichzeitigen Quellen berichtet, dass zur Zeit des karolingischen Kaisertums ein Papst „einen solchen Eid wie Eugen" geschworen habe. Dass aber diese Bestimmung in keinem Fall praktisch geworden sei, diese Annahme ist sehr bedenklich für die Echtheit des Römereids, bedenklicher als Hinschius K. R. I 236 annehmen will. Wenigstens bei den zunächst auf Eugen II. folgenden Papstwahlen ist entschieden zu erwarten, dass wenn der Römereid echt ist (d. h. 824 geschworen wurde), entweder der Eugenische Eid von den Päpsten wirklich geleistet wurde oder dass vom Kaiser gegen seine Nichtleistung protestiert wurde. Namentlich ist durchaus unwahrscheinlich, dass schon Gregor IV., bei dessen Erhebung, wie wir sahen, das (im Jahr 824 wurzelnde) Recht des Kaisers respektiert wurde, auf die spezielle Form nicht mehr geachtet haben soll, welche laut dem Römereid dem kaiserlichen Recht 824 gegeben worden sein soll [3]). Allein aus dem Schweigen der Quellen ist doch nicht zu viel zu schliessen. Das Schweigen des lib. pont. lässt sich aus seiner nachweisbaren Tendenz ableiten, den wirklichen Einfluss des Kaisers auf die Papsterhebung geringer erscheinen zu lassen. Und erwägt

---

[1]) Vgl. dazu die Notiz des Astronomen: „dilata consecratione ejus (Gregors IV.) usque ad consultum principis".

[2]) Abenteuerlich ist die Auskunft Cenni's (a. a. O. II 116): Gregor habe sich so hartnäckig gegen die Wahl gesträubt, dass die Römer die Auktorität des Kaisers angefleht haben, „ut canonicam justamque electionem tueretur".

[3]) Auch Sickel (a. a. O. 165) nimmt es nach meiner Ansicht zu leicht, die Kontinuität des 824 durch die Konstitution Lothars und durch den Römereid geschaffenen Rechtszustands zu bezweifeln. Ich hoffe durch meine ganze Darstellung zu zeigen, dass jener Rechtszustand lange nachwirkte.

man die Angaben der fränkischen Quellen genauer, so vermisst man die wünschenswerte Bestimmtheit. Einhard sagt uns nicht, in welcher Weise und nach welchen Gesichtspunkten von den Gesandten des Kaisers vor Gregors IV. Konsekration die Wahl des Volks geprüft wurde. Wenn der Astronom sagt, damals sei vor der Konsekration das consultum des Kaisers abgewartet worden, so muss man fragen: ist hier ein unbedingtes Bestätigungsrecht gemeint? oder kam der kaiserliche Wille nur in enger umschriebenen Grenzen in Betracht? und welches sind diese Grenzen? Der Ausdruck Einhards deutet nicht auf ein unbedingtes Bestätigungsrecht hin, während der des Astronomen sehr wohl auf ein solches hinweisen kann. — Als den Zweck der Absendung des jungen Ludwig nach Rom 844 bezeichnet Prudentius: er sollte bewirken, dass künftig kein Papst mehr 1) practer sui jussionem 2) missorumque suorum praesentiam ordiniert werde. Das erste scheint wieder auf ein unbedingtes Bestätigungsrecht hinzuweisen; die Beifügung des zweiten Punkts, dass Gesandte bei oder vor der Ordination anwesend sein sollen, scheint das Recht doch wieder in engere Grenzen zu fassen. Aber wie machten die Gesandten die kaiserliche Oberhoheit der geschehenen Wahl gegenüber geltend? Wenn die Anwesenheit der kaiserlichen Gesandten in Rom der Punkt war, auf den es ankam, so war das Wesen des kaiserlichen Rechts nicht in einer Willensentscheidung ausgedrückt, die der Kaiser in der Ferne traf, sondern das Wesentliche lag erst in den Beziehungen, die sich in Rom zwischen den Gesandten und dem Neugewählten entspannen. Aber welcher Art diese Beziehungen waren, sagen uns die fränkischen Quellen nicht. Doch ist die Art ihrer Berichterstattung leicht erklärlich. Was in den Mauern der Stadt Rom vor sich ging, lag ihrem Gesichtskreis ferner. Ihnen fiel in die Augen einmal die Thatsache, dass der Kaiser in Beziehung auf den Papstwechsel ein Recht ausübte, und dieses drücken sie aus mit „jussio" oder „consultum"; sodann bemerkten sie die Abordnung der Gesandten vom Kaiserhof. — Unser Resultat ist hiemit, dass **die fränkischen Quellen in der Bezeichnung des Rechtsverhältnisses, das nach ihnen zwischen Kaiser und Papstwahl stattfand, eine Lücke lassen.** Die Urkunde des Römereids wäre im stand, in diese Lücke ergänzend einzutreten.

Uebrigens weisen doch auch einige Spuren in den gleichzeitigen Quellen darauf hin, dass in diese Lücke eine eidliche Verpflichtung des Papstes einzusetzen ist, — Spuren, welche zeigen, dass seit Eugen II. der Papst dem Kaiser eidlich verpflichtet war, ja dass es dem Kaiser darauf ankam, gerade bei der Papsterhebung einen Eid vom Papst zu erlangen. —

In einem Schreiben Gregors IV. von 833 [1]), worin er die Vorwürfe zurückweist, welche ihm die fränkischen, dem alten Kaiser getreuen Bischöfe wegen seiner Verbindung mit Lothar gemacht haben, sagt Gregor: »bene autem subjungitis memorem me esse debere *jusjurandi caussa fidei facti imperatori*. Quod si feci, in hoc (d. h. durch das Verhalten, das ihm von den Bischöfen als Vorwurf angerechnet wird) volo vitare perjurium, si annunciavero ei omnia, quae contra unitatem et pacem ecclesiae et regni committit. Quod si non fecero, perjurus ero sicut et vos, *si tamen juravi*. Vos tamen, qui procul dubio jurastis et rejurastis, promittentes ei erga illum omnia fideliter vos agere . . . perjuri estis.« Der Hinweis auf den Eid, den Gregor dem Kaiser geschworen, muss in dem Schreiben der Bischöfe eine bedeutende Rolle gespielt haben; denn Gregor kommt noch zweimal darauf zurück. Die Bischöfe hatten Gregors angebliche Meineidigkeit sogar als Grund geltend gemacht, aus welchem sie ihn absetzen könnten, worauf Gregor erwidert: »perjuri perjuratum degradare non possunt, etiamsi essem. Denique vos non me scitis esse perjuratum.« Und ganz zum Schluss weist Gregor noch einmal den Vorwurf der Meineidigkeit zurück. Von den fränkischen Bischöfen wurde also Gregor ohne weiteres so angesehen, als habe er dem Kaiser Treue geschworen, im gleichen Sinn, wie sie selbst und alle Unterthanen des Kaisers. Der Papst scheint zunächst diese Ansicht der Bischöfe anzuerkennen (»bene subjungitis etc.«); eben weil er seinen Eid nicht verletzen wolle, halte er zu Lothar. Dennoch stellt Gregor es in einem Atem als eine nicht ausgemachte Sache hin, ob er geschworen habe [2]). Hätte Gregor dem Kaiser gar keinen Eid geleistet, so würde er das von den Bischöfen beigezogene Faktum, dessen Beiziehung ihm offenbar sehr unbequem ist, einfach leugnen; so aber stellt er

---

[1]) Bei Mansi XIV 519. Jaffé reg. 2. Aufl. Nro. 2578.

[2]) „. . . wenn ich überhaupt geschworen habe; ihr aber, die ihr ausser allem Zweifel geschworen habt, in allem die Treue gegen den Kaiser zu bewahren . . .“

es in sonderbarer Schwebe dahin, indem er einerseits aus seinem Eid Verpflichtungen für sich ableitet, andererseits es doch wieder als zweifelhaft bezeichnet, ob er überhaupt den Treueid geleistet. Dies erklärt sich wohl so, dass Gregor in der That dem Kaiser einen Eid geschworen hat (und zwar als Papst, denn nur darum kann es sich handeln), dass er es aber als zweifelhaft betrachtet wissen will, ob sein Eid die gleiche Bedeutung wie der von den Bischöfen geleistete hat, ob auch er einen eigentlichen Unterthaneneid geschworen hat [1]).

Gregor IV. ist der erste Papst, von dem wir hiemit eine Spur haben, dass er dem karolingischen Kaiser einen Eid geschworen hat [2]). Leo III. und Stephan IV. liessen das römische Volk dem Kaiser Treue schwören; wenigstens für den letzteren, der einem Kaiser gegenüberstand, wäre die Konsequenz gewesen, dass auch er selbst Treue geschworen hätte. Dagegen erscheint er nur als der den Eid abnehmende. Von Paschalis wird nichts ähnliches berichtet. Nach der kurzen Regierung Stephans hielt er es vielleicht für unnötig, die Eidesleistung der Römer zu wiederholen. Ebenso wird nichts ähnliches von Eugen berichtet. Lag es nun nicht nahe, dass Lothar 824, die Konsequenz aus den Verhältnissen ziehend, den Papst selbst zur Eidesleistung herbeizog? Lag doch in dem, was vorgefallen war, eine Aufforderung, das Papsttum die kaiserliche Hoheit fühlen zu lassen. Und wenn Gregor dem Kaiser einen Eid geschworen hat, wann anders war die Gelegenheit dazu, als beim Antritt seines Amts? Und da wir wissen, dass ein kaiserlicher Gesandter vor Gregors Konsekration erwartet wurde, so dürfte er wohl diesem Gesandten gegenüber, also v o r der Konsekration, seinen Eid geleistet haben. Dieser Modus der Geltendmachung eines kaiserlichen Rechts war aber völlig neu. Da uns kein Anhalt geboten ist, den Ursprung desselben in die Zeit der Wahl Gregors oder unter Valentins Regierung zu verlegen, so drängt sich als Ursprungszeit die Lotharische Gesetzgebung von 824 auf.

---

[1]) Aehnlich Simson, Jahrbücher unter Ludwig d. Fr. I 231, 2: „die Einwendungen Gregors können sich nur auf die Art und den Umfang der eidlichen Verpflichtung beziehen. Ob er überhaupt geschworen oder nicht, musste er wissen und hätte es ohne Zweifel geleugnet, wenn es nicht der Fall gewesen wäre.

[2]) Vgl. oben S. 24 und S. 37.

Ausser diesem dem Gregor IV. zugeschriebenen Eid muss hier die Angabe der vita Sergii [1]) in Betracht kommen, dass Ludwig, als er im Jahr 844 die oben S. 85 angeführte Mission in Rom auszurichten hatte, den Papst und die Römer dem Kaiser Treue schwören liess. Der Hauptpunkt, um den es sich bei Ludwigs Römerzug handelte, war die Rüge der Nichtachtung des kaiserlichen Rechts bei der Erhebung des Sergius und die Erlangung von Garantieen dafür, dass ähnliches nicht mehr vorkommen werde. Als ein Mittel für diese Zwecke erscheint es, dass neben den Römern auch der Papst dem Kaiser Treue schwören muss. Hier liegt der Gedanke sehr nahe, dass damit die von Sergius vor seiner Konsekration versäumte Eidesleistung nachgeholt werden sollte. Hier erscheint also eine päpstliche Eidesleistung im Zusammenhang mit dem Verhältnis des Kaisers zur Papsterhebung.

In diesem Zusammenhang ist auch die Aussage der vita Leonis IV. bemerkenswert, mit welcher sie ihren Bericht über die Erhebung dieses Nachfolgers des Sergius beschliesst: obgleich nur sehr ungern, haben die Römer wegen der drohenden Sarazenengefahr den Leo sine permissu principis zum Papst konsekriert, »*fidem quoque illius* (scil. principis) *sive honorem post Deum per omnia et in omnibus conservantes.*« Wenn dies nicht eine blosse Phrase ist, sondern, wie höchst wahrscheinlich ist, auf eine ausdrückliche von den Römern abgegebene Deklaration der dem Kaiser schuldigen Treue und Ehre zu beziehen ist, so hat man wohl an einen von den Römern trotz Nichtanwesenheit kaiserlicher Gesandter damals geleisteten Treueid zu denken [2]): und da es sich wesentlich darum handelte, dass der Kaiser durch die Erhebung des neuen Papstes sich nicht verletzt fühlen sollte, so ist wohl auch an eine entsprechende Deklaration des Papstes zu denken. —

Für die Frage nach der Echtheit des sacramentum Romanorum und namentlich auch nach der Rolle, welche dasselbe thatsächlich gespielt hat, ist nun aber noch von grosser Bedeutung

---

[1]) Bei Muratori tom. III pars I S. 229; bei Duchesne II 89.
[2]) Langen a. a. O. 828 sagt geradezu: „die Römer suchten bei diesem formell gesetzwidrigen Verhalten ihre Ergebenheit gegen den Kaiser dadurch an den Tag zu legen, dass sie unaufgefordert dem Kaiser den Treueid schworen".

das Verhältnis dieser Urkunde zu dem sogenannten Privilegium Ottos I. vom Jahr 962. Der zweite von den kaiserlichen Rechten handelnde Teil dieses Privilegiums, der für uns in Betracht kommt, wurde als glaubwürdige Ueberlieferung betrachtet [1]), schon ehe Sickel [2]) auf Grund der Untersuchung der in dem vatikanischen Archiv befindlichen Urkunde in derselben eine kalligraphische, gleichzeitige, von Amts wegen angefertigte und unmittelbare Abschrift des Originalpaktums von 962 erkannte [3]). Die für uns in Betracht kommenden Bestimmungen sind übergegangen in das Privilegium Heinrichs II. (Leg. II 174).

Der zweite Teil des Privilegiums, welcher mit den Worten »salva in omnibus potestate nostra« beginnt [4]), folge hier in seinem Anfang im Wortlaut: »Salva in omnibus potestate nostra et filii nostri posterorumque nostrorum, secundum quod in pacto et constitutione ac promissionis firmitate Eugenii pontificis successorumque illius continetur. Id est ut omnis clerus et universi populi Romani nobilitas propter diversas necessitates et pontificum inrationabiles erga populum sibi subjectum asperitates retundendas sacramento se obliget, quatinus futura pontificum electio quantum uniuscujusque intellectus fuerit canonice et juste fiat. Et ut ille qui ad hoc sanctum atque apostolicum regimen eligitur, nemine consentiente consecratus fiat pontifex, priusquam talem in praesentia missorum nostrorum vel filii nostri seu universae generalitatis faciat promissionem pro omnium satisfactione atque futura conservatione, qualem domnus et venerandus spiritalis pater noster Leo sponte fecisse dinoscitur [5]).«

---

[1]) M. G. Leg. II 159 ff. Ficker a. a. O. II § 347 ff. § 353—357. Letzterer urteilte über die die kaiserlichen Rechte betreffenden Bestimmungen: „sie müssen echt sein wegen ihres der Kirche ungünstigen Inhalts an und für sich, dann weil sie erweislich wörtlich auf das pactum von 824 zurückgehen."

[2]) In seiner schon öfters citierten Schrift von 1883.

[3]) Es haben sich zwar noch weitere Erörterungen an Sickels Untersuchung angeschlossen; doch ist von unserem Zweck nicht gefordert auf sie Bezug zu nehmen.

[4]) In Text bei Sickel, S. 181 § 15. Sickels Satzeinteilung ist gewiss die richtige; vgl. ibid. S. 157 f.

[5]) Zur Sinnerklärung dieses Abschnitts sei bemerkt: „necessitates" ist mit „Notstände" zu übersetzen (und nicht etwa „zwingende Gründe"). Das geht deutlich aus dem gleichfalls ins Ottonianum herübergenommenen

Nun folgt, eingeleitet durch die Wendung: »praeterea alia minora huic operi inserenda praevidimus«, fast bloss ein wörtliches Excerpt aus der 824 von Lothar in Rom erlassenen Konstitution; zuerst das ganze dritte Kapitel, welches Störungen der Papstwahl verbietet, dann ein in jener Konstitution nicht enthaltener Satz: »insuper etiam ut nullus missorum nostrorum cujuscumque impeditionis argumentum componere in praefatam electionem audeat prohibemus.« Dann folgt das ganze erste Kapitel jener Konstitution, endlich das 4. Kapitel über die päpstlich-kaiserlichen missi.

In der Anordnung, dass der Klerus und Adel Roms sich eidlich verpflichten müsse, dass die Wahl der Päpste kanonisch und gerecht vor sich gehe, und in der weiteren Anordnung, dass der zum Papst gewählte vor seiner Konsekration in Gegenwart der kaiserlichen missi eine solche Versprechung abgeben müsse, wie Papst Leo sie bekanntermassen freiwillig abgegeben habe, erkennen wir die zweite und dritte Bestimmung des angeblich unter Eugen geschworenen Römereids wieder in fast wörtlicher Uebereinstimmung. Ein wesentlicher Unterschied ist jedoch, dass für den Namen E u g e n i u s der Name L e o eingesetzt ist. Die erste Bestimmung jenes Formulars, die den Treueid der Römer enthält, fehlt, ebenso dessen Einleitung [1]).

Daraus geht soviel sicher hervor, dass dem Verfasser des Ottonianums eine dem »Römereid« sehr ähnliche Urkunde vorlag. Die Einleitung des ganzen Abschnitts, wonach die im folgenden aufgezählten Kaiserrechte im pactum und in der constitutio und der festen Versprechung Eugens und seiner Nachfolger enthalten seien, sowie die folgenden Excerpte aus der constit. Rom. von 824 machen es unzweifelhaft, dass, wie überhaupt auf karolingische Urkunden zurückgegangen wird, so auch der Abschnitt von »ut omnis clerus« an bis »dinoscitur« auf ein karolingisches Statut gegründet ist. Dass dabei gefälschte Urkunden benützt wären, ist wohl

cap. 4 der constit. Lothar. hervor, wo jene Bedeutung von necessitates ganz klar ist. — Die mit „et ut ille —" eingeleitete Bestimmung scheint dem „id est ut omnis etc." zu entsprechen; hiernach würde nach dem Ottonianum der mit „quatinus" beginnende Inhalt dessen, was beschworen werden soll, mit „juste fiat" schliessen, und das Folgende (et ut ille etc) wäre nicht mehr Inhalt dessen, was die Römer schwören sollen.

[1]) Ein Unterschied ist auch das, dass nach der Quelle des Römereids Klerus u n d Volk geschworen hat.

ausgeschlossen. Die fraglichen Bestimmungen stehen neben unzweifelhaft echten, der Eugenischen Zeit entstammenden. Dem Verfasser stand jedenfalls ein grösserer Einblick in die karolingischen Urkunden offen als uns.

Das Privileg Ottos bezieht sich für die Festsetzung der potestas des Kaisers, seines Sohns und seiner Nachkommen mit jenen einleitenden Worten unzweifelhaft nicht auf eine, sondern auf mehrere Urkunden[1]). Eine davon ist uns erhalten, die constitutio Lothars; auf die andere, die promissio Eugens, wird in dem uns überlieferten sacramentum Romanorum Bezug genommen; die dritte, das pactum, welches Eugen und seine Nachfolger geschlossen haben, ist uns nicht erhalten. Aber dass ein solches pactum zwischen Eugen und dem Kaiser abgeschlossen wurde, geht aus dem Privileg Ottos sicher hervor. Ferner geht daraus hervor, dass in diesem Eugenischen pactum im Unterschied von den früheren pacta wesentliche Aenderungen getroffen wurden, die seitdem in den folgenden Pakten beibehalten wurden[2]). Dem Wortlaut nach, der pactum, constitutio und promissio Eugens neben einander stellt, könnten die nachfolgenden Bestimmungen zum Teil dem pactum, zum Teil der constitutio, zum Teil der promissio Eugens entnommen sein. Nicht in der constitutio, die wir ja kennen, enthalten ist der Abschnitt des Ottonischen Privilegs: „id est ut omnis" bis „dinoscitur". Dieser Abschnitt stand also jedenfalls im Paktum Eugens und seiner Nachfolger[3]). Aber auch das nun nachfolgende Excerpt aus der Lotharischen Konstitution wird wohl schon unter Eugen in das pactum aufgenommen worden sein. Dies ist schon an sich wahrscheinlich, da wir diese Bestimmungen in dem den früheren Pakten nachgebildeten pactum Otto's finden. Aber einen bestimmteren Anhaltspunkt für diese Annahme scheint mir jener nicht der Lotharischen Konstitution entstammende Zusatz (in super etiam ... prohibemus) zu bieten. Aus der Eugenischen Zeit stammt er nicht; sonst stünde er auch in der Lotharischen Konstitution. Aber aus der karolingischen Zeit stammt er sicherlich, so gut als alle in diesem Teil des Privilegs aufgeführten Bestimmungen. Und als er eingeschaltet wurde, wurde er nicht

---

[1]) So auch Sickel a. a. O. 160.
[2]) Die gleiche Ansicht vertritt Ficker a. a. O. II S. 355.
[3]) Und zwar vollständig, was unten auf S. 99 erwiesen ist.

in die Lotharische Konstitution unmittelbar eingeschaltet (denn diese ist uns ohne diesen Zusatz erhalten), sondern in die Lotharischen Bestimmungen, wie sie in das zwischen Kaiser und Papst übliche pactum Aufnahme gefunden hatten und von denen jener Zusatz ja ganz umgeben ist. Aber wenn diese Bestimmungen in späteren karolingischen Pakten enthalten waren, so ist auch anzunehmen, dass sie schon in das Paktum des Papstes aufgenommen worden sind, unter welchen sie überhaupt entstanden sind.

Nun bleibt freilich nichts im Ottonianum übrig, was seinem Wortlaut nach der promissio Eugens als dem ursprünglichen Ort entstammen könnte. Das pactum und die (ins pactum aufgenommene) constitutio Eugens haben sich uns ja als ausreichende Quellen erwiesen. Allein schon im Hinweis darauf, dass Eugen eine promissio abgegeben hat, und in der im folgenden enthaltenen Festsetzung, dass von allen Päpsten jene promissio[1]) wiederholt werden muss, liegt eine Feststellung der kaiserlichen potestas.

Der Wortlaut des Privilegs besagt, dass das pactum, die constitutio und die promissio Eugens auch von dessen Nachfolgern wiederholt worden sei. Dieser Wortlaut scheint mir in unwidersprechlicher Weise beweiskräftig dafür zu sein, dass gerade auch dieser Teil des Privilegs bei späteren karolingischen pacta, wenn auch vielleicht nicht bei allen, wiederholt worden ist. Wenn Sickel (a. a. O. 164 f.) gegen Ficker (a. a. O. II 356) das bestreitet, so leugnet er nicht, dass »der Autor des betreffenden Satzes im Ottonischen Privileg die Kontinuität des durch das Paktum Eugens bezeugten Rechtszustands angenommen und behauptet hat«. Diese Annahme sei aber, meint Sickel, eine unzutreffende gewesen. Es ist nun aber gewiss eine unstatthafte Premierung des Buchstabens, wenn Sickel schon aus dem Singular »in pacto« schliesst, dass dem Autor nur ein pactum (das Eugenische) vorlag, auf das er sich bezog. Wie leicht lässt sich der Singular auch bei einer Mehrzahl von pacta erklären, von denen der Autor wusste! Sickel betont aber besonders das, dass eine spätere Wiederholung der Bestimmungen von 824 in den Pakten mit der Entwicklung der Dinge zwischen 824 und

---

[1]) Dass die promissio Eugens und Leos inhaltlich identisch sind, darüber vgl. das Folgende.

962 unvereinbar sei. In Wahrheit aber war auch in der folgenden Zeit im allgemeinen, wenn auch nicht immer, die Betonung der kaiserlichen Rechte stark genug, um den von Lothar geschaffenen Rechtszustand wenigstens der Forderung nach aufrecht zu erhalten; und meine ganze Darstellung wird ein Beitrag zur Rechtfertigung dieses Urteils sein. Doch mag dahingestellt bleiben, ob in allen Fällen, in welchen pacta zwischen Kaiser und Papst abgeschlossen wurden, auf diese Eugenischen Bestimmungen zurückgegriffen wurde.

Wenn auch kaum auszumachen sein dürfte, an welches der späteren pacta das Ottonische Privileg anknüpft [1]), so scheint mir doch soviel sicher, dass es an ein weit späteres pactum anknüpft, als das Eugenische ist [2]).

Wir haben also aus dem Ottonianum erschlossen, dass unter Eugen ein grundlegendes pactum ausgestellt wurde, das in einer Reihe von späteren pacta in den wesentlichen Bestimmungen wiederholt worden ist. Nun erfordert aber noch ein Punkt unsere besondere Aufmerksamkeit, nämlich der Name Leo, der uns schon im Text des Privilegs aufgefallen ist. Dass es sich nur um Leo III. oder Leo IV. handeln kann, liegt auf der Hand. An Leo III. denkt Gfrörer, Pertz (Leg. II. 159), Ficker, Sickel (S. 159), dem Weiland in der Zeitschrift für Kirchenrecht Band 19 S. 169 f. zustimmt. Cenni dagegen, dem Waitz beistimmt [3]), hat sich für Leo IV. erklärt [4]). Mir erscheint die

---

[1]) Nach Ficker knüpfte Otto an das 916 von Berengar ausgestellte Privileg an; so auch Niehues II 507.

[2]) Der Wortlaut der ravennatischen Synode von 898 („ut privilegium s. Romanae ecclesiae quod a priscis temporibus per piissimos imperatores stabilitum est atque firmatum, ita nunc a nobis firmetur"; und „pactum, quod a b. memoriae vestro genitore domno Widoni et a vobis ... juxta praecedentem consuetudinem factum est, nunc reintegretur et inviolatum servetur") beweist ja freilich, wie Sickel S. 165 mit Recht sagt, nicht eine absolute Gleichheit; es kann auch bloss eine annähernde Gleichheit gemeint sein. Aber die Verhältnisse unter Wido und Lambert lassen meiner (von Sickel abweichenden) Ansicht nach eine Wiederholung der betreffenden Eugenischen Bestimmungen als sehr möglich erscheinen.

[3]) In einem Exkurs zu den Jahrbüchern des deutschen Reichs unter König und Kaiser Otto I. S. 207 ff.

[4]) Auf diese Seite gehört auch Niehues mit seiner Aeusserung (II 502): „Ich wage die Frage nicht zu entscheiden, ob Leo III. oder Leo IV. ge-

Beziehung auf Leo III., obgleich sie Ficker für die einfachste hält, als ausgeschlossen. Das Privilegium geht ja, wie es selbst sagt, von den unter Eugen getroffenen Bestimmungen aus und von der promissio Eugens und seiner Nachfolger; also geht es schwerlich auf eine promissio eines Vorgängers von Eugen zurück. Unter der promissio Leonis, von welcher das Privileg Otto's redet, ist gewiss ein **förmlicher Eid** zu verstehen, entsprechend der promissio, welche jeder künftige Papst in Gegenwart der missi und des Volks, offenbar eidlich, ablegen soll [1]). Dagegen jene »promissionis fidelitas« von 796 [2]), mit welcher **Sickel** die Leonische promissio identificiert, war kein eigentlicher Eid; sie war auch keine **öffentliche** Deklaration. — **Ficker** (II 355) hält es für das wahrscheinlichste, dass an die Adoration, welche Leo III. Karl dem Grossen bei der Kaiserkrönung erwies (und einen damit zusammenhängenden Eid) zu denken sei. Es ist jedoch von einem Eid, den Leo III. Karl dem Grossen geleistet hätte [3]), nichts bekannt. Aber auch wenn Leo III. einen Eid geschworen hat, so hat er eben einen Treueid geschworen; denn zu einem Eid besonderer Art war kein Anlass. Einen blossen Treueid hätte aber das Privilegium gewiss nicht in solcher umschriebenen Weise bezeichnet (»talem promissionem, qualem Leo fecisse dinoscitur«). Zudem lässt das Privilegium aus dem, was es noch beifügt (»pro omnium satisfactione atque futura conservatione«), selbst erraten, dass es einen Eid besonderer Art meint [4]). — Es bleibt also bloss **Leo IV.** als der Papst übrig, den das Privilegium meinen kann. Er regierte 847—855. Wenn das Eugenische pactum beim

---

meint ist, neige mich jedoch der Ansicht zu, dass nur Leo IV. gemeint sein kann, weil oben bereits von den Nachfolgern Eugens die Rede war".

[1]) Im „sacramentum Romanorum" ist das von den Päpsten nach dem Vorgang Eugens abzulegende Versprechen ausdrücklich als „sacramentum cum juramento" bezeichnet.

[2]) Vgl. oben S. 23 f.

[3]) Vgl. oben S. 37.

[4]) Pertz glaubt, dass die den Namen Leo enthaltenden Worte überhaupt seit dem Pactum Ludwigs I. mit Stephan IV. in den folgenden Pakten wiederholt worden seien. Dagegen ist noch zu bemerken, dass eine päpstliche Eidesleistung vor der Konsekration offenbar erst seit 824 verlangt worden ist. Auch **Baxmann** II 109 denkt an das Paktum Ludwigs mit Stephan IV.

Amtsantritt der folgenden Päpste wiederholt zu werden pflegte, so ist es wohl denkbar, dass man irgend einmal Anlass hatte, den Namen Leo für Eugen einzusetzen. Gerade in Beziehung auf Leo IV. hat sich uns schon oben ¹) auf Grund dessen, was der lib. pont. berichtet, die Vermutung aufgedrängt, dass er im Zusammenhang mit seiner Erhebung zum Papst eine dem Treueid des Volks entsprechende Erklärung mit Hinsicht auf den Kaiser abgegeben habe. Gerade auf ihn würde auch der Zusatz „*sponte*" passen, weil er **von sich aus**, ohne kaiserliche missi, die ihm den Eid abverlangt hätten, abzuwarten, diese von mir angenommene (eidliche) Erklärung abgegeben haben würde ²).

Wenn nun das Ottonianum den Leo IV. im Auge hat, was ich bewiesen zu haben glaube, so kann in dem pactum Eugens, der ursprünglichen (wenn auch nicht unmittelbaren) Quelle des Ottonianums, der Name Leo nicht gestanden haben. Es ergibt sich vielmehr aus dem Ottonianum, zusammengehalten mit den sonst uns bekannten Thatsachen, dass in dem **Paktum Eugens** statt des Namens Leo **der Name Eugen** gestanden haben muss. Die Lückenlosigkeit des Beweisgangs möge aus der vollständigen Zusammenstellung der Beweismomente erhellen:

1. Davon, dass die ganze Stelle: »id est ut omnis clerus« bis »dinoscitur« im Eugenischen pactum gefehlt haben könnte, kann keine Rede sein. Dies bedarf keines näheren Beweises. Nur auf eines sei hier besonders hingewiesen. Die Begründung der Eidesleistung der Römer (»propter diversas necessitates et pontificum inrationabiles erga populum sibi subjectum asperitates retundendas«) versetzt uns aufs deutlichste in die Eugenische Zeit. Nach den fränkischen Quellen war es ja die »perversitas quorundam praesulum« und die vielen gegen die päpstliche Regierung laut gewordenen Klagen, wodurch Lothars Einschreiten bedingt war ³).

---

¹) Oben S. 91.

²) Die Verwertung des Namens Leos (IV.) gegen die Echtheit der Eidesformel von 824, welche Cenni a. a. O. II 114 versucht, scheitert an dem, was Cenni selbst (ibid. 184) auf Grund des Ottonianums zugeben muss: „Ich kann nicht leugnen, dass von Eugen II. etwas neues festgesetzt worden ist, betreffend einen Eid, den Klerus und Volk von Rom in Betreff der künftigen Papstwahl leisten soll".

³) Vgl. oben S. 76 f. Ich stimme mit Ficker II 355 überein und kann

2. Es ist nicht möglich, dass die ganze den Hinweis auf einen Papsteid enthaltende Stelle (»et ut ille« bis »dinoscitur«) in dem Eugenischen pactum gefehlt hat. Dies geht vor allem daraus hervor, dass die Einleitung des zweiten Hauptteils des Privilegiums (»salva in omnibus potestate nostra . . . secundum quod in pacto . . . Eugenii continetur«) die bestimmte Erwartung erweckt, dass die darauf folgenden Bestimmungen über den Papstwechsel sich nicht mit der Sicherung des kanonischen Hergangs der Wahl begnügen, sondern dass auch eine Aeusserung der kaiserlichen potestas mit Beziehung auf die Papstwahl festgesetzt werde. — Das Gleiche ergibt sich daraus, dass die Stelle: »et ut ille« bis »dinoscitur« in einem engen innerlichen Zusammenhang mit dem vorhergehenden steht. Die Eidesleistung der Römer wird ja in der unter Punkt 1 angeführten eigentümlichen Weise motiviert. Würde nun aber bloss die kanonische Wahl gesichert, so liesse sich nicht einsehen, in wie fern darin eine Garantie gegen künftige asperitates der Päpste liegen würde. Wenn dagegen durch den Eid der Römer auch die künftige Eidesablegung der Päpste gesichert wird, so liegt hierin wirklich eine Garantie gegen päpstliche asperitates (sofern eben der päpstliche Eid einen von diesem Gesichtspunkt bestimmten Inhalt gehabt haben muss; es ist ja zudem auch gesagt, dass der Papst schwören müsse »pro omnium satisfactione atque futura conservatione«) [1]).

3. Aus dem Privileg selbst geht hervor, dass Papst Eugen eine für die Zukunft grundlegende promissio gegeben hat. Auch ist es nicht denkbar, dass gerade der Papst, unter welchem die die päpstliche Versprechung betreffende Bestimmung getroffen wurde, diese Versprechung nicht abgegeben haben sollte. Somit

---

die Ansicht Ranke's (Weltgesch. VI, 2, S. 223) nicht teilen. Ranke erklärt von den betreffenden Worten: „sie tragen den Stempel einer unmittelbaren Einschaltung an der Stirn", und vermutet, dass sie den Gegnern Johanns XII. ihren Ursprung verdanken. Der Kaiser habe sich dabei an die Spitze der inneren Opposition gestellt und sie gleichsam legalisiert. — Meiner Meinung nach tragen jene Worte im Gegenteil den Stempel der Provenienz aus der Eugenischen Zeit an der Stirn.

[1]) Hierin liegt auch noch das Weitere, dass, wenigstens dem Sinn des Ottonianums nach, wenn auch nicht nach seinem Wortlaut (vgl. oben S. 92 n. 5), die Bestimmung über die päpstliche Eidesleistung auch zu dem Inhalt dessen zu rechnen ist, was von den Römern beschworen werden soll.

muss jene promissio Eugens identisch sein mit der promissio, die künftig von jedem Papst vor der Konsekration abgegeben werden soll.

4. Da wir nun aber aus den sonstigen Ueberlieferungen schliessen müssen, dass kein Papst vor Eugen ein ähnliches (eidliches) Versprechen geleistet hat, so kann in dem Eugenischen pactum auf das Versprechen keines andern Papstes hingewiesen gewesen sein als auf das Eugens [1]). —

Das Ottonianum nötigt uns ferner zu der Annahme, dass das, was gemäss dem Eugenischen pactum von den Römern beschworen werden sollte, erstmals eben unter Eugen beschworen worden ist. Und somit setzt uns das Ottonianum, auch wenn wir von der uns überlieferten Römereidsformel ganz absehen, in den Stand zu sagen: im Jahr 824 ist von den Römern ein Eid abgelegt worden, welcher, soweit sein Inhalt aus dem Ottonianum zu erschliessen ist, mit zwei von den drei Punkten der uns anderweitig überlieferten Römereidsformel völlig, mit Einschluss des Namens Eugenius, und fast wörtlich übereinstimmt.

Das **Resultat unserer Untersuchung über das Verhältnis zwischen dem Privilegium Ottos und dem sacramentum Romanorum** lässt sich so zusammenfassen: 1. das Privilegium erhebt die Echtheit der Römereidsformel von 824 vollends über allen Zweifel. 2. Das Privilegium beweist ferner, dass jene Formel vom Papst 824 wirklich anerkannt worden ist und zwar als Norm für die Zukunft. 3. Aus dem Privilegium sieht man, dass jene Formel nicht bloss vorübergehende Bedeutung hatte, sondern auch noch später praktisch ge-

---

[1]) Ficker II S. 355 glaubt, dass schon im Eugenischen pactum der Name Leo stand. Allein seine Gründe sind nicht stichhaltig. Es lässt sich nicht einsehen, warum der Hinweis auf einen von Eugen geleisteten Eid in das mit Eugen selbst abgeschlossene pactum nicht gepasst haben soll, wie Ficker meint. Sein zweiter Grund ist: jener Hinweis passe nicht in das Eugenische Paktum, „wenn die Verbriefung des Schwurs dem pactum nicht vorherging". Er denkt sich nämlich unter dem schriftlich abgegebenen Eid eine Gegenurkunde des Papstes für den Kaiser, die als Gegenurkunde erst nach ausgestelltem pactum hätte ausgestellt werden können. Aber die der damaligen Stellung des Kaisers zum Papst allein angemessene Reihenfolge ist die, dass der Kaiser nur dem Papst das pactum ausstellte, der ihm vorher die geforderten Deklarationen gab.

worden ist. 4. Das Privilegium gibt uns Anhaltspunkte für die Erkenntnis des Inhalts des Eids, den Eugen geschworen hat [1]. — —

Was den Inhalt des Römereids betrifft, so bedarf der letzte der drei in ihm beschworenen Punkte der näheren Erörterung. Der Eid, den der Gewählte vor seiner Konsekration ablegen soll, wird ein solcher genannt, »quale domnus Eugenius papa sponte pro conservatione omnium factum habet per scriptum.« Die Frage ist: was hat Eugen geschworen? Diese wesentliche Frage, die Anhaltspunkte und die Grenzen ihrer Beantwortbarkeit finde ich nirgends scharf genug ins Auge gefasst. Auch stimmen die bis jetzt gegebenen Antworten keineswegs überein. Diese Antworten stellen sich sehr verschieden zu dem Gesichtspunkt, ob und in wie weit das Verhältnis zum Kaiser in dem Inhalt des Eids zum Ausdruck kam.

Ganz bei Seite würde der Kaiser gelassen nach Phillips (K. R. V. 575), dessen nicht ganz deutlich ausgedrückte Meinung die zu sein scheint, dass im Sinn des Verfassers des Römereids, den Phillips für unecht hält, der Eid Eugens die Beschwörung dessen sei, dass bei seiner Wahl das dritte Kapitel der constitutio Lotharii beobachtet worden sei d. h. dass es dabei kanonisch zugegangen sei. In diesem Fall wäre es allerdings auffallend — und dies wird auch von Phillips gegen die Echtheit des sacram. Rom. geltend gemacht —, dass in der constitutio nichts davon steht; denn dann würde die päpstliche Eidesleistung ganz unter den allgemeinen Gesichtspunkt der constitutio, die Sicherung der inneren römischen Ordnung durch den Kaiser, fallen. Nach dieser Ansicht wäre die dritte Bestimmung des Römereids nicht eine wesentlich neue Bedingung des richtigen Hergangs bei der Papsterhebung, sondern nur eine Verschärfung und Garantierung der zweiten. Aber alles berechtigt uns zu erwarten, und das Privilegium Ottos verstärkt diese Erwartung, dass der Kaiser sein Recht auch in Beziehung auf die Papsterhebung in einer selbständigeren, nicht bloss vom Gesichtspunkt der kirchlich-römischen Ordnung bestimmten Weise zum Ausdruck gebracht hat [2]. — Auf der andern Seite wird als der Inhalt des Eides

---

[1] Vgl. unten S. 103.
[2] Nach Cenni II 184 bestand die promissio Leos in einem Zusatz zu der üblichen professio fidei, welche der Papst vor seiner Konsekration am

Eugens das Verhältnis zum Kaiser angegeben (freilich ohne nähere Begründung), seis dass der Eid geradezu als Treu- oder Huldigungseid bezeichnet wird [1]), seis dass man nur an »die Bestätigung der früheren (schon zwischen Hadrian und Karl getroffenen) Verabredungen« denkt (so Hinschius I. 233) [2]). — Mehr im Hintergrund bliebe das Verhältnis zum Kaiser nach der Ansicht, wornach die Konstitution Lothars den eigentlichen Inhalt des Eides Eugens gebildet habe [3]). Auch bei meiner im folgenden zu begründenden Meinung ist es nicht ausgeschlossen, dass der Eid Eugens mit besonderer Rücksicht auf die constitutio abgefasst war, aber diese galt ihrem Wortlaut nach den Römern als Unterthanen des Papstes (und des Kaisers), und um in den Mund des Regierenden zu passen, mussten doch erst die Pflichten des Regierenden hervorgekehrt werden.

Um sich über das klar zu werden, was Eugen geschworen hat, ist sowohl das Verhältnis des Papsts zum Kaiser als auch seine anderweitige Stellung, zu berücksichtigen.

Grab Petri ablegte. Cenni will sogar erraten, welcher Zusatz damals gemacht worden sei, nämlich eine Erweiterung des Versprechens, das Gut der Kirche unvermindert zu erhalten (Garner lib. diurn. p. 29; de Rozière p. 263 vgl. mit p. 180). Er schliesst dies daraus, weil Leo seine Versprechung „pro omnium satisfactione et futura conservatione" gegeben hat. — Dagegen ist zu sagen: nach dem Privilegium Ottos bestand das Versprechen Leos offenbar nicht in einem blossen Zusatz zu einem schon vorher üblichen Versprechen, sondern in einem selbständigen Akt. Zudem war die professio fidei etwas rein intern kirchliches. Sie bezog sich auf das geistliche Amt des Papstes. Derselbe versprach Beobachtung des Glaubens und der Disziplin der Kirche, mit dem Beifügen, den Besitz der Kirche gut zu verwalten. Das ganze Versprechen ist gegeben dem hl. Petrus. Der Kaiser konnte nicht verlangen, dass dieses Versprechen ihm gegeben werde; er konnte sich nicht in den intern kirchlichen Akt eindrängen.

[1]) So die meisten, z. B. Staudenmayer S. 141; Baxmann I 334; Ficker II 355; Lorenz 49; Simson, Ludwig der Fr. I 214. 231: „Verpflichtung zur Beobachtung der kaiserlichen Hoheitsrechte und zur Treue gegen den Kaiser"; Granderath 187; Richter K. R. 8. Aufl. S. 404; Mühlbacher, Regesten S. 281; „Eugen scheint dem Kaiser eine schriftliche Anerkennung der diesem zustehenden Hoheitsrechte an Eidesstatt übersandt zu haben".

[2]) Aehnlich Papenkordt, Gesch. d. Stadt Rom 139. 156; und Niehues II 14. 187.

[3]) So Giesebrecht, 5. Aufl. I S. 872; Gregorovius III 63; vgl. auch Reumont II 245.

1. Wenn uns schon der Römereid selbst durch die Bezeichnung des Zwecks des Eides Eugens mit den Worten: »pro conservatione omnium« (= zur Erhaltung, zum Heil aller) einen Wink für die Erkenntnis des Inhalts gibt, so tritt das Ottonianum als deutlicherer Kommentar hinzu. Hier ist gesagt, dass in der Eidesleistung Eugens eine Befriedigung der Römer und eine Sicherung derselben für die Zukunft lag. Noch deutlicher ist in den Einleitungsworten darauf hingewiesen, dass in dem von den Römern 824 geschworenen Eid eine Bestimmung enthalten war, durch welche »die unvernünftigen Härten der Päpste gegen das ihnen unterworfene Volk abgewehrt werden sollten«. Demnach hatte der Eid Eugens eine wesentliche Beziehung auf das Verhältnis des Papstes als Herrn zu den Römern und auf die für ihn daraus erwachsenden Pflichten. Und nicht nur in einzelnen Beziehungen kann dieses Verhältnis in Betracht gekommen sein, sondern seiner allgemeinen Bedeutung nach [1]).

2. Schon darin, dass dieses Gelöbnis nicht nur in Gegenwart des Volks, sondern auch des kaiserlichen Gesandten abgelegt werden musste, lag, dass er sein Versprechen nicht nur dem Volk, sondern auch dem Kaiser gab als der höheren Instanz. Hierin lag der Ausdruck der päpstlichen Verantwortlichkeit gegenüber dem Kaiser.

3. Ausserdem fragt sich aber noch, ob der Eid nicht auch a u s d r ü c k l i c h auf das Verhältnis zum Kaiser Bezug nahm. Wenn vom Kaiser zwischen Wahl und Konsekration ein neuer, nur unter kaiserlicher Assistenz vollziehbarer Akt eingeschoben wurde, so ist es nicht denkbar, dass der Kaiser bei diesem Akt nicht auch ausdrücklich als derjenige genannt worden wäre, zu welchem der Papst in Beziehung zu treten beginnt und dass dabei nicht auch das Wesen dieser Beziehungen näher bezeichnet worden wäre. Auch d i r e k t muss in dem Eid Eugens ein Ausdruck der kaiserlichen potestas gelegen haben, wie auch das Privilegium Otto's voraussetzt, wenn es sagt: »salva potestate nostra, secundum quod in . . . promissionis firmitate Eugenii

---

[1]) Diese Seite des Eugenischen Eids hat auch F u n k, Ludwig der Fr. (1832) S. 252, 5 und S. 79 erkannt. Doch fasst er, abgesehen davon, dass er nur diese Seite hervorhebt, den Eid wohl zu enge, wenn er meint, der Papst habe geschworen, „dass er keinen seiner Untergebenen ohne Urteil und Recht an Leib und Gut antasten wolle".

pontificis continetur.« Auch die Parallele, in welche im Römereid der päpstliche Schwur mit dem Gelöbnis der Römer gestellt ist, erfordert, dass auch im Eid Eugens die Beziehung auf den Kaiser nicht bloss im allgemeinen zu Grund lag, sondern auch besonders ausgedrückt war.

Noch näher auszumachen, worin der Eugenische Eid bestand, ist kaum möglich. Vielleicht waren noch die alten Ausdrücke von »amicitia, caritas, pax«, die zwischen Papst und Kaiser bestehen sollen, beibehalten. Aber die Tragweite des päpstlichen Eids war jedenfalls die des allgemeinen Treueids. Dadurch, dass der Eid in dem sacram. Romanorum nicht als Eid der Treue bezeichnet wird, und noch mehr durch jenen Brief Gregors IV. [1]) wird es sehr unwahrscheinlich, dass in dem Eid dem Wortlaut nach fidelitas gelobt wurde. Wenn der lib. pont. von Sergius II. berichtet, er habe den Eid der Treue gegen den Kaiser abgelegt, so ist daraus kein zwingender Rückschluss auf den Wortlaut des Eugenischen Eids abzuleiten. Es ist möglich, dass der lib. pontif. eben nicht genau genug berichtet, wie es auch möglich ist, dass Sergius eine grössere Konzession an den Kaiser gemacht hat als Eugen.

Dass Eugens Eid kein blosser Treueid ohne weitere Beifügung war, folgt schon daraus, dass er in so umständlicher Weise bezeichnet ist [2]).

Nach der entwickelten Ansicht war der Inhalt des Eides Eugens die ganze politische Stellung des Papsts sowohl den Römern als dem Kaiser gegenüber. Wie der Papst durch die professio fidei sich seinem geistlichen Amt nach verpflichtete und die Urkunde seiner Verpflichtung vor dem heiligen Petrus schriftlich deponierte, so verpflichtete sich der Papst durch den Eugenischen Eid seiner politischen Stellung nach, und der Kaiser erscheint als der den Eid abnehmende, dem der Eid im ersten Fall, da er geleistet wurde, schriftlich zugestellt wurde (nur der eine der beiden Kaiser war ja in Rom anwesend), was wohl auch bei seinen späteren Wiederholungen geschehen ist.

Wenn wir später dem kaiserlichen Recht in der Form begegnen, dass gesagt wird, der Papst werde normaler Weise in

---

[1]) Oben S. 89 f.
[2]) Vgl. oben S. 97.

Gegenwart kaiserlicher Gesandter ordiniert [1]), so hat sich die Sitte der Gegenwart kaiserlicher Gesandter bei der Konsekration eben an die Abnahme des Eugenischen Eids angeschlossen. Diese Anwesenheit war **der natürliche Ausdruck davon, dass der Kaiser sein Recht als befriedigt ansah** [2]).

Wenn im Römereid von 824 von **einem** missus die Rede ist, während im Ottonianum und sonst öfters von Gesandten geredet wird (zu 827 spricht jedoch Einhard auch nur von **einem** Gesandten), so ist diese Differenz unwesentlich.

Endlich ist noch zu fragen: **wann** hat Eugen seinen Eid geleistet? Simson (Ludw. d. Fr. I, 214) vermutet, weil es schriftlich geschah, dass Eugen sein juramentum schon durch jenen Quirinus zugleich mit der Anzeige seines Amtsantritts übersandt habe. Allein alles, namentlich auch das Privileg Ottos, weist darauf hin, dass die Eidesleistung Eugens in einem engen Zusammenhang mit den von Lothar 824 in Rom vollzogenen Massregeln steht, wesshalb anzunehmen ist, dass Eugen während Ottos Anwesenheit geschworen und den Eid urkundlich niedergelegt hat.

„*Sponte*" hat Eugen den Eid geleistet, weil noch keine früheren Abmachungen bestanden, auf deren Grund derselbe von ihm verlangt werden konnte. Die Leistung dieses Eids ist ein Stück der von Einhard dem Eugen nachgerühmten »benevola adsensio«, womit er den Lothar in Rom unterstützte. —

Es ist nun auf Grund der gewonnenen Resultate die **rechtliche Stellung** zu präzisieren, welche durch die grundlegende

---

[1]) Die vita Benedikts III. sagt von diesem: „in conspectu omnium imperialibus missis cernentibus in apostolica sede, ut mos est et antiqua traditio dictat, consecratus est". Vgl. auch das Dekret „quia sancta".

[2]) Das, was **Hinschius** K. R. I 236 als erste Aufgabe der kaiserlichen Gesandten angibt, „sich zu vergewissern, ob die Wahl ordnungsmässig erfolgt sei", wird im Römereid nicht ausdrücklich als Aufgabe des missus bezeichnet. **Die Prüfung der Ordnungsmässigkeit der Wahl** muss allerdings als vorausgehende Aufgabe der Gesandten bezeichnet werden, und zwar nicht nur im Hinblick auf das Kap. 3 der Konstitution Lothars, sondern auch im Hinblick auf die Sitte, das Wahldekret dem Kaiser zu übersenden, und auf das Dekret „quia sancta", welches beweist, dass die Funktionen der Gesandten wesentlich auch von dieser Seite aufgefasst wurden. Nur der ordnungsmässig Gewählte **durfte**, dieser aber **musste** auch den Eid ablegen.

Gesetzgebung von 824 dem Kaisertum in Beziehung auf den Papstwechsel gegeben wurde. Einen Einfluss auf den Akt der **Wahl selbst** hat der Kaiser nicht gewonnen. Die kanonische Wahl wird in ihrer Freiheit vorausgesetzt. Wie die Fernhaltung des kaiserlichen Einflusses von der Wahl selbst schon in dem dritten Kapitel der Lotharischen constitutio vorausgesetzt liegt, so ist dieselbe in einer späteren ins Paktum aufgenommenen Bestimmung auch noch ausdrücklich ausgesprochen worden [1]), wodurch die kanonische Wahl vor jeder Beanstandung durch die kaiserlichen missi sicher gestellt wird. Aber auch kein **unbedingtes Bestätigungsrecht** wird dem Kaiser zugeteilt. Denn nicht das ist die Aufgabe des missus, eine Entscheidung des absoluten kaiserlichen Willens in Beziehung auf die Wahl nach Rom zu überbringen, sondern der missus hat nur die allgemeine Stellung des kanonisch Gewählten dem Kaiser und den Römern gegenüber einer schon vorher feststehenden Formel zu unterwerfen [2]).

Bayet a. a. O. 79 f. unterscheidet von dem Recht des Kaisers, diesen Eid zu verlangen, das kaiserliche Bestätigungsrecht. Er erschliesst das letztere aus den fränkischen Berichten über die Erhebung Gregors IV. und sagt, dasselbe sei entweder schon 824 oder in den drei folgenden Jahren als eine zu der Konstitution und dem Römereid hinzukommende Bestimmung festgesetzt worden [3]). Zu dieser Unterscheidung hat man kein Recht, **wenigstens wenn es sich um die ausdrücklichen Festsetzungen handelt** und nicht darum, ob nicht etwa unter Umständen von kaiserlicher Seite die Ausübung eines

---

[1]) Oben S. 93 und 94 f.

[2]) Duchesne II S. 83 n. 2 geht zu weit, wenn er im Römereid die Verpflichtung der Römer ausgedrückt sieht, „d'attendre l'agrément de l'empereur".

[3]) Die gleiche Auffassung finde ich schon bei Gfrörer, Gregor VII. Band 5 S. 131, bei welchem sie aber auch mit seiner gezwungenen Interpretation des Privilegiums Ludwigs zusammenhängt. — Auch sonst findet sich diese Unterscheidung, wenn auch mit weniger scharfer Betonung. So sagt Mühlbacher, Regesten des Kaiserreichs unter den Karolingern S. 377 (im Anschluss an Simson, Ludw. der Fr. I S. 231): „das dem Kaiser vorbehaltene Bestätigungsrecht kommt in der Verpflichtung, die Weihe nicht vor Eintreffen des kaiserlichen missus vorzunehmen, zum Ausdruck". Und Mühlbacher bezeichnet dieses Bestätigungsrecht ausdrücklich als das gleiche, das früher die griechischen Kaiser geübt hatten.

eigentlichen Bestätigungsrechts beansprucht wurde. Man hat keinen Grund anzunehmen, dass im Römereid nicht alles Recht des Kaisers der Papsterhebung gegenüber ausgesprochen ist. Im Hinblick auf diesen urkundlichen Ausdruck sind die unbestimmteren Ausdrücke der historischen Berichte zu interpretieren.

Für die dem Römereid zu Grund liegende Rechtsanschauung ist auch die Frage von einigem Belang, ob unter dem kaiserlichen missus ein besonders zu diesem Behuf abzuordnender Gesandter gemeint ist oder ein sonstiger (ständig oder unständig) anwesender missus. Diese Frage entscheidet sich dadurch, dass es sich bei den Papstwechseln nach Eugen — ausser bei Valentin — um die Abordnung einer kaiserlichen Gesandtschaft eigens zum Zweck der Assistenz bei der Papsterhebung handelt, so bei Gregor IV., Sergius II., Leo IV., Benedikt III. Demgemäss ist der Hergang bei Valentins Erhebung jedenfalls als ein inkorrekter zu beurteilen, auch wenn je Valentin, wie Gfrörer annimmt, den Eugenischen Eid vor einem in Rom anwesenden (nach Gfrörer ständigen) kaiserlichen missus geleistet hätte, was übrigens ganz unwahrscheinlich ist. Es ist auch sehr begreiflich, dass es dem Kaiser um die Abordnung eines ausserordentlichen Gesandten zu thun war. Wenn es sich auch nicht um die Geltendmachung seines absoluten Willens handelte, so konnte er doch nicht wünschen, dass seine Person ganz aus dem Spiel gelassen würde. Wie früher die ersten Beziehungen zwischen dem neuen Papst und dem Kaiser durch besondere Gesandtschaften an den Kaiser vermittelt und nicht mit kaiserlichen Beamten in Rom abgemacht wurden, so war auch jetzt eine direkte Beziehung zwischen Kaiser und Papst vor die Konsekration verlegt. Und es ist nun für das karolingische Kaisertum charakteristisch, dass der Kaiser durch seine Vertreter alsbald in persönliche Beziehung zu dem neugewählten päpstlichen Kandidaten treten will. In der byzantinischen Zeit lag der Schwerpunkt in der von der Ferne aus getroffenen Entscheidung des despotischen Herrscherwillens (des Kaisers oder seines Vertreters, des Exarchen). Der karolingische Kaiser reist, in seinen Gesandten vertreten, gleichsam selbst nach Rom, wo dann das Verhältnis der kaiserlichen Oberhoheit zum Papstwechsel nach feststehender Norm zum Ausdruck kommt [1]).

---

[1]) Ranke, Weltgesch. VI, 1, S. 31 gibt die im Römereid enthaltene Festsetzung mit den Worten wieder: „es wurde festgesetzt, dass jene in

Wenn nun der Kaiser durch den Römereid auch kein unbedingtes Bestätigungsrecht erlangt hat, so ist er doch dem wichtigen Recht der Römer, den Papst zu wählen, um einen bedeutenden Schritt näher getreten. Das Verhältnis, wie wir es im Privilegium Ludwigs bezeichnet finden, ist wesentlich verändert. Nun ist nicht mehr die vollzogene, an sich gültige Erhebung des Papstes die Voraussetzung, unter welcher die Beziehungen zwischen dem neuen Papst und dem Kaiser eröffnet werden, sondern die Regelung dieser Beziehungen ist die Voraussetzung, ohne welche die Erhebung des Gewählten gar nicht vollendete Thatsache werden darf. Darin liegt, dass **nun die Konsequenz aus dem durch Errichtung des Kaisertums begründeten Grundverhältnis zwischen Kaisertum und Papsttum auch auf dem Gebiet des Papstwechsels gezogen ist.** Demgemäss ist bei der Art, wie diese Beziehungen eröffnet werden sollen, die Form des Vertrags zwischen zwei neben einander stehenden Mächten verlassen, und es ist als Bedingung der päpstlichen Existenz die Anerkennung der Verantwortlichkeit dem Kaiser gegenüber in Beziehung auf die ganze politische Stellung des Papstes und damit der Abhängigkeit vom Kaiser gefordert (wobei es dahingestellt bleiben muss, wie weit auch in den Formeln diese Abhängigkeit zum Ausdruck kam). Die Selbständigkeit, der intern römische Charakter der Basis, auf welcher der Papst wurzelte, war durch die Einschaltung eines kaiserlichen Rechts in die Genesis des Papsts wesentlich eingeschränkt.

Man kann das Recht des Kaisers insofern als ein **bedingtes** Bestätigungsrecht definieren, als der Kaiser der nun geltenden gesetzlichen Theorie nach die Wahl als ungültig erklären konnte, wenn von seiten des Gewählten die Bedingung einer Verpflichtung dem Kaiser gegenüber nicht erfüllt wurde.

Aus dem Bisherigen geht hervor, dass die Versprechungen, die der Kaiser im Konfirmationspaktum jedem neuen Papst zu garantieren pflegte, mit dem päpstlichen Eid ihrer Bedeutung

---

den Zeiten der Abhängigkeit Roms von Konstantinopel vor der Konsekration vorbehaltene Anfrage bei dem Kaiser, inwiefern er die Wahl billige, jetzt in Bezug auf den abendländischen Kaiser zum Gesetz gemacht wurde" (vgl. auch a. a. O. VI, 2 S. 222). Damit ist eben das Eigentümliche der karolingischen Ordnung bei Seite gelassen.

nach nicht entfernt zu vergleichen sind [1]). Der Kaiser macht Schenkungen, verleiht Rechte oder garantiert frühere Schenkungen und Rechte als derjenige, der dem Papst gegenüber selbständig, ja über demselben dasteht. Für den Papst dagegen bedeutet sein Eid eine prinzipielle Unterwerfung unter das Kaisertum.

Eine solche Erhebung des Kaisertums war nur deshalb möglich, weil nach damaliger Anschauung jenes nicht als Ausfluss der päpstlichen Gewalt, sondern als eine über alle Mächte auf Erden erhabene Gewalt dastand. Gerade bei Lothars Romfahrt von 824 feierte die kaiserliche Auctorität einen glänzenden Triumph in Rom.

Nach etwa sechsmonatlicher Anwesenheit verliess Lothar Rom. Eine 826 auf der Reichsversammlung zu Ingelheim erscheinende glänzende Gesandtschaft des römischen Stuhls [2]) lässt uns auf die Fortdauer des guten Einvernehmens zwischen letzterem und dem Kaiserhof schliessen, das durch Lothar wieder befestigt worden war.

Eugen II. starb im August 827. Sein Nachfolger Valentin hatte nach Einhard den Pontifikat kaum einen Monat inne, nach seiner vita 40 Tage [3]). Bei seiner Erhebung wurde das im sacramentum Romanorum Festgesetzte nicht beachtet [4]). Dies ist nur als Reaktion gegen die Lotharischen Massregeln zu erklären. Aber nachhaltig war diese Reaktion nicht; denn wenn auch vom Kaiserhof aus gegen diese Rechtsverletzung protestiert wurde (was wir nicht wissen), so kann doch, in anbetracht der kurzen Regierungszeit Valentins, nicht wohl in einem solchen Protest die Ursache liegen, dass bei Gregor's IV. Erhebung die Konsekration bis zur Ankunft kaiserlicher Gesandter aufgeschoben wurde (Lothar, der König von Italien, war damals in Francien).

Die vita Gregorii IV. verschweigt den von den fränkischen

---

[1]) Vgl. oben S. 40.
[2]) Einhard a. 826.
[3]) Muratori a. a. O. S. 220. Duchesne II S. 71.
[4]) Vgl. oben S. 86 und 107.

Quellen berichteten Aufschub der Konsekration bis zur Ankunft kaiserlicher Gesandter. Wir begegnen hier zum erstenmal im lib. pontif. der Tendenz, den Einfluss des Kaisers auf die Papsterhebung zu verwischen. Es mag dabei dahingestellt bleiben, ob der Ausdruck der vita: »post electionem *simul et* consecrationem praesulatus sui« ausdrücklich behaupten will, Wahl und Weihe seien zugleich geschehen [1]).

Von den beiden fränkischen Quellen, deren Ausdrücke, wie gezeigt wurde, durch das sacramentum Romanorum zu interpretieren sind, ist Einhard in der Bezeichnung des kaiserlichen Rechts genauer, da nach ihm der Schwerpunkt dieses Rechts in dem lag, was der kaiserliche Gesandte in Rom vorzunehmen hatte. Der Astronom dagegen berichtet die Absendung des Gesandten gar nicht und legt das Schwergewicht auf eine persönliche Entscheidung des Kaisers (»dilata consecratione ejus usque ad consultum principis«; »quo annuente et electionem cleri et populi probante«). Aber die Berichte beider sind für sich unzulänglich. Nicht aus ihnen, sondern aus dem sacram. Roman. ist das seit 824 zu Recht bestehende Verhältnis des Kaisers zur Papsterhebung zu entnehmen, wornach dem gewählten päpstlichen Kandidaten das Kaisertum gemäss seinen Oberhoheitsrechten mit dem Anspruch gegenübertrat, dass der Neugewählte vor der wirklichen Einsetzung in seine Würde sich dem Kaisertum unterwerfe.

---

[1]) Baxmann I 340 und Jaffé zweite Aufl. S. 323 nehmen das an, Simson a. a. O. I S. 268, 1 und Langen S. 816 leugnen es. — Thomassin, vetus et nova ecclesiae disciplina tom. II lib. II c. 25 legt solchen Wert auf diese Notiz des lib. pontif., dass er ihr gegenüber die fränkischen Berichte ganz verwirft. Diese ungerechtfertigte Missachtung der fränkischen Quellen rächt sich bei ihm dadurch, dass seine Ausführung über das Verhältnis der karolingischen Kaiser zu den Papstwahlen ganz haltlos wird. Er selbst gesteht im Hinblick auf den Bericht des lib. pontif. über die Wahl Leos IV., wo im Papstbuch plötzlich ein von den Römern anerkanntes kaiserliches Recht auftaucht: „dieses e i n e Zeugnis des Anastasius ist von so bedeutendem Gewicht, dass durch dasselbe fast alles entkräftet werden könnte, was für die gegenteilige Ansicht vorgebracht worden ist".

III. Das Kaisertum als Partikulargewalt
bis zum Tod Kaiser Ludwigs II. 875.

Es sei im Folgenden in kurzen Zügen der Gang einer **Wandlung im allgemeinen Verhältnis zwischen Kaisertum und Papsttum** verzeichnet. Die Folgen dieser vor sich gegangenen Wandlung lassen sich auch im Verhältnis des Kaisers zur Papstwahl nachweisen.

Die Pläne der Judith für den kleinen Karl waren für die dem Lothar in der Thronfolgeordnung von 817 zugewiesene Stellung bedrohlich. Durch diese Reichsurkunde war aber die Idee der Einheit des Imperiums zum siegreichen Ausdruck gekommen, eine Idee, welche tiefe Wurzeln in den Anschauungen bedeutender Männer der Kirche geschlagen hatte. In Lothar sahen sie den Repräsentanten dieser Idee. Doch zeigte sich bald, dass diese von einer wirklichen Begeisterung für die Herrlichkeit des einheitlichen Reichs beseelten Männer[1] sich das Verhältnis der Reichsgewalt zur Kirche doch anders dachten als dieses Verhältnis im Reich Karls des Grossen beschaffen war. Waren es schon in der Erbfolgeordnung von 817 hauptsächlich kirchliche Motive, von denen aus die Einheit des Reichs gesichert wurde, so trat in der Folge noch deutlicher die Tendenz der reichstreuen Kirchenmänner hervor, das Kaisertum als Werkzeug für die Kirche zu benützen. Sobald der grosse Karl nimmer da war, der mit Hilfe kirchlicher Ideen die Anstalt der Kirche selbst zu beherrschen verstanden hatte, musste in der Kirche das Bestreben erwachsen, selbst zu herrschen, statt bloss als Organ zu dienen. Im engsten Bund mit dem Kaisertum, wenigstens mit dem Träger des Kaisernamens, der zugleich Vertreter der wahren Reichsidee

---

[1] Vgl. z. B. vita Walae S.S. II 550, wo von der Partei der Judith gesagt wird: „ihr enger Geist war so verfinstert, dass sie magnitudinem tanti imperii nec intelligere nec capere aut sustinere potuissent".

zu sein schien, suchten sie als ihr Ideal ein priesterlich geleitetes Kaisertum zu realisieren [1]). Die Einheit des Reichs sollte nach der Anschauung dieser Männer der Selbständigkeit der Kirche dienen [2]). Dagegen darf die Kirche nicht **gezwungen** werden, dem Staat Dienste zu leisten. Wala sagt in seiner vita: „wenn der Staat ohne Unterstützung durch das Kirchengut nicht bestehen kann, so sollen die Bischöfe das, was zum usus militiae gehört, freiwillig hergeben, aber sie dürfen nicht dazu gezwungen werden, sonst ist es ein sacrilegium". Die Kirche steht als eine „altera respublica" dem Staat gegenüber (nach Wala S.S. II 548). Durch den auf den Reformsynoden von 829 betonten Grundsatz, dass die Geistlichen sich nicht mit weltlichen Geschäften befassen sollen, ist im Sinn der Hierarchen den Priestern die Einmischung in die weltlichen Händel auf dem prinzipiellen Gebiet nicht verwehrt. Im Gegenteil wurde gerade auf jenen Synoden in aller Schärfe der Anspruch erhoben, dass die Priester auch den Königen zu Richtern gesetzt seien [3]), — ein Anspruch, der 833 in Soissons dem Kaiser Ludwig gegenüber bethätigt wurde.

An der Erhebung der **päpstlichen Gewalt** hatte diese geistliche Einheitspartei im fränkischen Reich kein unmittelbares Interesse. Der Papst konnte auch in die inneren Streitigkeiten im Reich nicht tief eingreifen. Jedoch zeigte sich anlässlich des Auftretens Gregors IV. auf dem Lügenfelde bei Kolmar [4]), dass die Bestrebungen dieser Partei auch die Konzentration der Kirche unter dem Papst zu befördern geeignet waren. Es war ein gefährliches Mittel, das Lothar anwandte, den Papst für die Lo-

---

[1]) Vgl. Dümmler, Gesch. des ostfränk. Reichs, 2. Aufl. I S. 89, und das Urteil Ranke's, Weltgesch. VI, 1, S. 227: „dem Uebergewicht der weltlichen Gewalt gegenüber, wie sie in dem Kaisertum Karls des Grossen erschienen war, erhob sich nach dem Abgang desselben die geistliche Idee zu dem Versuch, die oberste Gewalt in ihrem Sinn zu konstituiren". Vgl. ibid. S. 135, 155.

[2]) Vita Walae S.S. II 557: „voluit (Wala), ut unitas et dignitas totius imperii maneret ob defensionem patriae et ecclesiarum liberationem, ob integritatem facultatum ecclesiarum".

[3]) Vgl. bei Hefele, Konziliengesch. IV (2. Aufl.) S. 67.

[4]) Diesem Auftreten kam kaum die entscheidende Bedeutung bei, welche ihm Ranke (Weltgesch. VI, 1, S. 66 vgl. mit 155) beimisst. Vgl. dagegen Dümmler a. a. O. I² S. 78 f. und S. 230.

tharische Kaiseridee¹) gegen den empirischen Kaiser ins Feld zu führen, und sowohl Ludwig selbst als auch die ihm ergebenen Bischöfe erkannten, dass in dem damaligen Auftreten des Papstes ein Bruch mit der Vergangenheit liege²). Man protestierte gegen die Erhebung des Papsts sowohl über den Kaiser als über die Kirche selbst. Ja, der Papst fühlte selber, dass er sich auf einem noch unsichern Boden bewegte; denn erschreckt durch die episkopalistischen Drohungen musste er erst durch Wala wieder aufgerichtet werden, der ihm die absolute Erhabenheit und Unangreifbarkeit der päpstlichen Stellung nachwies³). Man sicht, wie damals ein neues Kirchenrecht mit dem alten im Streit lag. — Wenn auch aus der damaligen päpstlichen Intervention kein unmittelbarer Gewinn für die päpstliche Auktorität erwuchs, so war doch zu Tag getreten, dass infolge des Dualismus, in welchem das Kaisertum sich selbst zersetzte, das Band der Pietät sich lockerte, das vorher das Papsttum mit dem Kaisertum als der oberhoheitlichen Gewalt verbunden hatte. Immerhin war der Papst wenigstens im Bund mit der Idee des Kaisertums und ihrem Träger gegen den alten Kaiser aufgetreten.

Als aber in den folgenden Jahren Lothar bewies, dass er die Ideale der geistlichen Einheitspartei zu verwirklichen nicht im stand war⁴) und als durch die Schlacht von Fontanet alle Ansprüche Lothars, an der Spitze eines einheitlichen Imperiums zu stehen, definitiv niedergeschlagen waren, trennten sich allmählich die hierarchischen Tendenzen vom Bund mit diesem Kaisertum. Dazu kam, dass alle kirchlichen Reformpläne am Widerstand der weltlichen Grossen scheiterten. Die pseudoisidorische Litteratur ist der Niederschlag der hierarchischen Stimmung, die sich vom Staat ganz abwendet und das Heil in der völligen

---

¹) cfr. den Brief Gregors an die dem Ludwig treuen Bischöfe bei Mansi XIV 519 ff.
²) Vgl. vita Ludov. cap. 48 S.S. II 635.
³) Vita Walae S.S. II p. 562. Wenn man in den Schriftstücken, welche Wala und Radbert dem Papst gaben („ei dedimus nonnulla sanctorum patrum auctoritate firmata praedecessorumque suorum conscripta"), auch nicht die ersten Ansätze der pseudoisidorischen Dekretalen zu sehen hat (vgl. Rodenberg, die vita Walae S. 51 f.), so atmet doch die Anwendung der überlieferten Sätze den Geist Pseudoisidors.
⁴) Vgl. vita Walae cap. 19.

Emanzipation der Kirche von der weltlichen Gewalt sicht. Wenn der Zweck der Fälschung auch nicht im Papsttum liegt, so erscheint doch bei Pseudoisidor die unerschütterliche, die Kirche zusammenfassende Gewalt des Papsttums als der unentbehrliche Schlussstein des hierarchischen Gebäudes; und es tritt auch hier zu Tag, wie die Selbstzersetzung des Kaisertums ihre Früchte für das Papsttum trug.

Der Papst seinerseits begann schon 836 sich vom Bund mit Lothar loszulösen. Die Umfassung durch die Macht Lothars, der sich vom Sept. 834 bis zum Tod des Vaters mit nur einer Unterbrechung beständig in Italien, meist in Pavia aufhielt, wurde dem Papst offenbar zu drückend [1]). Bittere Klagen von päpstlich-römischer Seite veranlassten eine Wiederannäherung zwischen dem alten Kaiser und Gregor, die von Lothar mit tiefem Misstrauen beobachtet wurde. Der Papst hatte es also aufgegeben, für die Idee des Lotharischen Kaisertums einzutreten und handelte einfach gemäss der politisch nahe liegenden Methode, in dem fernen Kaiser eine Unterstützung gegen die drückende Herrschaft des nahen zu suchen.

Durch den Vertrag von Verdun war das Reich faktisch in drei neben einander bestehende Reiche geteilt. Einer der Beherrscher dieser Teilreiche führte den Kaisernamen; aber seine Macht war nicht grösser als die der andern, wenn gleich Italien und Rom zu seinem Gebiet gehörten. In Wahrheit hatte das Kaisertum keinen persönlichen Vertreter mehr, sondern es war in drei Herrschaften zersplittert. Jeder der Frankenkönige partizipierte an der Idee des Kaisertums; man hörte nicht auf, auch nach 843 das Reich als ein in der Idee einheitliches anzusehen. Die Brüder redeten von „unserem gemeinsamen Reich" [2]). Vom Kaisertum entnahmen diese Könige auch das, dass die kirchlichen Pflichten unter ihren Regierungspflichten voranstehen; auch an der speziellen Verpflichtung gegen den römischen Stuhl halten sie fest [3]). Aber die Idee des Kaisertums wurde von den Frankenkönigen zusammen sehr ungenügend realisiert. Ueber den Begriff der Reichseinheit überwog die Betrachtung des Reichs

---

[1]) cfr. vita Ludov. cap. 55 S.S. II 641.
[2]) Vgl. Wenck, das fränk. Reich etc. S. 19.
[3]) Z. B. Schreiben Lothars II. von 860 bei Dümmler a. a. O. Erste Aufl. S. 462.

als eines Familienguts, von dem jeder möglichst viel an sich zu reissen strebte. Keinem von ihnen kam wahrhaft kaiserliche Auktorität zu. Die Staatsgewalt wirkte selbst dazu mit, dass sie in den Augen der Geistlichkeit zu einer Gewalt von bloss weltlicher Natur degradiert wurde.

Dies spiegelt sich auch in der Stellung des Papsttums zum Kaisertum. Das erstere sah in letzterem immer weniger eine über das Papsttum erhabene Macht, die Vertretung der theokratischen Idee, sondern nur noch die politische Obergewalt. Die Vertretung der theokratischen Idee aber fieng an auf das Papsttum überzugehen [1]). Darum ist es fortan charakteristisch, dass das Papsttum sein Verhältnis zum Kaiser lediglich nach den Gesichtspunkten politischer Klugheit bestimmt. Das innerliche Band, das vorher auch der unzweifelhaften Unterthanenschaft des Papstes eine mildernde Färbung gegeben hatte, hörte auf. Das Unterthanenverhältnis blieb. Aber zugleich machte sich das Streben des Papsttums deutlicher geltend, eine selbständigere politische Stellung einzunehmen. Besonders weil der Kaiser Rom nur ungenügend gegen die Sarazenen schützte, musste der Papst eine politische Thätigkeit in höherem Masstab entfalten. Das hiedurch in den Päpsten wachgerufene wahrhaft fürstliche Selbstbewusstsein musste sich bei Gelegenheit auch gegen den Kaiser kehren.

Darum wurde aber von Kaiser Lothar und namentlich von seinem Sohn Kaiser Ludwig II. die Abhängigkeit des Papsttums keineswegs weniger stark betont, als das vorher der Fall war. Besonders Ludwig II. strebte darnach, die Kaisergewalt in Rom mehr durchzuführen [2]). Für diese Periode ist es bezeichnend, dass Ludwig II. sich wesentlich auf eine ihm ergebene, spezifisch

---

[1]) Vgl. Dümmler a. a. O. 2. Aufl. I S. 230: „die Grundlinien der päpstlichen Theokratie sind in diesen Zeiten der Zersplitterung des Frankenreichs gezogen worden etc."

[2]) Die Charakterisierung, welche der „libellus de imperatoria potestate" von dem Verhältnis Ludwigs II. zu Rom gibt, dürfte durchaus zutreffend sein. „Hic (Ludwig) quia magis Italiam habitare elegit, vicinior factus est Romae, ubi et ampliore quadam usus est potestate, habens strenuos viros ejus urbis scientes antiquam imperatorum consuetudinem et intimantes Caesari. Qui suggerebant illi repetere antiquam imperatorum dominationem; et nisi ob reverentiam b. apostolorum dimitteret, pro certo faceret". Vgl. auch Bayet a. a. O. S. 85, 1.

kaiserlich gesinnte Aristokratenpartei im Gegensatz zum Papst stützte. Die Päpste trachteten, obgleich sie aus Zwang oder Bedürfnis die Kaisergewalt ertrugen, im Grund nach Emanzipation vom fränkischen Einfluss, und dies konnten sie um so ungescheuter thun, je mehr der geheiligte Glanz des Kaisertums erblichen, je mehr dasselbe eine bloss nominelle Würde geworden war.

Gregor IV. starb im Januar 844. Von den durch die Neuwahl in Rom veranlassten Unruhen berichtet nur das Papstbuch. Wären sie der Grund der nachherigen Absendung Ludwigs gewesen, so würden die annales Bertiniani von ihnen berichten. Die Gegenpartei des Sergius scheint keinen bestimmten Plan gehabt zu haben. Der lib. pontif. spricht mit ausserordentlicher Verächtlichkeit von dem „satis imperitus et agrestis populus", der von dem Diakon Johannes für seinen ehrgeizigen Plan gewonnen worden sei, — dagegen mit bemerklichem Pathos von den „omnes Quiritum principes" (oder „Romanae urbis principes"), welche den Sergius in den Lateran führten. Die Erhebung des Sergius II., dessen vornehme Abkunft vom Papstbuch sehr betont wird, scheint vornehmlich das Werk des Adels gewesen zu sein.

Aus der Art, wie Prudentius die nachherige Absendung Ludwigs begründet, geht hervor, dass vor der Konsekration keine kaiserlichen Gesandten abgewartet wurden.

Der lib. pontif. erzählt ferner: als der rumor (Gerücht oder Anzeige?) von der Konsekration zu Lothar gekommen war, schickte dieser den Drogo von Metz nebst dem jungen Ludwig mit einem grossen fränkischen Heer nach Rom; ausserdem gab er ihnen ein Gefolge von Erzbischöfen, Bischöfen, Aebten und Grafen mit. Den Zweck der Mission gibt die vita nicht an, und auch im weiteren Bericht derselben erfährt man nicht, um was es sich eigentlich handelte. Aber so viel zeigt der Bericht klar, dass das Anrücken der Franken dem Papst sehr unangenehm war. Die Franken ziehen, ohne sich durch die Schrecken des Himmels, durch dessen Blitze sogar einige von den consiliarii Drogo's erschlagen werden, aufhalten zu lassen, mit unbeugsamer Wildheit des Sinns gegen Rom. Der Papst empfängt (8. Juni 844) den

Kaisersohn mit den Ehren, „die beim Empfang des Kaisers oder Königs üblich waren" ¹). Der Umstand, dass vor St. Peter bei einem vom Heer ²) plötzlich dämonische Besessenheit ausbrach, weckt, wie der Bericht erzählt, bei Sergius das Misstrauen gegen Ludwig. Sergius benützt die Gelegenheit, um dem König die Versicherung seiner aufrichtigen Gesinnung „gegen die respublica und die ganze Stadt und diese Kirche" abzunehmen. „Sin aliter, nec per me nec per meam consensionem istae tibi portae aperientur". Nur den Eintritt in die Kirche, nicht aber in die Stadt, konnte der Papst von seiner Erlaubnis abhängig machen. Während das Heer in den nächsten Tagen in der Umgegend lagerte, liess der Papst auf das Gerücht hin, dasselbe wolle sich in der Stadt selbst einquartieren, die Stadtthore schliessen und bewachen. Am nächsten Sonntag, 7 Tage nach dem Einzug, salbte Sergius den Ludwig zum König der Longobarden. In den folgenden Tagen, so erzählt der lib. pontif. weiter, wurde ein sehr heftiger Streit gegen Sergius, alle (römischen) Bischöfe, die römischen Optimaten und proceres sowohl von Drogo selbst als auch von den mit ihm gekommenen Bischöfen erregt, und zwar trat, wie die vita selbst sagt, die Versammlung gegen den Willen des Papstes zusammen. An der Spitze der mit Namen aufgezählten Bischöfe stehen die von Ravenna und Mailand, beide seit alter Zeit Nebenbuhler Roms. Der Papst siegt vollständig über seine Gegner („ab eodem superati — durch des Papstes sermones und prudentia — pudore et operti confusione discesserunt; .. omnem iram atque ferocitatem deposuerunt"). Hernach verlangt Ludwig von den römischen Grossen den Eid der Treue; der „überaus kluge" Papst verweigert dies und gestattet nur einen dem Kaiser zu leistenden Eid. Dieser wird denn auch vom Papst selbst, vom König und von allen andern geschworen.

Wenn auch die vita es nicht ausdrücklich sagt, wesswegen Ludwig gesandt und worüber in Rom gestritten worden ist, so ist das doch leicht genug aus ihr zu erschliessen. Was für einen andern Sinn kann der von Römern und Papst so feindlich betrachtete Besuch Ludwigs in Rom haben als den: der Unzufrie-

---

¹) Der Empfang ist dem Karls im Jahre 774 ganz ähnlich; nur springt das devotere Benehmen Karls in die Augen. Auch konnte bei Ludwig keine Rede davon sein, dass er sich, wie damals Karl, die Erlaubnis erbeten hätte, Rom betreten zu dürfen.
²) „unus de exercitibus" ein Römer, nicht ein Franke. Vgl. Niehues II 189.

denheit des Kaisers mit dem Hergang bei der Erhebung des
Sergius Ausdruck zu geben? Der Kaiser weiss ja nach der vita
selbst von dem neuen Papst noch nichts, als dass er gewählt
und konsekriert worden ist und darauf hin veranstaltet er eine
bedeutende weltliche und geistliche Machtentfaltung in Rom. Der
Papst verrät das tiefste Misstrauen und muss vor einer förmlichen
Synode mit aller Anstrengung die heftigsten Angriffe von sich
abwehren. Man muss schliessen, dass es sich um Satisfaktion
für verletzte kaiserliche Rechte handelte, und zwar scheint
zunächst die Absetzung des Sergius zur Sprache gekommen zu sein.
Darauf weist einmal der ganze Ton des Berichts hin, welcher so
lautet, als habe es sich für den Papst um das Aeusserste gehandelt, und sodann die Behauptung, dass der Papst siegreich aus
dem Streit hervorging; also setzten die Franken nicht so viel
durch, als sie anfänglich beanspruchten. — Dass das Eintreten für
ein kaiserliches Recht der Hauptzweck der Absendung Ludwigs war, wird von Prudentius zu 844 [1]) ausdrücklich berichtet. Wenn bei seinen Worten die Annahme noch möglich
bleibt, dass das kaiserliche Recht in Beziehung auf die Papsterhebung damals erst eingeführt wurde, so wird diese Annahme
durch den Bericht der vita ausgeschlossen; denn hier erscheint
der Kaiser offenbar als der beleidigte Teil. Bei dem Empfang
scheint der Papst es vergeblich versucht zu haben, dem Ludwig
zum voraus die Zusicherung seiner Anerkennung auszupressen [2]).

Wenn es sich darum handelte, ob Sergius anzuerkennen sei,
so kann Ludwig die Königskrönung von der Hand des Sergius
nicht eher angenommen haben, als bis diese Frage bereinigt
war. Die Umstellung der Thatsachen im lib. pontif. erklärt sich
als eine tendentiöse. Prudentius sagt ausdrücklich, dass Ludwig
erst „peracto negotio" d. h. nach erlangter Bürgschaft für die
künftige Beobachtung des kaiserlichen Rechts gesalbt worden sei [3]).

---

[1]) S.S. I 440: „Lotharius filium suum Hludovicum Romam cum Dro-
gone ... dirigit acturos, ne deinceps decedente apostolico quisquam illic
praeter sui jussionem missorumque suorum praesentiam ordinetur antistes.
Qui Romam venientes honorifice suscepti sunt peractoque negotio Hludovicum pontifex Romanus unctione in regem consecratum cingulo decoravit".

[2]) In keiner Beziehung wird Granderath a. a. O. S. 190 den Quellen
gerecht und verkennt durchaus, dass es sich um ein auf die Papstwahl
bezügliches kaiserliches Recht handelte.

[3]) Vgl. Wenk a. a. O. S. 99; Dümmler 2. Aufl. I S. 250; Bux-

Ausserdem verräth die vita die Tendenz, nicht den Ludwig selbst, sondern den Drogo als die Seele der dem Papst widerwärtigen Schritte erscheinen zu lassen. Drogo leitet die mit Sergius streitende Synode, ihm wird zum voraus die Strafe des Himmels zugesandt; die damals dem Papst abgezwungene Ernennung Drogo's zum apostolischen Vikar wird verschwiegen.

Nachdem die Verletzung des kaiserlichen Rechts genügend gerügt war, musste Ludwig Garantien für die Zukunft verlangen und deshalb forderte er den Treueid der Römer und des Papstes. Indem er ihn zuerst für sich selbst verlangte, scheint er den Plan verfolgt zu haben, die Staatsgewalt über Rom durch Umwandlung Roms in eine Stadt des italienischen Königreichs zu verstärken — ein Beweis von dem Hoheitsbewusstsein, wovon das Haus Lothars damals Rom gegenüber beseelt war.

Einen Anhaltspunkt dafür, dass Ludwig 844 **neue** Bestimmungen über das Verhältnis des Kaisers zur Papstwahl getroffen hat, haben wir nicht. Die Eidesforderung weist darauf hin, dass er dem Papst den Eugenischen Eid in Erinnerung bringen wollte. Die Römer hat er, wie wir als ziemlich sicher annehmen dürfen, das sacramentum Romanorum wiederholen lassen (vgl. oben S. 85. 88. 91).

Nach dem Tod Gregors IV. haben also die Römer einen **ernstlichen Versuch gemacht, die Papsterhebung wieder zu einem intern-römischen Akt zu machen.** Zum erstenmal stand das Kaisertum als Partikulargewalt der Frage des Papstwechsels gegenüber. Die Römer hatten vielleicht geglaubt, nach der langen Regierungszeit Gregors IV. die Bestimmungen von 824 um so leichter ignorieren zu dürfen. Lothar unterschätzte die Bedeutung der römischen Opposition nicht. Er glaubte, zur Aufrechterhaltung der Kaiserrechte in Rom das Mittel voller Machtentfaltung anwenden zu müssen. —

Nach dem Abzug der Franken freuten sich die Römer, dass sie von einer „ingens pestis" und einem „jugum tyrannicae immanitatis" befreit waren (lib. pont.) —

Lothar überliess die Regierung Italiens völlig seinem Sohn, wodurch sich Italien immer mehr vom Reich absonderte. 846 drangen die Sarazenen bis vor Rom und plünderten die Peterskirche. Wenn

---

mann I 350. Duchesne II S. 101 n. 8. Die Darstellung bei Gregorovius (3. Aufl. III S. 85) ermangelt der klaren Auseinandersetzung mit den Quellen.

auch Ludwig selbst vielleicht nicht eine Niederlage erlitt [1]), so erwies sich die fränkische Macht doch jedenfalls als ein ungenügender Schutz Italiens und Roms.

Sergius starb am 27. Januar 847. Prudentius gibt das Datum an und fährt fort: „et Leo in ejus locum eligitur", ohne Näheres zu bieten. Der lib. pont. thut beim Bericht über die Erhebung Leo's IV. zum erstenmal des kaiserlichen Rechts Erwähnung. „Romani de novi electione pontificis congaudentes coeperunt non mediocriter contristari, eo quod *sine imperiali non audebant auctoritate futurum consecrare pontificem* periculumque Romanae urbis maxime metuebant, ne iterum, ut olim, aliis ab hostibus fuisset obsessa". Das Einschreiten Ludwigs vom Jahr 844 hatte also einen tiefen Eindruck bei den Römern hinterlassen; denn das kaiserliche Recht kam nach Leo's Wahl jedenfalls sehr ernstlich zur Sprache. Jedoch überwog die Furcht vor den Sarazenen. Die vita fährt fort: „hoc timore et futuro casu perterriti eum *sine permissu principis* praesulem consecraverunt, fidem quoque illius (i. e. imperatoris) sive honorem post Deum per omnia et in omnibus conservantes". Schon oben S. 91 wurde diese Bemerkung in Beziehung auf den Römereid von 824 gesetzt [2]) (vgl. auch oben S. 98).

Nach der vita Sergii dauerte die Sedisvakanz nach des Sergius Tod 2 Monate 15 Tage, und da die Wahl Leos »Sergio nondum ad sepulturam deportato« (vita Leonis IV.) erfolgte, so ergibt sich hieraus, dass die Römer in der That zuerst gesonnen waren, kaiserliche Gesandte abzuwarten. Auch dass die vita zwischen der Wahl und der Konsekration den Untergang der Sarazenenflotte berichtet, scheint darauf hinzuweisen, dass zwischen beiden Akten eine längere Zeit verstrich. Vielleicht diente die Sarazenengefahr den Römern nur zum Vorwand. Die Hauptsache ist aber, dass sie das **kaiserliche Recht anerkannten**.

---

[1]) Dümmler, 2. Aufl. I S. 305.
[2]) Granderath a. a. O. S. 191 fasst „perterriti" nicht, wie es gewöhnlich geschieht, kausal auf, sondern konzessiv: „obgleich sie mit Rücksicht auf das, was ihnen zur Strafe für eine ohne Berücksichtigung der kaiserlichen Ansprüche vorgenommene Konsekration begegnen würde, voll Furcht waren, vollzogen sie dennoch die Konsekration". — Diese Auffassung ist schon deshalb abzuweisen, weil dann eine Motivierung davon, dass die Römer es wagten, den Papst zu konsekrieren, fehlen würde (bei den „hostes" kann man nur an die Sarazenen denken und nicht an die Franken).

Was Lothar den Römern erwidert hat, ist nicht berichtet. Ein Hinweis auf die Verhandlungen, welche zwischen Leo IV. und dem Kaiser im Anschluss an Leo's Erhebung gepflogen wurden, ist das Fragment eines Schreibens Leos, worin er den Kaisern Lothar und Ludwig schreibt: „inter nos et vos pacti serie statutum est et confirmatum, quod electio et consecratio futuri pontificis non nisi juste et canonice fieri debeat [1]).“ Hiernach war dem Papst Leo von dem Kaiser das pactum ausgestellt worden, und zwar in einer Form, welche an die Festsetzung von 824 erinnerte; denn der Wortlaut des Fragments erinnert an das sacram. Rom., wo es heisst: „non consentiam, ut aliter in hac sede Romana fiat electio pontificis *nisi juste et canonice.*“ Daraus, dass in dem Fragment noch: „et consecratio“ hinzugefügt ist, kann nicht geschlossen werden, dass die vorher bestehenden Bestimmungen geändert worden wären [2]). Dem widerspricht auf das augenscheinlichste der Hergang bei dem nächsten Papstwechsel. Das kaiserliche Recht ist eben unter „juste“ subsumiert. Auch das Wort „confirmatum“ zeigt, dass keine neue Festsetzung gemeint ist. —

Leo IV. nahm mit kräftigem Geist die von der Frankenmacht nur mangelhaft erfüllte Schutzpflicht gegenüber von Rom in die Hand. Seiner grossartigen politischen Thätigkeit wurde der Sieg verdankt, welchen die von ihm eingesegnete Flottenmacht über die Sarazenen bei Ostia errang. Solche Erfolge mussten beim Papst das Selbstgefühl steigern und in den Augen

---

[1]) Jaffé reg. 2. Aufl. Nro. 2652. Gratiani Decr. Dist. 63 canon 31. — Mühlbacher, Regesten unter den Karol. S. 422 will, wie ich glaube, zu viel aus dem Fragment erschliessen: „es scheint, dass Lothar jene Entschuldigung nicht genügt und er ausdrückliche Anerkennung der kaiserlichen Rechte, das pactum, gefordert habe“.

[2]) Baronius glaubte aus dem Kanon „inter nos“ folgern zu müssen, dass Leo IV. mit dem Kaiser ein Uebereinkommen geschlossen habe, wornach die Konsekration ohne vorangegangene kaiserliche Interzession erfolgen dürfe. — Grashof a. a. O. S. 235 f. meint wenigstens: „Lothar scheint von seiner früher erhobenen Forderung — deren Inhalt nach Grashof „eine Art von Bestätigungsrecht“ war — wieder Abstand genommen zu haben . . . Nur das Ehrenrecht des Schutzes des Papstes, der Aufrechterhaltung der Ordnung bei dem Wahlakt blieb dem Kaiser, da ein solches nicht gegen die kanonischen Regeln verstiess.“ — Diese Auffassung ist durchaus abzuweisen.

der Römer die Kaiserwürde überstrahlen, zu welcher Leo durch seine Salbung 850 den italienischen König erhob. Einerseits war es für den Papst ein Triumph, dass diesmal die Kaiserwürde als Ausfluss seiner Gewalt erschien, andererseits freilich konnte es ihm nicht angenehm sein, dass nun der König von Italien eine unmittelbare Gewalt über Rom bekam, was von Sergius 844 so „klüglich" (lib. pont.) verhindert worden war. Doch waren die Machtmittel Ludwigs II., wenn er auch persönlich ein kräftiger Fürst war, eingeschränkte, und die Staatsordnung lag in Italien schwer darnieder.

Das Verhältnis zwischen Rom und Papst einerseits und den Kaisern andererseits erscheint wiederholt als ein von Unzufriedenheit und Misstrauen beeinträchtigtes. Obgleich Ludwig die Bekämpfung der Sarazenen betrieb, beklagten sich die Römer 853 „ob sui defensionem omnino neglectam [1]". Von symptomatischer Bedeutung ist ein Vorfall zum Schluss der Regierung Leo's, von dem seine vita erzählt, und dessen Eindruck die Vorgänge beim nächsten Pontifikatswechsel ohne Zweifel beeinflusste. Ein päpstlicher Palastbeamter Gratian wurde von dem römischen magister militum Daniel beim Kaiser Ludwig verklagt, er habe sich für Beseitigung der fränkischen Herrschaft und Herbeirufung der Griechen ausgesprochen, weil die erstere mehr Schaden als Gewinn bringe. In grossem Zorn eilte Ludwig nach Rom. Eine Untersuchung ergab zwar, dass Daniel — ohne Zweifel einer jener „strenui" des libellus de imper. pot. — ein Verleumder sei. Der Papst that sein möglichstes, um den Kaiser zu besänftigen. Dennoch scheint Ludwig nicht so völlig von der Unschuld Gratians überzeugt gewesen zu sein, wenigstens verwendete er sich alsbald für Daniel, und Gratian wurde noch im gleichen Jahr von den kaiserlichen missi, als sie mit dem Gegenpapst in Rom eindrangen, verhaftet. Alles folgende weist darauf hin, dass Ludwig mit dem Vorsatz abzog, beim nächsten Papstwechsel seinen Einfluss energisch geltend zu machen. Wenige Tage, nachdem Ludwig Rom verlassen hatte, starb Leo IV. am 17. Juli 855 [2]).

---

[1]) Zeichen von Verstimmung zwischen Kaiser und Papst vgl. bei Jaffé reg. 2. Aufl. 2602, 2638, 2646.

[2]) Diese genauere Angabe der vita verdient den Vorzug vor der Angabe des Prudentius „mense Augusto".

Bei Benedikts III. Erhebung platzen die römischen Parteien stark auf einander. Quelle über die nun folgenden römischen Vorgänge ist nur die vita Bened. III. Prudentius hat nur die Notiz: „eique Benedictus successit." Die vita behauptet wunderbare Einstimmigkeit der Wahl. Allein auch in ihr bemerkt man bei der Schilderung der Szenen, die endlich zur Konsekration Benedikts führen, ein Zurücktreten des Elements des weltlichen Adels unter denen, welche dessen Erhebung wünschen[1]). Dagegen werden nachdrücklich hervorgehoben die episcopi nebst clerus und populus (plebs). Nach der Wahl heisst es: „his peractis clerus et proceres decretum componentes propriis manibus roboraverunt et, consuetudo prisca ut poscit, invictissimis Lothario et Ludovico destinaverunt Augustis." Schon Leo III. sandte sein Wahldekret an den Frankenherrscher, und dass diese aus der byzantinischen Zeit stammende Sitte[2]) nach Leo III. nicht wieder in Abgang gekommen war, zeigen die Worte: „ut consuetudo prisca poscit", wenn auch bei keinem Papstwechsel der Zwischenzeit das ausdrücklich berichtet wird (dagegen wird es im lib. pontif. wieder berichtet bei Hadrian II. und bei Stephan V.)[3]).

Die römischen Gesandten, welche das Wahldekret dem Kaiser überbringen sollen, ein Bischof Nikolaus von Anagni und ein magister militum Merkurius werden auf ihrer Hinreise von dem Bischof Arsenius von Orta[4]) für den Plan gewonnen, den Anastasius zum Papst zu erheben. Dass nun die Gesandten am

---

[1]) Unter den Wählern wird zwar neben den „proceres" auch der „cunctus senatus" genannt. Aber in cap. 14, 15, 17, 18, 20 kehrt regelmässig wieder „episcopi, clerus, populus". Nach St. Peter wird er geleitet „ab episcopo, clero, proceribus"; und nur eine abweichende Lesart fügt hier hinzu: „et optimatibus" (Duchesne II S. 144).

[2]) „propriis manibus roborantes" ist die Formel des lib. diurnus im decret. de elect. pontif. bei Rozière S. 173.

[3]) Granderath a. a. O. S. 192 meint: es habe sich erst von der Erhebung Benedikts III. an die Gewohnheit ausgebildet, das Wahldekret vor der Konsekration an den Kaiser zu schicken, und erklärt die Worte: „ut consuetudo prisca poscit" so, dass in der vita die Anschauung der etwas späteren Zeit der Abfassung in die Zeit Benedikts hineingetragen werde. In der gleichen vita wird hernach von der Anwesenheit kaiserlicher Gesandter bei der Konsekration gesagt: „ut mos est et antiqua traditio dictat". Diese Stelle führt Granderath gar nicht an.

[4]) Nicht von Gubbio (Duchesne II S. 149 n. 4). Arsenius war Vater des Anastasius.

Kaiserhof zu Gunsten dieses Anastasius wirkten, sagt die vita nicht ausdrücklich, offenbar um die Person des Kaisers aus dem Spiel zu lassen. Die gleiche Tendenz verrät sie in ihrem folgenden Bericht darin, dass sie das Verhalten der kaiserlichen Gesandten möglichst ausser Zusammenhang mit dem Willen des Kaisers setzt; z. B. bemerkt sie zu der durch die Gesandten angeordneten Verhaftung Gratians: „quod nullatenus Augustorum jussione praeceperant, sed hoc infelix depositi praesumptio agebat presbyteri." In der Person der missi kann die vita ungescheuter den Kaiser tadeln, wenn sie von jenen sagt: „evidenter meditabantur Dei praecepta confundere ut tyranni", und wenn sie dieselben „magna tumentes superbia" nennt.

Die nach Rom zurückgekehrten römischen Gesandten melden die nahe Ankunft kaiserlicher Gesandter und überbringen dem Benedikt einen Brief Ludwigs [1]). Die nachkommenden 2 kaiserlichen Gesandten schliessen sich in Orta an Anastasius an, „cogente Arsenio", wie wenn sie keine selbständigen Motive hätten. Auch jene beiden treulosen Gesandten Benedikts kommen nach Orta nebst sonstigen Anhängern des Anastasius („cum quibusdam nobilium" und andern). Und nun zieht Anastasius gegen Rom. Die von Benedikt entgegengeschickten Gesandten werden in Ketten gelegt. Die kaiserlichen missi befehlen dem Klerus, Adel und Volk von Rom, sich am folgenden Tag bei St. Leucius am 5. Meilenstein einzufinden, dort werden ihnen die kaiserlichen Befehle (imperatoris jussiones) eröffnet werden. Davon, dass dieselben publiziert wurden, schweigt die vita, dagegen berichtet sie, wie die kaiserlichen Gesandten mit Anastasius und dessen Anhang, verschiedene Männer der Gegenpartei, darunter jenen Gratian [2]) als Gefangene mit sich führend, in der Leostadt einziehen, wie Anastasius in St. Peter Bilder zerschlägt und verbrennt, darunter das Bild der Synode, auf welcher Leo IV. ihn hatte absetzen lassen, wie Anastasius im Lateran den Benedikt vom päpstlichen Thron gewaltsam herunterstossen, ihn mit Misshandlungen traktieren, seiner päpstlichen Gewänder berauben und im Gewahrsam bewachen lässt, wie er sich selbst dagegen auf dem päpstlichen Thron niederlässt. Die

---

[1]) Von grossem Wert wäre es, wenn wir den Inhalt dieses Briefs kennen würden.

[2]) Vgl. oben S. 122.

ganze Stadt ¹) jammert über die Vergewaltigung Benedikts. An den folgenden zwei Tagen finden äusserst erregte Verhandlungen zwischen den Gesandten und dem römischen Klerus, insbesondere mit den Bischöfen von Ostia und Albano (der dritte der Bischöfe, die den Papst zu weihen pflegten, der von Porto war schon auf der Seite des Anastasius) statt, wobei es auf Seiten der ersteren bis zu Drohungen mit den Waffen kommt. Aber mit den sermones und doctrinae, welche die Priester den Gesandten entgegenstellen, vereinigt sich das einmütige Geschrei der plebs und multitudo: „Benedictum b. papam volumus", bis schliesslich die missi erklären „accipite vestrum electum!" Am Tag darauf wird Anastasius mit Schimpf aus dem Lateran gejagt; Benedikt wird im Triumph von den „episcopi cum universo clero ac populo" aus seinem Gewahrsam geholt. Nachdem ein dreitägiges Fasten und Beten vorüber ist, kommen die Gegner reumütigst zu Benedikt und bitten demütig um Verzeihung („erravimus") und um Wiederaufnahme als verirrte Schafe. Diese gewährt ihnen Benedikt mit ausgebreiteten Armen. Auch die kaiserlichen Gesandten kamen und „besprachen sich im geheimen mit dem Papst mit heilsamen und gelinden Worten". Am folgenden Sonntag (29. Sept.) fand die Konsekration statt; „in conspectu omnium imperialibus missis cernentibus in apostolica sede, ut mos est et antiqua traditio dictat, consecratus ordinatusque est pontifex".

Die Parteinahme des Kaisers, nach dessen Instruktion die Gesandten ohne Zweifel handelten ²), für den Anastasius ist sehr auffallend. Dieser war ursprünglich ein Kardinalpresbyter in Rom und wurde 850 von Leo IV. exkommuniziert, weil er seine Parochie verlassen hatte und auf fremden Parochieen herumwanderte ³). Schon vorher hatte Leo die beiden Kaiser angefleht, ihm die Rückkehr zu befehlen, aber „non inventus est" ⁴). Auch

---

¹) „omnes episcopi clerusque ac Dei populus".

²) Ohne diese Annahme wird das Verhalten der Gesandten unbegreiflich. Wenn irgendwo, so ist hier der Bericht des Papstbuchs der Kritik bedürftig, welche Kritik Langen in seiner Darstellung a. a. O. S. 844 ff. ganz unterlässt.

³) Mon. Germ. S.S. I 478: „veluti ovis errans extraneis regionibus suadente diabolo occulte".

⁴) cfr. namentlich die Akten der Synode vom 8. Dez. 853 bei Mansi XIV 1009 und die Akten der Synode Hadrians II. vom 12. Okt. 868 bei Hincmar S.S. I 477 ff. Vgl. Duchesne II S. 138 u. 56.

der Synode vom Dez. 853, auf welcher Anastasius unwiderruflich seines Priesteramts entsetzt wurde, waren Verhandlungen mit dem Kaiser vorhergegangen. Letzterer hatte den Befehl ergehen lassen, seine Gesandten sollten ihn zurückführen; aber sie konnten ihn nicht finden. Die Akten jener Synode sind nicht nur von vier kaiserlichen Gesandten, sondern auch von Lothar selbst unterschrieben. Auf der Synode verlasen die Gesandten einen Brief Ludwigs, worin er es dem Leo ganz anheimstellt, die Sentenz über Anastasius zu fällen. Aber nach dem Jahr 853 muss Ludwig zu gunsten des Anastasius umgestimmt worden sein. Schon vorher scheint Leo Besorgnisse über die Gesinnung der Kaiser gehegt zu haben; denn er bemühte sich ganz ausserordentlich um ihre Zustimmung. Freilich mag Leo auch deswegen zögernd gegen den widerspenstigen Presbyter vorgegangen sein, weil er dessen Freunde zu reizen fürchtete; denn Anastasius war aus dem höchsten Adel Roms, Sohn des Bischofs Arsenius von Orta, welcher unter Nikolaus als Legat und apocrisiarius des römischen Stuhls eine grosse Rolle spielte und der, nach dem libellus de imperat. potestate, später von Ludwig mit der Wahrung der kaiserlichen Rechte in Rom betraut wurde. Die Wirksamkeit des Anastasius, der sich in die Gunst beim Kaiser einzuführen gewusst hatte, war wohl damals schon von der gleichen Art, wie sie für die spätere Zeit von Hadrian II. charakterisiert wird [1]; „homines ad seminandum inter piissimos principes et ecclesiam Dei discordias per muros hujus civitatis more furis exire coëgit" (nämlich Anastasius); er habe nicht abgelassen, die Kirche durch subdolae machinationes zu erschüttern. — Die Partei des Anastasius bestand aus aristokratischen Elementen Roms. Als seine Anhänger werden in der vita Bened. III. aufgezählt 4 Bischöfe, einige abgesetzte Presbyter, 3 magistri militum und noch andere nobiles. Die geistlichen Würdenträger entstammten selbst grossenteils dem römischen Adel und mochten zum Teil schwanken zwischen ihren aristokratischen Gelüsten und ihren klerikalen Pflichten. Von jenen 4 Bischöfen hatten 3 die Absetzung des Anastasius im Jahr 853 unterschrieben, und einer von ihnen wurde noch zur Zeit der Wahl Benedikts für einen treuen Anhänger der päpstlichen Richtung gehalten, sonst wäre er nicht mit der Mission an den Kaiser betraut worden.

---
[1] S.S. I 479.

Daran, dass Ludwig und seine Vertreter sich für einen mit kaiserlicher Zustimmung nicht lange zuvor anathematisierter Priester als Kandidaten des Stuhls Petri entschieden, ohne Zweifel, weil man in ihm den Mann der kaiserlichen Partei sah, kann man ermessen, wie gefährlich vom kaiserlichen Standpunkt aus die durch die Wahl Benedikts III. zum Ausdruck gekommene Richtung erschien [1]). Es sollte alles geschehen, um einen Umschwung der päpstlichen Politik herbeizuführen. Die kaiserlichen Gesandten setzten alle Hebel der kaiserlichen Macht zu gunsten des Gegenpapsts ein.

Die dem Verhalten der Gesandten zu Grunde liegende **Rechtsauffassung** ist zunächst die, dass der Kaiser das Recht habe, bei einer zwiespältigen Wahl den Ausschlag zu geben. Aber weil das Auftreten des Anastasius und seiner Partei einen durchaus gewaltthätigen Charakter hatte, — zu welchem Urteil die eine Thatsache, dass Anastasius ein exkommunizierter und abgesetzter Priester war, berechtigt, so viele Uebertreibungen man auch in der Darstellung der vita mit Recht annehmen mag — so ging in Wahrheit der erhobene Rechtsanspruch weiter, nämlich erstens dahin: den durch eine verhältnismässig regelrechte Wahl bezeichneten Kandidaten des römischen Volks zu verwerfen, d. h. ein **unbedingtes** Bestätigungsrecht auszuüben; zweitens sogar dahin, den Römern einen Papst aufzuzwingen.

Im Hinblick auf die alte Kaiserzeit [2]) konnte der Kaiser sich wohl das Recht zuschreiben, bei **zwiespältiger** Wahl zu entscheiden. Unter den Karolingern war das Kaisertum noch nicht in die Lage gekommen, dies thun zu müssen. Dieses Recht hätte dem Kaiser von den Römern schwerlich bestritten werden können, wenn eben im eigentlichen Sinn eine zwiespältige Wahl vorgelegen hätte; hier aber gab das gewaltthätige Vorgehen einer Minorität und, was wohl die Hauptschwierigkeit in diesem Fall war, die kanonische Unfähigkeit ihres Kandidaten für die päpstliche Würde dem Auftreten der Gesandten einen usurpatorischen Charakter. Im Hinweis auf diese kanonische Untauglichkeit bestehen denn auch die Gründe, die nach der vita den missi ent-

---

[1]) Es stimmt nicht zu der Darstellung des lib. pont., wenn Ranke, Weltgesch. VI, 1, S. 135 sagt, die kaiserlichen Gesandten haben „nicht geradezu für Anastasius Partei genommen".

[2]) Vgl. darüber Hinschius K. R. I S. 218.

gegengehalten werden (z. B. c. 15: „nunquam in depositum et anathemate vinctum consentimus"). Als zweiter Grund, der die Gesandten zum Nachgeben bewog, kam hinzu die Einsicht, dass Benedikt die überwiegende Majorität für sich hatte. „Als die Gesandten das einmütige Geschrei des Volks hörten, verwunderten sie sich." Doch nicht eher wagte die Partei Benedikts zur Weihe zu schreiten, als bis die Gesandten erklärt hatten: „accipite vestrum electum!" Hiemit hatte der Kaiser eine Niederlage erlitten; jedoch nicht sein Recht war zurückgewiesen worden, sondern nur ein den Kanones zuwiderlaufender Anspruch. Sein moralisches Ansehen konnte freilich dadurch nur Not leiden.

Bezeichnender Weise wird von den Gesandten nicht gesagt, dass sie den Benedikt um Verzeihung gebeten haben; sie bitten nicht um Gnade, sondern sie erweisen Gnade. Zum Inhalt ihrer Besprechung gehörte wohl auch die Angelegenheit des Anastasius selbst, welcher auf einer bald hernach gehaltenen Synode zur Laienkommunion zugelassen wurde [1]).

Von der Anwesenheit der Gesandten bei Benedikts Konsekration wurde schon oben geredet [2]). Dass damals dem Papst die Eugenische Verpflichtung erlassen wurde, ist durchaus unwahrscheinlich. Nachdem der Kaiser eine Niederlage erlitten, musste man doppelt auf die Wahrung seines Rechts bedacht sein. Auch der Rückblick auf die letzten Vorkommnisse unter Leo IV. mussten es als unumgänglich erscheinen lassen, dass sich der Papst dem Kaiser verpflichtete. —

Der einen Tag nach Benedikts Konsekration (30. Sept. 855) verstorbene Kaiser Lothar hatte in der Teilung seines Reichs dem Ludwig weiter nichts zugesprochen als was dieser schon längst hatte, Italien. Hiemit war der Träger des Kaisernamens in eine Stellung gerückt, in der ihm eine weit geringere Macht zukam als den andern Frankenkönigen.

Benedikt III. starb am 7. April 858. Aus der vita seines Nachfolgers, Nikolaus I., erfährt man, dass Ludwig kurz vor Benedikts Tod Rom verlassen hatte [3]). Die vita berichtet: auf

---

[1]) Jaffé reg. 2. Aufl. S. 340.
[2]) Oben S. 104 f.
[3]) Ueber den Grund dieser Anwesenheit Ludwigs wissen wir nichts.

die Kunde von Benedikts Tod sei Ludwig alsbald nach Rom zurückgekehrt. Die Vermutung legt sich von selbst nahe, dass er einmal solchen Vorkommnissen, wie sie bei der letzten Wahl vorgefallen waren, vorbeugen wollte, und sodann, dass er seinen schon im Jahr 855 gehegten Plan, einen ihm günstigen Papst auf den Stuhl Petri zu bringen, auszuführen gedachte. — Die vita fährt unmittelbar damit fort, den Wahlhergang zu erzählen. Zunächst versammeln sich der clerus, die proceres und optimates und flehen Gott an, ihnen einen würdigen Nachfolger Benedikts zu zeigen; dann kommen sie in einer Basilika mit dem universus populus zusammen; nachdem man einige Stunden lang sich besprochen, folgt der einmütige Beschluss, Nikolaus solle Papst werden. Unter den bei der Wahl mitwirkenden Faktoren wird der Kaiser nicht genannt. Der sich sträubende Nikolaus wird in den Lateran geführt und auf den apostolischen Thron gesetzt. Darauf wird er von den nobilissimi und auch dem cunctus populus nach St. Peter geführt und *präsente Cäsare* konsekriert. Von den dichten Scharen der Optimaten und des Volks wird er in den Lateran zurückgeführt. „Coronatur denique urbs [1]), exultat clerus etc." In den folgenden Tagen legen Kaiser und Papst die herzlichste gegenseitige Freundschaft an den Tag. Dem abziehenden Kaiser stattet Nikolaus noch einen Besuch ab, der Kaiser führt dem Papst bei dessen Ankunft und Abreise das Pferd am Zügel. Die wechselseitigen Besprechungen werden als „salubres" bezeichnet.

Nach dem Bericht der vita ist anzunehmen, dass Ludwig während der Wahl in Rom zugegen war. Gfrörer dagegen [2]) behauptet, Ludwig habe den Nikolaus bereits gewählt gefunden. Der Zeitraum von 17 Tagen, der zwischen Benedikts Tod und

---

[1]) So interpungiere ich mit Dümmler, Gesch. des ostfränk. Reichs II (erste Aufl.) S. 689 (2. Aufl. S. 53). Die alte Ansicht, dass nach dieser Stelle Nikolaus (als der erste unter den Päpsten?) gekrönt worden sei, hat noch ihre Vertreter, so Gregorovius a. a. O. 3. Aufl. III S. 155; Niehues, Verh. etc. II S. 201. Vgl. auch Ranke VI, 1 S. 172. Gegen Zöpffel, der in der Zeitschrift für Kirchenrecht XIII 1 ff. nachgewiesen zu haben glaubte, dass die Papstkrönung schon in der Mitte des 8. Jahrhunderts Sitte war, wendet sich Giesebrecht, Gesch. der deutschen Kaiserzeit III, 2 (4. Aufl. 1877) S. 1086 f., nach welchem vor Nikolaus II. keine päpstliche Krönung nachzuweisen ist.

[2]) In Gregor VII., 5 S. 135.

des Nikolaus Konsekration liegt, welch letztere am 24. April stattfand ¹), könnte allerdings daher kommen, dass mit der Konsekration auf den Kaiser gewartet wurde, dass dieser also bei der Wahl nicht zugegen war. Doch kann auch die Wahl selbst verzögert stattgefunden haben. Und für das letztere wird man sich zu entscheiden haben im Hinblick auf den Bericht des Prudentius, der die vom Papstbuch in Beziehung auf das Verhältnis des Kaisers zur Wahl offen gelassene Lücke ergänzt. Seine Worte sind ²): „Nicolaus praesentia magis ac favore Ludovici regis et procerum ejus quam cleri electione substituitur". Nikolaus war aus sehr vornehmem Geschlecht; auch bei seiner Erhebung tritt das Element der nobilissimi, der optimates, entschieden in den Vordergrund. Unter seiner Regierung nimmt Arsenius, der Vater des einstigen Gegenpapsts der kaiserlichen Partei, eine hervorragende Stelle ein, und den Anastasius selbst finden wir auf der Lateran-Synode von 863 als Assistenten des Nikolaus. Demnach mag Ludwig in Nikolaus einen Mann der kaiserlichen aristokratischen Partei gesehen haben. Die engen Beziehungen, welche nach dem Papstbuch zwischen Benedikt III. und Nikolaus bestanden haben sollen, machen es nicht unmöglich, dass letzterer der Mann der kaiserlichen Wünsche war; denn das Verhältnis zwischen Ludwig und Benedikt hatte sich freundlich gestaltet. Die in der Folge zwischen Ludwig und Nikolaus ausbrechenden Streitigkeiten beweisen nicht, dass Ludwig nicht zur Erhebung desselben mitgewirkt haben kann. Die Spannung zwischen beiden trat erst infolge des Streits des Nikolaus mit Johann von Ravenna im Frühjahr 862 ein. Es ist also nicht nötig, mit Gfrörer alle Anzeichen der Sympathie, welche Ludwig dem Nikolaus gegenüber an den Tag legte, für erheuchelt zu halten ³).

Wir sind übrigens nicht im stand, irgendwie näher anzugeben, wie Ludwig bestimmend auf die Wahl einwirkte. Wenn auch

---

¹) Jaffé reg. S. 348.
²) S.S. I 452.
³) Woher Lorenz, Papstwahl und Kaisertum S. 51 weiss, dass „von einigen die Legalität des Wahlakts bestritten wurde, indem der Klerus und die ersten Würdenträger der Kirche kaum zum Wort gekommen waren", gibt er nicht an. Aus dem Kapitel „si quis" von 862 (vgl. unten) lässt sich eine derartige Bestreitung der Wahl des Nikolaus kaum erschliessen.

der Sache nach der Kaiser diesen Papst erhoben hat, so wurde doch die gewöhnliche Form der Wahl durch die Römer gewahrt. Wäre Nikolaus nicht durch eine regelrechte Wahl erhoben worden, so hätte er ja durch die Erlassung des Dekrets „si quis" von 862 zum Widerspruch gegen seine eigene Wahl herausgefordert.

Daraus, dass Nikolaus „praesente Caesare" konsekriert wurde, ist so gut wie aus der Anwesenheit der kaiserlichen Gesandten bei Benedikts Konsekration zu schliessen, dass die vollständige Beobachtung des kaiserlichen Rechts vorhergegangen war. —

Auf der römischen Synode von 862 [1]), auf der Johann von Ravenna exkommuniziert wurde, wurde im 11. Kapitel die Bestimmung Stephans III. von 769 über die Papstwahl erneuert [2]): „wenn einer den Priestern und geistlichen Grossen, den weltlichen Grossen und dem ganzen Klerus dieser heiligen römischen Kirche die Wahl des Papstes zu bestreiten sich anmasst, so sei er gemäss dem, was auf dem Konzil des Papsts Stephan bestimmt wurde, anathema".

Hier sind die hauptsächlichen Faktoren der Papstwahl aufgezählt. Nur der populus fehlt. Aber diesem und überhaupt dem weltlichen Element wird ja schon in dem zu Grund liegenden Dekret kein unmittelbarer Anteil an der Papstwahl zugeschrieben. Dass Nikolaus die nobiles, die sogar vor dem cunctus clerus genannt werden, in eine Linie mit den geistlichen Faktoren stellt, ist eine Konzession, die er dem zu seiner Zeit mächtigen Element der römischen Aristokratie einräumen muss [3]). Das Dekret hat zunächst den Sinn: einer von den genannten Faktoren vollzogenen regelrechten Wahl dürfe man nicht widersprechen. Es ist im Rückblick auf Vorgänge erlassen, wie sie die Erhebung Benedikts III. begleiteten, und sofern auch der Kaiser damals die Wahl angefochten hat, kehrt das Dekret eine Spitze auch gegen den Kaiser. Liegt nicht aber zugleich in dem Dekret eine Rückbeziehung auf Vorgänge bei der Erhebung des Nikolaus selbst? Mit der Aufzählung der Faktoren der Wahl erklärt das Dekret zugleich: nur diesen kommt die Wahl zu. Insofern könnte man es als einen nachträglichen Protest des Nikolaus gegen den

---

[1]) Jaffé reg. S. 345. Nach Muratori rer. ital. script. II, 2 S. 128 im Jahr 863.
[2]) cfr. oben S. 76 Kapitel „si quis".
[3]) Vgl. Bayet a. a. O. S. 57.

von dem Kaiser bei seiner Erhebung gemachten Versuch ansehen, das freie Wahlrecht der Römer zu verkümmern [1]).

Das Streben Ludwigs, seine Macht über Rom zu steigern, stiess in Nikolaus mit einem Papst zusammen, der sowohl durch eigene Kraft als durch die Gunst der Verhältnisse über die Frankenkönige sich selbst erhob und erhoben wurde. Kaiser Ludwig II. war zwar derjenige unter den Frankenkönigen, der sich am wenigsten vor Nikolaus demütigte; er hat nie den Papst zum Schiedsrichter angerufen wie alle andern. Den Kaiser direkt anzugreifen konnte Nikolaus nie wagen. Wohl aber setzte er ersterem, wenn es galt, einen passiven Widerstand von unerschütterlicher Ausdauer entgegen, namentlich in der Sache der Erzbischöfe Günther und Thietgaud im Jahr 864. Wenn hier auch der Kaiser das allen bisherigen canones widersprechende, absolutistische Verfahren des Papstes bekämpfte, so war die Sache, die er vertrat, der Ehehandel seines Bruders, doch eine schlechte. Deshalb musste der Kaiser bei allem formalen Recht ein schlechtes, der Papst bei allem formalen Unrecht ein gutes Gewissen haben; und letzterer triumphierte. Ludwig wusste die Idee des Staats nur schwankend zu vertreten, wogegen Nikolaus, der sich nicht bloss wie Leo IV. als Fürst des Kirchenstaats, sondern als Fürst der ganzen Kirche fühlte, in der Vertretung der Idee der geistlichen Monarchie ganz aufging. Immerhin war es wesentlich die Rücksicht auf den Kaiser, wie Nikolaus selbst sagt, die ihn abhielt, zur Exkommunikation Lothars zu schreiten [2]). So gross aber auch noch die Kaisergewalt in Rom blieb, so haben sich doch unter Nikolaus die Wege des Kaisertums und des Papsttums vollständig geschieden. Das seines idealen Gehalts entleerte Kaisertum war nicht im stand, einen prinzipiellen Kampf mit den Ansprüchen des Papsttums durchzukämpfen. Dieses seinerseits hatte eine Bahn betreten, welche nur in der absoluten Beherrschung aller sonstigen weltlichen und geistlichen Gewalten ihr Ziel finden konnte. Fortan konnte ein Bund des Papsttums mit der Staatsgewalt nicht mehr redlich gemeint sein.

In den Briefen des Nikolaus finden sich mehrere Stellen, wo-

---

[1]) Unbegründet ist die Meinung Grashofs im Archiv für kathol. Kirchenrecht Band 42 S. 237, das Dekret richte sich gegen das Recht des Kaisers, seine Gesandten zur Konsekration des Papsts zu schicken

[2]) Dümmler, a. a. O. I 1. Aufl. S. 572.

rin er der weltlichen Gewalt das Recht der **Ab-** und **Einsetzung** der Bischöfe bestreitet [1]). Wenn er nicht die Konsequenz der Befreiung des Pontifikatswechsels von aller Rücksicht auf die Staatsgewalt gezogen hat, so liegt der Grund nur darin, dass er es nicht konnte. Wenn Ludwig II. seinerseits weit entfernt war von dem aus pseudoisidorischer Gedankensphäre stammenden Gewissensskrupel: „ubi principatus sacerdotum et christianae religionis caput ab imperatore coelesti constitutum est, justum non est, ut illic imperator terrenus habeat potestatem" [2]), so musste Nikolaus in der Verdrängung der kaiserlichen Herrschaft aus Rom ein Ziel der päpstlichen Politik sehen.

Nikolaus starb am 13. Nov. 867. Sein Nachfolger Hadrian II. wurde am 14. Dez. 867 konsekriert. — Seit 866 führte der Kaiser fortwährend erfolgreichen Krieg gegen die Ungläubigen, der ihn im Süden festhielt. Noch im Jahr 867 begann die Belagerung von Bari, welche 4 Jahre dauern sollte. Persönlich konnte er also dem Papstwechsel nicht beiwohnen; aber wie an sich zu erwarten ist, dass nach dem Tod des Nikolaus dessen Anhänger und Gegner, zu welch letzteren der Kaiser zählte, sich bemühen würden, die Nachfolge in ihrem Sinn zu bestimmen, so wird uns wirklich auch berichtet, dass während des Papstwechsels, ja schon während der Wahl kaiserliche Gesandte in Rom weilten und in Beziehung zu diesem Akt traten. Dieselben waren ohne Zweifel vom Kaiser geschickt, um seine Interessen zu vertreten. Da Nikolaus vor seinem Tod längere Zeit krank war [3]), so kann Ludwig die Gesandten in Erwartung des Tods desselben abgeschickt haben, so dass sie noch rechtzeitig vor der Wahl eintrafen.

Näheres über die Erhebung Hadrians II. gibt nur seine vita. Wenn ihr Bericht auch in herkömmlicher Weise die höchste Einmütigkeit der Wahl behauptet, so verrät er doch, wenn man genauer zusieht, dass die Parteigegensätze vielmehr schroff zu Tag traten. Mit folgenden Worten will uns die vita glauben machen, dass die Parteigegensätze bei der Wahl gar nicht

---

[1]) Dümmler a. a. O. I¹ S. 654.
[2]) Constitut. Constantini bei Hinschius, decretales pseudoisidor. S. 251.
[3]) Hincmar S.S. I 475.

hervortraten: „es habe zwar geschienen, als seien die proceres „in duas partes divisi"; aber die zwei Parteien (welche also damals unter den proceres bestanden!) haben in gleichem Eifer für Hadrian gebrannt; ein Grund zur Spaltung unter ihnen bestand nur in ihrer allzu leidenschaftlichen Liebe zu dem so grossen Mann (Hadrian), indem nämlich jede von beiden so sehr es wünschte, dass Hadrian von ihr auf den Schild erhoben werde (sibi praeferri), dass die eine Partei durchaus Anstand genommen hätte, den Hadrian zu wählen, wenn die andere eben diesen wähle, und nur daher kam es, dass jede Partei den Hadrian als Kandidaten festhielt, weil jede meinte, die andere Partei gebe ihre Stimme einem andern Kandidaten."

In der That eine merkwürdige Parteileidenschaft! Die vita quält sich in dieser geschraubten Erklärung ab, die Möglichkeit zu beweisen, dass bei vorhandener Einmütigkeit der Parteien doch von einer Partei ein Widerspruch gegen Hadrians Wahl erhoben werden konnte. Diese Mühe hätte sich die vita kaum gegeben, wenn ein solcher Widerspruch nicht in Wirklichkeit erhoben worden wäre [1]. Wir begegnen denn auch wirklich auf Seiten der kaiserlichen Partei Symptomen der Unzufriedenheit mit Hadrians Wahl.

Die vita erzählt nämlich selbst: sobald die kaiserlichen Gesandten von der geschehenen Wahl Hadrians hörten, beschwerten sie sich, dass sie von den Quiriten nicht eingeladen worden seien, der Wahl anzuwohnen, — ein entschiedenes Zeichen von Misstrauen gegen die siegreiche Richtung! Die Gesandten fanden in der Unterlassung ihrer Einladung einen „*contemptus Augusti*". Man sagte ihnen jedoch, dass diese nur aus Vorsorge für die Zukunft unterlassen worden sei, damit nämlich nicht aus diesem Anlass allmählich die Sitte entstehe, zur Wahl der Päpste kaiserliche Gesandte abzuwarten. Von dieser Erklärung vollständig befriedigt gehen nach der vita die Gesandten hin, um den Erwählten demütig zu begrüssen [2].

---

[1] Die Darstellung der vita (Duchesne II 174) zwingt zur Kritik, welche sich freilich Gregorovius 3. Aufl. III 157 f. und Niehues, Verhältnis etc. II 318 f. ganz oder fast ganz erlassen. Auch Papenkordt a. a. O. S. 164, Dümmler II 2. Aufl. S. 222 f., Zöpffel in der Realencykl. für prot. Theol. 2. Aufl. V S. 510, Hinschius K. R. I. S. 235 glauben an eine Einigung der römischen und kaiserlichen Partei bei der Wahl.

[2] Hier drängt sich die Vermutung auf, dass die Gesandten den An-

Nun erzählt die vita aber noch weiter: nach der Wahl habe das Volk mit grossem Geschrei verlangt, dass ihm der Gewählte zur Konsekration überlassen werde und fährt fort: „denique omnes hunc certatim coram eisdem legatis rapere et ad summum pontificatus apicem (d. h. zur Konsekration) provehendum trahere ac anxie nitebantur portare, nisi blanditiis senatorum et consiliis aliquantulum sedarentur". Die Konsekration wurde dann erst vorgenommen, nachdem ein Antwortschreiben des Kaisers auf das ihm zugesandte Wahldekret eingetroffen war. Hier begegnet uns in dem Widerstreit derer, welche die sofortige Konsekration verlangen, und derer, welche diesem Drängen widerstehen, der Gegensatz eines dem Kaiser freundlichen und eines weniger freundlichen Teils. Die drängenden sind die „universa plebs", hernach mit „omnes" bezeichnet; ihnen treten gegenüber die „senatores", in denen wir die kaiserliche Aristokratenpartei, an deren Spitze die kaiserlichen Gesandten, zu erkennen haben. Wenn hernach (vgl. unten S. 142, 1) der Kaiser schreibt, dass er Hadrians Konsekration wünsche „non suorum suggestione, sed Romanorum potius unanimitate commotus", so kann man hierin eine Beziehung darauf finden, dass die Wahl Hadrians nicht das Werk der kaiserlichen Partei war.

Ferner sagt uns die vita, dass während der Sedisvakanz ein sehr aufgeregtes Parteiwesen in Rom herrschte; die Konsekration Hadrians habe zum Trost vieler gereicht, „qui factiosorum tyrannide liberius solito saeviente inter unius decessionem et alterius substitutionem pontificis diversis agitantur exiliis". Der leidende Teil bei dieser Zwischentyrannei waren „multi sanctae Dei ecclesiae filii". Dies weist auf Versuche hin, die gemacht wurden, die kirchliche Partei zu vergewaltigen. — Hieher gehört ohne

---

spruch auf Anwesenheit bei der Wahl schon vor der Wahl erhoben haben werden, dass sie aber damit zurückgewiesen worden waren. — Die Stelle der vita lautet: „Quod audientes tunc missi principis moleste tulere, indignati scilicet non quod tantum virum nollent pontificem, quem nimirum anxie cupiebant, sed quod se dum praesentes essent, quirites non invitaverint nec optatae a se futuri praesulis electioni interesse consenserint. Qui accepta ratione quod non Augusti causa contemptus, sed futuri temporis hoc omissum fuerit omnino prospectu, ne videlicet legatos principum in electione Romanorum praesulum mos expectandi per hujusmodi fomitem inolesceret, omnem suae mentis indignationem medullitus sedavere ac salutandum electum etiam ipsi humiliter accessere".

Zweifel auch der von der vita berichtete Einfall Lamberts von Spoleto. „Consecrationis tempore Romanam urbem sicut tyrannus intravit, non rebellantem sicut victor satellitibus suis ad predandum distribuit, majorum domos multis muneribus vendidit, schonte nicht Kirchen und Klöster" (Duchesne II 177). Der Papst exkommunizierte hernach diejenigen in Rom ansässigen Männer, die an der Plünderung Lamberts teilgenommen hatten. Ihre Namen zeigen sämtlich fränkischen Ursprung [1]). Auf diese gestützt machte also Lambert seinen Ueberfall. Lagen diesem keine tieferen Motive zu Grund? Der rechtfertigende Beisatz „*non rebellantem*" lässt erkennen, dass Lambert die Stadt für aufrührerisch erklärte — natürlich gegen den Kaiser! Wenn die Invasion zur Zeit der Konsekration stattfand, so muss sie im Zusammenhang mit den Wahlbewegungen gestanden sein. Wenn auch nicht gesagt ist, ob Lambert vor oder nach der Konsekration einbrach, so war Hadrian jedenfalls schon gewählt. Der der Stadt gemachte Vorwurf des Aufruhrs kann also nicht zu Gunsten Hadrians, des Erwählten der Römer, erhoben worden sein. Hadrian trat ja auch sofort mit kirchlicher Massregelung der Freunde Lamberts auf und führte über sie Klage beim Kaiser. Lambert handelte also im Bund mit solchen, die mit der Wahl unzufrieden waren. Seine Helfer waren die spezifisch kaiserlich Gesinnten [2]).

Hätte die vita mit ihrer Angabe Recht, dass Lambert zur Strafe für seine Invasion vom Kaiser seines Herzogtums beraubt worden sei, so müssten wir freilich andere Motive für sein Auftreten suchen. Allein in Wahrheit ward Lambert erst 871, und zwar wegen Verdachts der Teilnahme an einer Verschwörung gegen den Kaiser, entsetzt [3]). Wenn nun auch Lambert nicht im unmittelbaren Auftrag des Kaisers gehandelt hat [4]), so konnte er doch nicht nur sehr leicht einen solchen Auftrag vorgeben, sondern es ist wohl möglich, dass Ludwig, als er zu voraussichtlich längerer Kriegführung in den Süden abzog, dem Lambert

---

[1]) Gregorovius a. a. O. III S. 159, 2.

[2]) Gfrörer (Gregor VII 5, 137; Kirchengesch. III 1047) lässt die Wahl während der Anwesenheit Lamberts „als Zuchtmeisters" unter dessen beherrschendem Einfluss vor sich gehen. Diese Kombination fällt schon durch die richtige Uebersetzung. Vgl. Dümmler a. a. O. II² S. 223.

[3]) Vgl. Dümmler, a. a. O.; Bayet a. a. O. S. 87 lässt die Angabe der vita unbeanstandet.

[4]) Vgl. Duchesne II 186 n. 18.

die Ueberwachung Roms übertragen hatte. Seit Karl dem Grossen haben die spoletinischen Herzöge öfters im Sinn des fränkischen Herrschers in Rom eingegriffen [1]).

Endlich ist darauf hinzuweisen, dass es eine der ersten Amtshandlungen Hadrians war, dass er beim Kaiser die Rückkehr von Männern, die dieser selbst verbannt hatte, auswirkte. Hinzugefügt wird von der vita die Notiz: „der Kaiser befahl auch, dass alle, welche man aus Privatfeindschaft *tamquam reos imperatoriae majestatis* eingesperrt hatte, freigelassen würden" (vita Hadr. II cap. XIII). Man sieht, wie der Name des Kaisers in das Parteigetriebe in Rom hereingezogen worden war und wie sich Hadrian alsbald für die kirchlich und altpäpstlich Gesinnten verwendete.

Alle diese Symptome, welche auf einen nach des Nikolaus Tod ausgebrochenen heftigen Streit der Parteien hinweisen, sprechen zugleich dafür, dass die mit Hadrians Wahl Unzufriedenen die kaiserlich Gesinnten waren, dass also diese Wahl das Werk der römisch-kirchlich Gesinnten war, wogegen die Gegner auch nach der Wahl die gewaltsamsten, aber fruchtlose Versuche machten, die Gegenpartei einzuschüchtern [2]). So wird denn auch von der vita auf das entschiedenste behauptet: schon lange sei Hadrian in Gesichten, welche Mönchen, Priestern und Laien zu Teil wurden, als der Papst der Zukunft angekündigt gewesen; Hadrian habe nichts anderes gewollt als das, was Nikolaus begonnen, in dessen Geist fortsetzen; z. B. habe er einige von Nikolaus ausgefertigte Briefe mit seinem eigenen Namen unterschrieben, „ut se ejusdem voluntatis et studii fore ostenderet"; überhaupt habe er seine Uebereinstimmung mit dem Vorgänger möglichst ostentativ bekundet, so dass er sogar von den Gegnern des Nikolaus mit dem Spottnamen „Nikolait" belegt worden sei.

Dieser Ansicht über den Charakter der Partei Hadrians scheint nun freilich in einer Weise, welcher Beachtung geschenkt werden muss, das zu widersprechen, dass bald nach dem Amtsantritt Hadrian's eine starke Unzufriedenheit der Anhänger des Nikolaus hervortritt. Die vita berichtet selbst c. XV: „weil

---

[1]) Die Fälle sind zusammengestellt von Jung in den Forschungen 14 S. 420, 1. Vgl. ibid. die auf die Stellung des Herzogs von Spoleto bezüglichen Stellen des libellus de imperat. pot. und die Beurteilung dieser Stellen (dazu auch Hirsch in den Forschungen 20 S. 144).

[2]) So auch Bayet a. a. O. S. 86.

Hadrian einige von den Feinden des Nikolaus wie Unkraut unter dem Waizen in seiner Nähe behielt, indem er sie als weiser Haushalter bis zur Zeit der Reife aufbewahrte, so verbreitete sich das falsche Gerücht, dass er alle von seinem Vorgänger in göttlichem Eifer getroffenen Festsetzungen umstossen wolle."— Aus einem Brief des Bibliothekars Anastasius an Ado von Vienne [1]), einer Stimme aus diesen unzufriedenen Kreisen, erfahren wir, dass namentlich Arsenius in der Umgebung Hadrians das dem Nikolaus feindliche Prinzip vertrat, ein Mann, welcher, wie der Brief sagt, bei „seinem Kaiser viel vermochte" [2]). Ueberhaupt wird von dieser Stimme der sich regenden Reaktion gegen Nikolaus deshalb eine so grosse Gefährlichkeit beigemessen, weil „man sagt, wie wir glauben mit Unrecht, dass der Kaiser diesen Gegnern des Nikolaus seine Hand bieten werde" [3]). Hadrian stand also in der Anfangszeit seines Pontifikats unter dem Einfluss der kaiserlichen Partei. Die Stimmung jenes Briefs ist eine ziemlich gedrückte, der Schreiber befürchtet das Schlimmste, eine Zerstörung der Werke des Nikolaus, namentlich Aufhebung seiner Strafmassregeln, überhaupt eine Erniedrigung der römischen Kirche. Was der Brief über den Papst sagt, klingt nicht zu vertrauensvoll. Seine Sitten werden zwar gelobt, aber getadelt wird seine Unselbständigkeit: „bis jetzt wissen wir nicht von ihm, ob er die kirchlichen Geschäfte alle oder nur einen Teil besorgen will". Und zwar ist seine Unselbständigkeit gefährlich, weil „die Seele Hadrians an der des Arsenius hängt, der im Eifer für die Kirchenreform ein wenig erkaltet ist, weil er von dem verstorbenen Papst viele Feindseligkeiten erduldet hat und deshalb dem Interesse des Kaisers dient" [4]). (Man sieht, wie in den Augen der streng

---

[1]) Bei Mansi XV, 453; bei Dümmler II² 221 f. Der Brief kenzeichnet sich selbst als nach dem Regierungsantritt Hadrians geschrieben. Hirsch (in den Forschungen 20 S. 149) lässt ihn noch vor der Wahl Hadrians geschrieben sein.

[2]) „valet apud suum imperatorem".

[3]) Nach dem libellus de imperatoria potestate war Arsenius von Ludwig mit der Wahrung der kaiserlichen Interessen in Rom betraut, — eine gewiss nicht ganz grundlose Nachricht des über die Verhältnisse der betreffenden Zeit im allgemeinen wohl unterrichteten Autors, wenn man auch den genaueren Charakter der Stellung des Arsenius zum Kaiser aus dem libellus nicht ableiten kann. Vgl. Hirsch in den Forschungen 20 S. 149.

[4]) Zur Kontrole meiner Auffassung dieser Stelle sei ihr Wortlaut beigefügt: „Habemus autem praesulem Hadrianum nomine, virum per omnia

kirchlichen Partei Eifer für die Kirchenreform und Freundschaft des Kaisers sich ausschliessen.)

Namentlich aus diesem Brief, aber auch aus dem falsch datierten Einfall Lamberts [1]) erschliesst Gfrörer, dass Hadrian II. der fränkischen Partei seine Erhebung verdankt habe.

Die vita erzählt, dass „alle Bischöfe der westlichen Gegenden" ein Schreiben an Hadrian schickten, worin sie ihm die religiosa memoria des Nikolaus als eines Papstes von orthodoxer Lehre einschärften. Ado selbst schrieb dem Hadrian im Sinn des Anastasischen Briefs, wie aus dem Antwortschreiben Hadrians an Ado vom 8. Mai 868 [2]) hervorgeht. Diese Aufregung wird im Blick auf die ersten Amtshandlungen Hadrians sehr begreiflich. Noch am Tag seiner Weihe nahm er (nach der vita c. X) den Thietgaud von Trier und Zacharias von Anagni wieder in die Kirchengemeinschaft auf; die Waldrada befreite er Februar 868 vom Bann „auf die inständigen Bitten des Kaisers Ludwig, dem in allen Stücken Glauben geschenkt werden muss" [3]). Offenbar das Benehmen des Papstes selbst gab dem Lothar Hoffnung, durch eine Reise nach Italien 869 beim Papst an das Ziel seiner Wünsche zu gelangen.

Allein ebenso evident geht aus dem **wahren Charakter der Politik Hadrians** hervor, dass jene Aufregung eine unberechtigte, nur auf dem Schein beruhende war. Jener wahre Charakter legt sich in Hadrianischen Schreiben und in Thatsachen selbst dar. Am 2. Febr. 868 fordert er die in Troyes versammelten Bischöfe auf, allen männlichen Widerstand zu leisten, die etwas gegen die Massregeln des Nikolaus zu unternehmen wagen [4]). Am 8. Mai 868 erklärt er in jenem Brief an Ado sich vollkommen einverstanden mit dessen Mahnungen; „acta Nicolai tanto a nullo patimur quolibet pacto convelli, quanto ipse nobis post longa

---

quantum ad bonos mores pertinet, valde strenuum et industrium. De quo adhuc utrum ecclesiastica negotia omnia an partem curare velit, ignoramus. Pendet autem anima ejus ex anima avunculi mei, vestro vero Arsenii, quamvis idem eo quod inimicitias multas obeuntis praesulis pertulerit ac per hoc imperatori faveat, a studio ecclesiasticae correctionis paullulum refriguisset".

[1]) Oben S. 136 Anm. 2.
[2]) Jaffé reg. 2. Aufl. Nr. 2907. Mansi XV 859.
[3]) Jaffé a. a. O. Nr. 2897. Mansi XV 834.
[4]) Mansi XV 821.

tempora inter nubila praesentis vitae quasi quoddam novum sidus apparens etc." Seine Prinzipien erklärt er für völlig eins mit denen des Nikolaus, nur ihre Anwendung sei bei ihm den Umständen entsprechend verschieden. Und dies wird durch die Thatsachen völlig bestätigt; z. B. die Absolvierung der Waldrada war so verklausuliert, dass der Würde des apostolischen Stuhls kaum etwas vergeben war. Dass das Entgegenkommen gegen Lothar in der Scheidungssache nur ein scheinbares war, zeigte sich schlagend, als Lothar 869 nach Italien kam, um den Papst zur Lösung seiner Ehe zu bewegen [1]). Auch Hadrian suchte die Politik der Frankenkönige der päpstlichen Auktorität zu unterwerfen. Im Unterschied von Nikolaus bemerkt man bei Hadrian allerdings eine grössere Rücksichtnahme auf den Kaiser. Aber auch seine Verbindung mit dem Kaisertum war keine aufrichtige. Dies zeigen jene geheimen Unterhandlungen Hadrians mit Karl dem Kahlen in betreff der Kaiserkrone [2]). Die Erklärung der Thatsache, dass Hadrian wenigstens äusserlich von Anfang an mehr Rücksicht auf den Kaiser zu nehmen pflegte als Nikolaus, liegt wohl in dem entschiedenen Auftreten der fränkischen Partei bei Hadrians Erhebung, wovon die Spuren oben nachgewiesen wurden und welches doch auch auf die Gegenpartei einen nachhaltigeren Eindruck gemacht haben muss.

Im Hinblick auf den wahren Charakter der Hadrianischen Politik wird man also in jener Unzufriedenheit der altpäpstlichen Partei nur ein vorübergehendes Irrewerden der eigenen Partei an dem von ihr selbst aufgestellten Papst zu sehen haben, ohne dass unser anfängliches Resultat über das Verhältnis der Parteien alteriert würde. —

Nachdem nun das Materielle des Thatbestands beim Pontifikatswechsel von 867 erledigt worden ist, wobei eine weiter ausholende Erörterung unumgänglich war, ist noch die Frage nach der Rolle, die das kaiserliche Recht bei diesem Papstwechsel spielte, ins Auge zu fassen. Sei es, dass der Anspruch der Gesandten, der Wahl anzuwohnen, vor oder nach der Wahl erhoben worden ist [3]), so wurde jedenfalls von kaiserlicher Seite

---

[1]) Dümmler a. a. O. II² 238 ff.
[2]) Dümmler II² 348 ff.
[3]) Vgl. oben S. 134 Anm. 2.

eine Rechtsanschauung geltend gemacht, nach welcher der kaiserlichen Vertretung irgend welche Beteiligung bei der Wahl einzuräumen gewesen wäre. Das „interesse electioni" bedeutet im Mund der kaiserlichen Kommissäre kaum ein bloss passives Zugegensein, sondern die Einräumung der Möglichkeit, den kaiserlichen Willen bei der Wahl selbst geltend zu machen. Es wird vom kaiserlichen Standpunkt aus [1]) als die selbstverständliche Konsequenz der bisher geltenden Normen hingestellt, dass, wenn einmal des Kaisers Gesandte schon während der Wahl in Rom zugegen sind, dieselben auch zur Wahl zugezogen werden. In den Worten „dum praesentes essent" liegt das ausgedrückt, was an der vorliegenden Sachlage neu war. Zwar waren wohl schon öfters kaiserliche missi während einer Wahl in Rom anwesend gewesen, aber eben nicht mit der Mission, die Beziehung des Kaisers zur Papsterhebung zu vermitteln. Die Römer dagegen betrachteten die Anwesenheit der Gesandten nur als verfrühtes Eintreffen der Gesandtschaft, welche den Kaiser vor oder bei der Konsekration zu vertreten pflegte. Gegen das Bestreben, von kaiserlicher Seite, an dem freien Wahlrecht der Römer zu rütteln, — ein Bestreben, das schon früher, namentlich bei der unter Ludwigs Auspizien vor sich gegangenen Wahl des Nikolaus zu Tag getreten war, — opponierten die Römer, argwöhnisch auf ihr Recht bedacht, im vollsten Bewusstsein davon, dass es sich bei den Ansprüchen der Gesandten um einen tiefen Eingriff in das bisherige Wahlsystem handelte [2]).

War auf diesem Punkt eine Ausdehnung des kaiserlichen Rechts nicht gelungen, so drangen dagegen die Kaiserlichen mit

---

[1]) Es ist natürlich nicht auszumachen, wie weitgehend und wie genau die den missi von dem Kaiser gegebenen Instruktionen waren. Aber es ist unbegründet, so, wie Bayet a. a. O. S. 87 es thut, das Verhalten der missi aus dem Bestreben zu erklären, unter dem Titel der Vertretung des Kaisers ihre eigene Macht zu vermehren. In der Beurteilung des Verhaltens des Herzogs von Spoleto mag dies zutreffen. Aber in den missi haben wir Gesandte zu sehen, die, wie aus dem Ausdruck „dum praesentes essent" hervorgeht, zur Vertretung des Kaisers eigens hergeschickt waren und denen deswegen die Verfolgung selbstsüchtiger Pläne in Rom ferner lag, als dort eingesessenen Grossen. Ueber die Person der missi lässt sich übrigens aus der vita nichts entnehmen.

[2]) Die Antwort der Römer wurde als massgebend für die Zukunft von den Kanonisten reproduziert. Gratian c. 29. Dist. LXIII. Näheres bei Hinschius K. R. I 235, 2.

einer zweiten, im weiteren Verlauf gestellten Forderung durch. Der Gegensatz derer, welche zur sofortigen Konsekration drängen und derer, welche hemmend dazwischen treten, wurde schon oben S. 135 interpretiert. Es ist nach der Darstellung der vita, obgleich diese es nicht ausdrücklich sagt, kein Zweifel, dass jenem Drängen die Forderung gegenüber gestellt wurde, dass dem Kaiser vorher die Wahl mitgeteilt und dessen Antwort abgewartet werde. Daraus, dass die vita sagt, man habe den Hadrian *„coram eisdem legatis"* zur Konsekration schleppen wollen, ist zu schliessen, dass den Kaiserlichen die Auffassung entgegentrat, das Recht des Kaisers sei schon gewahrt, wenn die Konsekration in Gegenwart seiner Gesandten (d. h. mit Beobachtung der diesen Gesandten herkömmlicher Weise zustehenden Funktion) erfolge. Allerdings konnte es sich im vorliegenden Fall von Seiten des Kaisers nicht mehr um Abordnung einer besonderen Gesandschaft handeln, wenn man ihn noch vor der Konsekration von der Wahl benachrichtigte und seine Antwort abwartete. That man das, so erhielt diesmal die persönliche Funktion des Kaisers, im Unterschied von der Funktion seiner Gesandten, eine selbständige Bedeutung; sein Recht bekam in seiner diesmaligen Ausübung eine dem **unbedingten Bestätigungsrecht sich annähernde Gestalt**. Die Antwort Ludwigs kennen wir nur, insoweit uns die vita Andeutungen über sie gibt [1]). Ludwig sprach, nach der vita, seine Freude über die Einmütigkeit der Wähler und, durch diese Einstimmigkeit bewogen, seinen angelegentlichsten Wunsch aus, die Konsekration möge vor sich gehen. Er erscheint hiemit so ziemlich auf die Linie der früheren Exarchen in Ravenna gerückt, welche sich einst bitten liessen, die „desideria potentium" (lib. diurn.) in Betreff der Konsekration zu erhören, und die dann den Befehl zur Vornahme der Konsekra-

---

[1]) Duchesne II 175: „Quorum omnium unanimitatis desiderium audiens Illudovicus imperator, cognoscens etiam, qualiter in eo decretum suis subscriptionibus roboraverant, valde gavisus est, et ut tantus domini famulus cunctisque gentibus videlicet tam Romanis quam diversis advenis desideratus et desiderabilis christianae plebi praeficeretur, medullitus exoptavit; et mox imperialem scribens epistolam cunctos Romanos, quod dignum tanto praelegissent officio praesulem conlaudavit, per quam videlicet innotuit, nulli quippiam praemii foro ex consecratione ipsius quoquo modo pollicendum, cum ipso hanc non suorum suggestione, sed Romanorum potius unanimitate commotus ardentissime cuperet provenire. . . ."

tion zu erteilen pflegten. (Dahingestellt möge bleiben, ob ein Wert auf die Differenz zu legen ist, dass der Exarch einst die Konsekration befahl, während Ludwig — nach der vita — sie nur wünschte.) —

Eine Bestätigung der vom liber pontif. berichteten Beziehung des kaiserlichen Willens liegt in der Notiz Hincmars: „successit Adrianus papa electione clericorum et consensu Ludovici imperatoris in pontificatu" [1]).

Hadrian II. starb zwischen dem 13. Nov. und 14. Dez. 872 [2]). Der Anfang der Regierung Johann's VIII. wird von Hincmar [3]) auf den 14. Dezember angesetzt. Zur Zeit der Erhebung Johanns weilte Ludwig allem Anschein nach in Kapua [4]). Die Quellen, unter denen wir von jetzt an, ausser bei Stephan V., den liber pontif. vermissen, enthalten nichts über die Beziehung des Kaisers zum Papstwechsel. Der Zeitrahmen, innerhalb dessen Johann's Erhebung anzunehmen ist, ist gross genug, um für die Einholung eines kaiserlichen Bescheids nach der Wahl Raum zu lassen [5]). Es ist durchaus unwahrscheinlich, dass die Römer wagten, den Johann ohne Beiziehung der kaiserlichen Auktorität zu weihen, nachdem Ludwig bei allen bisherigen Papstwechseln seine Oberhoheit so kräftig geltend gemacht hatte. Zudem hatte Ludwig durch seine römische Anwesenheit von 872 den Römern seine Auktorität in frische Erinnerung gebracht.

Einige Jahre nachdem Ludwig die kaiserlichen Waffen durch Besiegung der Sarazenen zu neuen Ehren gebracht hatte, starb er am 12. August 875.

Die Geschichte der Papstwahlen unter dem Kaisertum hat gezeigt, dass dieses, auch nachdem es zur Partikulargewalt ge-

---

[1]) S.S. I 476.
[2]) Jaffé reg. 2. Aufl. S. 375.
[3]) S.S. I 494.
[4]) Dümmler a. a. O. I¹ S. 780 und 809 Anm. 35.
[5]) Was Gfrörer, Kirchengeschichte III 1093 als Beweis dafür anführt, dass Johann nicht gegen Ludwigs Willen erhoben sein könne, beruht auf einer unrichtigen Notiz des Regino. Vgl. Dümmler I¹ 780 Anm. 26.

worden war, an seinem Recht in Beziehung auf die Papsterhebung mit aller Straffheit festgehalten hat. Aus dieser Wahrnehmung ist zu schliessen, wofür wir ja auch sonst Anzeichen haben, dass es die Form seines Rechts, die im Jahr 824 festgesetzt und vom Papst anerkannt wurde, nicht ausser Acht hat kommen lassen. Was dem Kaiser damals zugesprochen worden war, war das Recht, den Nachweis der regelrecht erfolgten Wahl mittelst Zusendung des Wahldekrets sich geben zu lassen und dem gewählten päpstlichen Kandidaten die eidliche Anerkennung seiner verantwortlichen und abhängigen Stellung dem Kaiser gegenüber als Bedingung, unter der die Konsekration allein vorgenommen werden darf, abzuverlangen. Allein wir haben auch gesehen, dass das Kaisertum nach einer Ausdehnung seines Rechts strebte. Bei drei auf einander folgenden Papsterhebungen, bei Benedikt III., bei Nikolaus I. und bei Hadrian II., sahen wir den Kaiser den Versuch machen, tiefer einzugreifen, seis, dass wir ihn ein unbedingtes Bestätigungsrecht oder ein Recht bei der Wahl selbst mitzuwirken oder beides geltend machen sahen. Jenes Statut von 824 scheint in den Augen des Kaisers das Minimum, die Grundlage seines Rechts gebildet zu haben. Die Versuche des Kaisers, seinen Einfluss zu erweitern, sehen wir, je nach den wechselnden Umständen, von verschiedenem Erfolg begleitet [1]. — Und als Motiv für dieses Streben des Kaisers nach Ausdehnung seines Einflusses haben wir das Misstrauen gegen das dem Kaisertum

---

[1] Es ist also, wenn man auf die dokumentierten Rechte sieht, dem Ergebnis Granderaths a. a. O. darin zuzustimmen, wenn er sagt, dass die Karolinger während der ganzen Dauer ihrer Dynastie ein Bestätigungsrecht nicht besessen haben (sofern man ein solches Recht in seinem Vollsinn im Auge hat). Wir werden das auch für den Rest der karolingischen Epoche bestätigt finden. Allein das Recht, das die karolingischen Kaiser seit 824 urkundlich garantiert besassen und das sich nicht erst, wie Granderath meint, seit der zweiten Hälfte des 9. Jahrhunderts bildete (nach Granderath zuerst angewandt bei Benedikt III. und erst gegen Ende des Jahrhunderts von Johann IX. schriftlich fixiert!), hatte doch einen viel tiefer greifenden Inhalt als Granderath zugibt. Nach ihm hatte der Brauch, den Kaiser vor der Konsekration von der Wahl offiziell zu benachrichtigen, nur die Bedeutung, 1) dass sich der Kaiser durch Gesandte von der Rechtmässigkeit der Wahl überzeuge, 2) dass er die Konsekration des rechtmässig Gewählten gegen Eindringlinge schütze.

sich entfremdende Papsttum erkannt. Für die Bestrebungen des Papsttums ist es charakteristisch, dass wir an der Spitze der geschilderten Periode die rücksichtslose Umgehung des kaiserlichen Rechts bei der Erhebung des Sergius bemerkt haben. Mit der Entfremdung zwischen beiden Mächten wuchs das Interesse des Kaisers, sich des Papsttums in der Person jedes Neugewählten zu versichern. Und dem Kaisertum gelang es auch, obgleich die Anzeichen des Widerstrebens der geistlichen Gewalt keineswegs verschwinden, die völlige Umgehung seines Rechts in den meisten Fällen zu verhindern, ohne dass es freilich dem Kaisertum gelungen wäre, das Papsttum auch durch ein innerliches Band wieder mit sich zu verbinden [1]).

Anhangsweise sei hier die Schrift des Florus (diaconus): „de electionibus episcoporum" berührt [2]). Nach dem Vorgang Thomassin's [3]) legen Phillips und mit ihm Granderath [4]) grosses Gewicht auf das, was Florus in der genannten Schrift über die angebliche Freiheit der Papsterhebung von allem Einfluss der Staatsgewalt sagt. Die Wirksamkeit des mit den Lyoner Bischöfen stets nahe verbundenen Florus, dessen Geburts- und Todesjahr nicht genau feststeht, gehört etwa den ersten 6 Jahrzehnten des neunten Jahrhunderts an [5]). Der Zweck seiner Schrift „de electionibus episcoporum" ist, aus den Zeugnissen und der Geschichte

---

[1]) Wenn Hinschius K. R. I 237 sagt: „die Kaiser betrachteten ihr Recht als gewahrt, wenn bei der Abwesenheit der kaiserlichen Gesandten ihnen vor der Konsekration der Bericht über die Wahl eingesandt wurde", so ist dem entgegenzuhalten, dass eben normaler Weise Entgegennahme des Wahldekrets und Abordnung der Gesandten von Seiten des Kaisers auf einander folgten, wie gerade der Bericht über die Wahl Benedikts III., auf den Hinschius verweist, zeigt. Die Gesandten, die das Recht des Kaisers beim Papstwechsel vertreten sollten, waren nicht schon zum voraus in Rom anwesend, wenn nicht ausnahmsweise, wie bei Hadrian II.

[2]) Bei Gallandi, biblioth. veter. patr. vol. XIII 591; bei Migne patrol. tom. 119 p. 14.

[3]) Thomassin (vetus et nova eccl. disc. II lib. II cap. 25) stellt das, was Florus sagt, den fränkischen Berichten über den Hergang bei der Erhebung Gregors IV. und Sergius' II. in der Weise gegenüber, dass er das von diesen vorausgesetzte kaiserliche Recht in Beziehung auf den Papstwechsel geradezu für erdichtet erklärt.

[4]) Phillips K. R. V S. 765; Granderath a. a. O. S. 187.

[5]) Vgl. Bähr, Geschichte der römischen Literatur im karoling. Zeit-

der Kirche zu erweisen, dass die Besetzung der Bistümer lediglich Sache der Kirche, d. h. der Gemeinde und des Klerus sei, dass also kein Fürst suo beneficio Bistümer verleihen könne, ohne schwer zu sündigen. Die Ordination eines Bischofs bedarf zu ihrer veritas und auctoritas durchaus nicht einer Mitwirkung der weltlichen Gewalt. Die in einigen Königreichen aufgekommene Sitte, vor der Ordination den Fürsten zu befragen, wird von Florus nicht schlechthin verworfen, aber sie erscheint ihm nur von der Anschauung aus gerechtfertigt, dass die Kirche, indem sie den Willen des Fürsten berücksichtigt, etwas an sich Ueberflüssiges thut, was nur den Zweck hat, das brüderliche Einvernehmen der Kirche mit dem Staat zu erhalten. Von einem Recht des Staats, dies zu verlangen, ist keine Rede [1]). Es ist jener hierarchische Standpunkt, der in dem Staat der Kirche gegenüber das absolut Niedrigere sieht. In der kanonischen Erhebung der Bischöfe spricht sich nach Florus unmittelbar Gottes Wille aus. Dem gegenüber steht die mundana potestas oder die principes hujus saeculi, die nur eine humana potestas auszuüben im stande sind. Freilich versichert Florus zum Schluss, er sage dies nicht, um die potestas principum zu schmälern oder um eine Ansicht aufzubringen, welche gegen den religiosus mos regni gehe; vielmehr wolle er nur zeigen, dass in dieser Sache die göttliche Gnade genüge, die menschliche Macht aber, wenn sie nicht mit jener übereinstimme, nichts darein zu sprechen habe.

Also die Meinung des Florus ist: die Könige können, wenn sie wollen, zu dem in der kanonischen Wahl ausgesprochenen Willen Gottes nachträglich ihre Zustimmung geben; aber auch das ist etwas, was ihnen die autonome Kirchengewalt aus blosser Gefälligkeit einräumt.

Als Beispiel nun, wodurch erhärtet werden soll, dass die Auktorität der Bischöfe durch die Mitwirkung einer weltlichen Gewalt in keiner Weise erhöht werden kann, wird in cap. VI die römische Kirche angeführt: „sed et in Romana ecclesia usque in praesentem diem cernimus absque interrogatione principis solo dispositionis judicio et fidelium suffragio legitime pontifices

---

alter (1840) § 174. Ebert, allgemeine Gesch. der Literatur des Mittelalters im Abendland II (1880) S. 268—272.

[1]) Vgl. oben S. 112; wo wir den Wala die gleiche Betrachtungsweise auf das Kirchengut anwenden sahen.

consecrari ... nec adeo quisquam absurdus est, ut putet, minorem illic sanctificationis divinae esse gratiam, quod nulla mundanae potestatis comitetur auctoritas".

Florus sagt also, dass bis auf seine Zeit die Päpste rechtmässig erhoben werden, ohne dass die Kaisergewalt irgend etwas dabei mitzusprechen habe. Nun kennen wir freilich die Zeit, bis zu welcher Florus rechnet, d. h. die Abfassungszeit seiner Schrift nicht genau. Wenn Bähr[1]) Recht hat, nach welchem dieselbe um 822 abgefasst ist[2]), so hat das Urteil des Florus, wenigstens was die karolingische Zeit anbelangt, historische Berechtigung, wenn gleich Florus sich in Beziehung auf die Verhältnisse unter dem älteren, namentlich dem byzantinischen Kaisertum jedenfalls getäuscht hat. Aber auch wenn die Schrift später abgefasst ist, so ist es ganz unstatthaft, ihr Zeugnis so, wie Thomassin es thut, den andern Quellen gegenüber zu stellen. Wie leicht konnte ein Geistlicher von Lyon, der wenig Gelegenheit hatte, in die kaiserliche Politik gegenüber dem Papstwechsel Einblick zu bekommen, sich über das thatsächlich bestehende Verhältnis täuschen! Der Umstand, dass in der That auch nach 824 einige Papstkonsekrationen ohne Beiziehung des Kaisers erfolgten, konnte für eine Betrachtung aus der Ferne den Schein verstärken, als wäre das der regelrechte Hergang, zumal da die hierarchische Betrachtungsweise a priori geneigt sein musste, sich den Einfluss der weltlichen Gewalt ausgeschlossen zu denken[3]).

---

[1]) a. a. O. S. 448. Die Abfassung der Schrift stand wohl im Zusammenhang mit den Bestrebungen, denen Agobard auf der Versammlung zu Attigny 822 und darauf in seinem „liber de dispensatione ecclesiasticarum rerum" (Bähr a. a. O. S. 383. 389, XV), worin er die Unantastbarkeit der Kirchengüter vertrat, Ausdruck gegeben hat.

[2]) Auch Bayet a. a. O. S. 77 nimmt diese Zeit an.

[3]) Was Bayet a. a. O. S. 77, 2 gegen Hinschius S. 237, 1 bemerkt, beruht auf einem Missverständnis teils dessen, was Hinschius, teils dessen, was Florus sagt. Hinschius fasst den Florus richtig auf und charakterisiert seine Worte mit Recht als „Uebertreibung"; nur unterlässt er es, dieses sein Urteil, sofern Florus von der karolingischen Zeit redet, von der Abfassungszeit der Schrift abhängig zu machen.

IV. Das Kaisertum als Objekt des Streits zwischen den Fürsten.
(Seit 875.)

Schon Hadrian II. hatte die Politik eröffnet, nach welcher der Papst sich die Vollmacht zuschrieb, unabhängig vom bestehenden Kaisertum, ja im Gegensatz zu demselben über die Zukunft des Kaisertums zu entscheiden. Johann VIII. setzte diese Politik fort, indem er mit Nichtachtung des Willens des verstorbenen Kaisers **Karl den Kahlen** nach Rom einlud, um sich dort die Kaiserkrone zu holen. Er wollte eine Stellung behaupten, von der aus er über diese Krone frei verfügen konnte, sie demjenigen Bewerber anbietend, welcher am geneigtesten schien, auf päpstliche Bedingungen einzugehen [1]). Nur helfen, d. h. dienen sollte der Kaiser dem Papst gegen dessen äussere und innere Feinde, gegen die Sarazenen und die römischen Grossen. Bedenkt man, dass dasselbe Prinzip, welches dem Papst erlaubte, unter den Karolingern willkürlich einen Kaiser herauszuwählen, ihm auch erlaubte, das Kaisertum einem ganz andern Haus zu übertragen, so erkennt man, welch tiefen Einschnitt die Erhebung Karls des Kahlen durch Johann VIII. macht. Karl gab sich dazu her, die dem Kaiser zugedachte Rolle zu übernehmen. Er ging nach Italien, um um jeden Preis ein ihm wertvoll erscheinendes Gut zu erlangen [2]). Die Angaben des libellus [3]) über Karls Konzessionen und Schenkungen sind ohne Zweifel übertrieben [4]); aber sie cha-

---

[1]) Vgl. den libellus de imp. pot.: „die Päpste baten Karl den Kahlen, dem hl. Petrus zu Hilfe zu kommen und seine Kirche aus dem Joch der Knechtschaft zu der ihr gebührenden Freiheit zurückzuführen, wie wenn sie von irgend jemand gewaltsam unterdrückt wäre".

[2]) Vgl. den Chronisten von Fulda und Regino.

[3]) Bei Watterich S. 630 f.

[4]) Eine nähere Untersuchung des Grades der Glaubwürdigkeit dieser allgemeinen Angaben des libellus ist für unsern Zweck nicht nötig. Ich verweise auf die freilich differierende Beurteilung von Ficker a. a. O.

rakterisieren das Verhältnis, in welches das Kaisertum zu Papst und Rom trat; „Carolus Romam veniens renovavit pactum cum Romanis perdonans illis jura regni et consuetudines illius".

Spezielles Interesse für uns hat die Notiz des libellus: „removit etiam ab eis (scil. Romanis) regias legationes, assiduitatem vel praesentiam apostolicae electionis". Ich übersetze diese Stelle mit Hirsch (a. a. O. S. 133) so: „er entfernte ferner von ihnen die königlichen Gesandtschaften, sowohl die ständigen als auch diejenigen, welche früher bei der Papstwahl zugegen gewesen waren" [1]). Der libellus macht hier die unrichtige Voraussetzung, dass die kaiserlichen Gesandten nach dem bis dahin geltenden Recht bei der Wahl haben anwesend sein dürfen. Wir haben gesehen, dass dies zwar vom Kaiser angestrebt, aber nicht als Recht durchgesetzt wurde. Auch mit der Behauptung, dass „die königlichen Gesandtschaften von Rom entfernt" d. h. die Vertretung der fränkischen Staatsgewalt beseitigt worden sei, übertreibt der libellus jedenfalls; denn in mehreren Briefen an Karl den Dicken redet Johann VIII. selbst von Gesandten, die den König, resp. Kaiser vertraten und die Rechte Petri helfen wahrnehmen sollten [2]). Unter Hadrian III. erscheint eine Vertretung des Kaisers in Rom in der Person des Johann von Pavia als missus (unten S. 154). Und was speziell das Verhältnis des Kaisers zum Papstwechsel betrifft, so werden wir finden, dass Karl III. die kaiserlichen Rechte in Beziehung auf die Papsterhebung nicht als aufgegeben betrachtete. Auch aus dem 898 von päpstlicher Seite erlassenen Dekret „quia sancta" ist zu schliessen, dass die den kaiserlichen Gesandten normaler Weise bei oder vor der Konsekration zukommende Funktion nie vorher abgeschafft worden ist; denn dieses Dekret redet davon als von einem missbräuchlich abgekommenen, nicht aber als von einem irgend einmal abgeschafften Gebrauch. Die Angabe des libellus über die an-

---

II 357, 7 und Hirsch in den Forschungen 20, S. 127 ff. einerseits und Jung (Forschungen 14 S. 444 ff.) andererseits.

[1]) Hirsch unterlässt jedoch, die Glaubwürdigkeit speziell dieser Nachricht zu untersuchen. Bayet (S. 88) acceptiert, Jung folgend, das, was der libellus sagt, aber auch, ohne genauer einzugehen.

[2]) Jaffé reg. 2. Aufl. Nr. 3289 (vom Jahr 879); 3318 (vom Jahr 880); 3353 (von 881, an Karl III. als Kaiser).

gebliche Beseitigung der Interzession der missi beim Papstwechsel ist also zu verwerfen ¹).

Vielleicht wurde, was auch Ficker (II S. 375) für möglich hält, jener Satz des Ottonischen Privilegiums, der den kaiserlichen Gesandten verbietet, störend in die Papstwahl einzugreifen ²), damals in das Paktum eingeschaltet. Die Vermutung legt sich nahe, dass die Einschaltung dieses Zusatzes in das Paktum von päpstlicher Seite veranlasst wurde im Rückblick auf die von den kaiserlichen Gesandten bei der Wahl Hadrians II. erhobenen Ansprüche.

Der klägliche Verlauf der Dinge unter Karls des Kahlen Kaisertum zeigte, wie wenig der Papst im stand war, ohne Rückhalt an einer kräftigen Kaisergewalt in Rom seine Auktorität aufrecht zu erhalten. Sarazenen und innere Gegner zwangen Johann zu den verzweifeltsten Hilferufen an den Kaiser. Karl starb im Oktober 877, ohne dass er hilfebringend nach Rom hätte kommen können. Trotz der Gegenanstrengungen Johanns wurde Karl von Schwaben König von Italien. Indem er ungeachtet wiederholter päpstlicher Aufforderungen gar keine Eile an den Tag legte, die Kaiserkrone zu erwerben, zeigte er, dass er an der Anschauung festhielt, wornach Italien nebst Rom ein Erbgut der Frankenkönige war. Den Inhalt und Erfolg der Verhandlungen, die zwischen Karl und Johann gewechselt wurden, als ersterer endlich nach Rom ging, um im Februar 881 zum Kaiser gekrönt zu werden, kennen wir nicht. Schwerlich war Karl, der nicht durch eigene Energie, sondern durch die Gunst der Umstände in diese Stellung gerückt worden war, der Mann dazu, die Vorteile seiner Position gründlich auszunützen ³). Ohne einen Erfolg der erschütternden Hilferufe zu erleben, welche er an den Kaiser ergehen liess und ohne dass es ihm gelungen wäre, die chaotisch gährenden Kräfte Italiens im Verein auf die Bekämpfung der Sarazenen hinzulenken, starb Johann VIII. am 15. Dezember 882, wahrscheinlich von seinen römischen Feinden

---

¹) Niehues, Verhältnis etc. II S. 382 (vgl. S. 411) hält die Angabe des libellus für richtig.

²) oben S. 93 f.

³) Dümmler a. a. O. III² S. 180 hält es für wahrscheinlich, dass er den päpstlichen Forderungen nachgegeben und die verlangten Bürgschaften zugesichert hat.

ermordet[1]). In der einseitig politischen Richtung Johanns hatte sich das Papsttum in eine Linie mit den italienischen Fürsten gestellt.

Das gewaltsame Ende Johanns lässt uns zum voraus ahnen, dass der Papstwechsel von Tumulten begleitet war. Die Fuldenses (pars IV zu 882; S.S. I 397) geben eine abgerissene Notiz, die auf blutige Adelstumulte bei der Erhebung des Marinus hinweist [2]). Von der Berücksichtigung eines kaiserlichen Rechts vor der Konsekration wird nichts berichtet. Wenn, wie die Fuldenses pars IV wohl mit Recht angeben, Marinus noch im Jahr 882, also im Dezember dieses Jahrs, sein Amt antrat („subrogatus est"), so ist es nicht möglich, dass vor der Konsekration ein Bescheid des Kaisers, der jenseits der Alpen war, eingeholt wurde [3]). Die dürftigen Notizen, die wir über den Pontifikat des Marinus haben und welche uns ein freundliches Verhältnis zwischen dem Kaiser und ihm erkennen lassen [4]), geben uns noch nicht das Recht, mit Gfrörer (Gregor VII., 5, S. 139) in Marinus ein Geschöpf Karls zu sehen.

Marinus starb 884. Der Monat ist nicht sicher festzustellen, so wenig als der Monat des Amtsantritts seines Nachfolgers Hadrians III. Auch dieser stand in gutem Einvernehmen mit Karl III., dem er bei seinem Erbfolgeplan entgegen kam. Doch lässt sich daraus auf das Verhältnis des Kaisers zum Papstwechsel kein Schluss ziehen. Ueber den Hergang bei diesem Papstwechsel fehlen die Nachrichten [5]). Auf ein gutes Einvernehmen mit dem Kaiser weist auch die Notiz der vita Stephans V. hin, dass Hadrian, als er Rom verliess, den Bischof Johann von Pavia „missum imperatoris pro tuitione urbis" zurückliess.

---

[1]) Ann. Fuld. pars V zu 883. S.S. I 398. Gfrörer (Gregor VII., 5, S. 139) behauptet ohne genügenden Grund, dass „der Mörder sich des kaiserlichen Schutzes versichert glaubte".

[2]) Dagegen sagen die Fuldenses pars V zu 883: „in cujus vice omni populo Romano *unanimiter confortante* Marinus . . . ordinari compactum est".

[3]) Ueber die Zeit des Amtsantritts des Marinus vgl. Dümmler a. a. O. III² S. 214 Anm. 4; Jaffé reg. 2. Aufl. S. 425 (von der ersten Aufl. abweichend).

[4]) Namentlich in der Wiederherstellung des Formosus ist deutscher Einfluss zu erkennen.

[5]) Spuren von Adelstumulten bei der Wahl bei Benedikt vom Sorakte S.S. III 199.

Nach Martinus Polonus, einer unzuverlässigen Quelle aus dem 13. Jahrhundert, hat Hadrian III. ein Dekret erlassen, wornach die Papstwahl ohne Einmischung des Kaisers erfolgen solle [1]). Der Mangel an jedem zeitgenössischen Zeugnis nötigt uns, diese Angabe zu verwerfen. An und für sich könnte, da bloss von der Wahl die Rede ist, von welcher die kaiserliche Einmischung fern gehalten werden soll, das Dekret echt sein [2]), da ja in der That der Kaiser keine rechtliche Mitwirkung bei der Wahl hatte. Gfrörer (Kirchengesch. III 1135 ff.) hält das Dekret für echt, fasst aber dessen Sinn so auf, dass der kaiserliche Einfluss **vom Papstwechsel überhaupt** dadurch abgewehrt werde. Sein Beweis liegt in seiner Auffassung des Hergangs bei Stephans V. Erhebung. In der That muss man, wenn das Dekret in diesem Sinn aufzufassen wäre, die Entscheidung über die Echtheit von der Untersuchung des Hergangs bei der folgenden Papsterhebung abhängig machen.

Hadrian III. starb etwa im August oder Sept. 885 [3]). Stephan V. wurde nach den Fuldenses nicht nur gewählt, sondern auch konsekriert, ohne dass der Kaiser vorher befragt worden wäre [4]). Hierin sieht der Kaiser eine Verletzung seines Rechts,

---

[1]) Martinus Polonus, Chronicon, Ausgabe von 1616 (Köln) zu 884: „hic constituit, ut imperator non se intromitteret electioni". Nach Muratori (annali d'Italia V 163) haben einige Texte nach „electione" den Zusatz: „domini papae". (Mit dem Zusatz papae citiert Bayet S. 89, 1 die Stelle nach der Ausgabe von Klimes.)

[2]) So urteilt richtig Muratori in den annali a. a. O., der es aber wegen mangelhafter Bezeugung verwirft. Sigonius (de regno Ital. 1575) hat, wie Muratori bemerkt, statt „Wahl" „Konsekration" gesetzt; und deswegen wird öfters, z. B. von Hinschius I 236, Gregorovius III (3. Aufl.) 207 der Inhalt des Dekrets in der Weise angegeben, als wäre es gegen die Anwesenheit der kaiserlichen Gesandten bei der Konsekration gerichtet, und das Dekret wird bezeichnet als decretum „de ordinando pontifice sine praesentia legatorum imperialium". — Die Echtheit wird fast allgemein verworfen. Gregorovius a. a. O. spricht sich zweifelhaft aus. Floss S. 58 hält es bei den damaligen Verhältnissen für sehr wahrscheinlich. (Hinschius führt mit Unrecht den Muratori als Vertreter der Echtheit an.)

[3]) Jaffé reg. S. 427.

[4]) Fuld. IV a. 885 SS. I 402. „Romani pontificis sui morte comperta Stephanum in locum ejus constituerunt; unde imperator iratus, *quod eo inconsulto ullum ordinare praesumpserunt*, misit Liutwardum et quosdam

so dass er den Kanzler Liutward nebst einigen Bischöfen nach Rom schickt, um ihn abzusetzen. Sie konnten diesen Auftrag aber nicht ausführen; denn der Papst schickte dem Kaiser sein Wahldekret, welches bewies, dass er von einer sehr bedeutenden Anzahl geistlicher und weltlicher Personen gewählt war. — Dass nun Karl von der Rechtmässigkeit der Erhebung Stephans V. überzeugt gewesen sei, ist in diesem Bericht nicht gesagt, sondern nur, dass er ihn gegenüber der imponierenden Einstimmigkeit der Wahl nicht abzusetzen vermochte. Davon, dass Karl sein Recht, den Papst, der ohne seine Befragung konsekriert worden war, abzusetzen, nicht erweisen konnte, steht nichts da. Das Fehlen jeder Andeutung davon, dass die Römer, die sich gewiss nicht scheuten, ein kaiserliches Recht auch ohne Rechtstitel zu verletzen, sich auf ein Dekret berufen hätten, und der Umstand, dass Karl III. die Bestätigung der Wahl ohne weiteres als sein Recht anspricht, spricht in entscheidender Weise gegen das Vorhandensein eines Dekrets, das den kaiserlichen Einfluss beim Papstwechsel abschaffte [1]).

Auch das Dekret „quia sancta" ist insofern ein Beweis gegen die Echtheit, weil in jenem das Hadrianische als von nun an nicht mehr gültig erwähnt sein müsste.

Hinschius (K. R. I 236, 1) vermutet als Quelle dessen, was

Romanae sedis episcopos, qui eum deponerent. Quod perficere minime potuerunt; nam praedictus pontifex imperatori per legatos suos plus quam 30 episcoporum nomina et omnium presbyterorum et diaconorum cardinalium atque inferioris gradus personarum nec non et laicorum principum regionis scripta destinavit, qui omnes unanimiter eum elegerunt et ejus ordinationi subscripserunt".

[1]) Nach Gfrörer a. a. O. hätte sich der Streit um die Gültigkeit des Hadrianischen Dekrets gedreht. Im Zusammenhang mit einer durchaus willkürlichen Kombination (Karl habe sich als Gegenleistung für seine Konzession die Beihilfe Hadrians III. zur Sicherung der Nachfolge Bernhards ausbedungen) und auf Grund unrichtiger Uebersetzung behauptet Gfrörer: die Römer haben dem Kaiser Namen u n d S c h r i f t e n (?) der 30 Bischöfe etc. geschickt und diese (angeblichen) Schriften haben zum Inhalt den Nachweis gehabt, dass die Gültigkeit jenes Vertrags dadurch nicht aufgehoben werde, dass Hadrian durch den Tod verhindert worden sei, den versprochenen Dienst zu leisten. — Hiegegen ist zu sagen: hätte sich der Streit um die Gültigkeit jenes Dekrets gedreht, so wäre nicht der Nachweis der Einstimmigkeit der Wahl das den Kaiser zur Anerkennung bestimmende gewesen, wie doch die Annalen angeben.

Martinus Polonus erzählt, die oben besprochene Stelle der vita Hadriani II., wo berichtet wird, wie die Anwesenheit der kaiserlichen Gesandten bei der electio abgewiesen wurde. Die Vermutung erscheint als sehr wahrscheinlich. —

Ausser den Fuldenses haben wir aber über Stephans V. Wahl wieder den Bericht einer vita im lib. pont. (bei Duchesne II S. 191). Diese führt, nachdem sie die Wahl des Presbyter Stephan in gewohnter Weise erzählt hat, fort: „tunc quia Hadrianus pontifex Romae reliquerat (als er sich auf den Weg nach Deutschland begab) Johannem venerabilem Ticinensem episcopum et (andere Lesart: ut) missum Caroli excellentissimi imperatoris pro tuitione urbis, et omnes *cum eodem legato imperiali* juncti unanimes venerunt ad domum, ubi cum patre .. Stephanus sancto meditabatur colloquio." Von da wird der widerstrebende Stephan zunächst in seine Titularkirche geführt, und von dort mit feierlichem Geleite in den Lateran, wo ihm der Treueid geleistet wird. Am nächsten Sonntag wird er konsekriert. Eine Anwesenheit des genannten kaiserlichen missus bei der Konsekration wird nicht erwähnt. Hernach durchwandert der Papst „cum venerabilibus episcopis *et augustali legato* ac honorabili senatu" die entleerten Räume des Laterans.

In der ausdrücklichen Voranstellung des kaiserlichen Gesandten und seiner Beteiligung an der Abholung des Gewählten drückt sich in diesem Bericht das Bewusstsein aus, dass der Vertreter der kaiserlichen Rechte nach der Wahl des neuen Papstes wesentlich in Betracht komme. Bei der Wahl selbst wird er nicht als beteiligt erwähnt. Freilich eine selbständige Funktion übt er auch n a c h der Wahl nicht aus, sondern er verbindet sich einfach mit denen, welche den Stephan gewählt haben. Wenn der Gesandte sich wirklich so zur Wahl verhielt, wie dieser Bericht meldet, so ist höchst auffallend, dass der Chronist von Fulda nicht als hauptsächlichen Entschuldigungsgrund der Römer meldet, dass der kaiserliche Gesandte keinen Protest gegen die sofortige Konsekration eingelegt habe [1]. Mir wird dadurch der Bericht der vita über das

---

[1] Hinschius a. a. O. S. 235 vermischt ohne Recht beide Berichte: „der Kaiser stand davon ab, den Papst abzusetzen, weil sich der Papst darauf berief, dass der kaiserliche Gesandte bei seiner Erhebung gegenwärtig gewesen sei".

Benehmen des Gesandten verdächtig. Ist dieser Bericht nicht etwa als nachträgliche Erdichtung zu betrachten, zu dem Zweck gemacht, um die anlässlich der Erhebung Stephans zwischen Rom und dem Kaiser entstandenen Differenzen — von denen die vita keine Silbe erwähnt — zu vertuschen?

Es ist merkwürdig, bei diesem Papstwechsel zu sehen, wie das dahinsiechende karolingische Kaisertum sein Recht in Beziehung auf den Pontifikatswechsel noch einmal energisch geltend machen will. Man wird erinnert an jenen kraftvollen kaiserlichen Protest gegen die Verletzung des Kaiserrechts vom Jahr 844 (bei der Erhebung des Sergius). Karl III. scheint sogar ein unbedingtes Bestätigungsrecht beansprucht zu haben. Aber dem jetzigen Kaisertum fehlte es an der Macht, seinen Forderungen den Nachdruck zu geben, mit welchem 844 der junge Ludwig das gute Recht des Kaisers vertreten hatte. So erfolgreich daher der Protest von 844 war, so erfolglos war er im Jahr 885.

Zur Beruhigung Karls mag beigetragen haben, dass sich der neue Papst ihm entgegenkommend bewies. Nach Fuld. V zu 886 zog Karl nach Italien „invitatus ab apostolico". Ohne Zweifel war ihm deswegen so viel daran gelegen gewesen, einen ihm genehmen Papst als Nachfolger Hadrians III. zu sehen, weil er seine Pläne mit Bernhard nicht aufgegeben hatte. Auf diesem seinem letzten Zug nach Italien schickte Karl, der selbst nach jenem kurzen Aufenthalt in Rom zum Behuf der Kaiserkrönung nie wieder dorthin kam, den Liutward nach Rom. Die Thätigkeit desselben wird von den annal. Fuldenses mit den Worten bezeichnet: „ibi multimodis rebus prout placuit dispositis." Könnte nicht etwa aus diesem Anlass das Dekret „quia sancta" von Stephan V. erlassen worden sein? [1]) Obgleich die Autorschaft dieses Papstes nur ganz vereinzelt (s. unten S. 162) vertreten wird, ist doch ihre Möglichkeit zu prüfen. Gegen Stephan V. als Urheber jenes Dekrets spricht, dass Karl III. mit diesem Ausdruck seiner Rechte gemäss den bei Stephans Erhebung erhobenen Ansprüchen kaum zufrieden gewesen wäre [2]). Aber auch Stephan V. hätte sich kaum zu dieser ausdrücklichen

---

[1]) Vgl. oben S. 48 f.
[2]) Vgl. die oben S. 53 ff. gegebene Interpretation des Dekrets.

Konzession herbeigelassen, den verhassten kaiserlichen Einfluss auf den Papstwechsel durch ein eigenes Gesetz zu formulieren. Das Dekret „quia sancta" setzt eine Innigkeit der Anlehnung des Papsttums an das Kaisertum voraus, wie sie unter Stephan V. durchaus nicht bestand. Man denke sowohl an die Verbindungen, die er mit den Griechen anknüpfte als auch an die engen Beziehungen, in welche er zu Wido von Spoleto trat. Endlich war die Zeit Stephans V. nicht dazu angethan, um den Versuch der Ordnung der römischen Wirren zu machen, den jenes Dekret macht. Es war eine Periode des Uebergangs des Kaisertums von Karl III. zu den Spoletinern, und infolge davon war die Haltung des Papstes eine unsicher schwankende. Aber auch als Wido Kaiser war, kann Stephan V. nicht zu dessen Gunsten jenes Dekret erlassen haben; denn so gute Beziehungen er auch mit Wido unterhalten hatte, so erschien ihm doch schon dessen Streben nach der Kaiserkrone für Rom äusserst gefährlich, und er liess deshalb den Arnulf dringend ersuchen — wenn auch ohne Erfolg —, sich die Kaiserkrone zu holen. In den wenigen Monaten, welche Stephan nach Wido's Krönung noch lebte, hatte er keinen Anlass, durch ein solches Dekret die Umfassung Roms durch die spoletinische Macht zu verstärken.

Stephan V. starb 891 etwa im September. Ein karolingischer Kaiser war nicht mehr da. Dennoch fiel die Wahl des Nachfolgers frankenfreundlich aus. Papst Formosus krönte 896 den Arnulf zum Kaiser; aber nur kurz lebte infolge davon die Bedeutung des karolingischen Hauses als Trägers der Kaiserwürde für Rom wieder auf. Totkrank eilte Arnulf nach Bayern zurück und hinter ihm stürzte seine glänzend aufgerichtete Herrschaft überraschend schnell zusammen. Die Zeit der Herrschaft des karolingischen Hauses über Italien und Rom war abgelaufen.

Das verworrene Treiben der Parteien, welche bei den nächsten Papstwahlen teils mit teils ohne Beziehung auf den Kaiser einander bekämpften, zu verfolgen, hat für unsern Zweck kein Interesse. Das Dekret „quia sancta" ist ein Beweis, dass in dieser Zeit die Anwesenheit kaiserlicher Gesandter bei der Konsekration vollends zur verschollenen Gewohnheit wurde.

In Beziehung auf dieses Dekret ist noch zu fragen, ob es seinen Ursprung nicht dem Stephan VI. (896—897) verdanken könnte [1]). Die ganze Regierung Stephans VI. trug nicht den Charakter, der Ordnung der römischen Verhältnisse gewidmet zu sein. Seine Haupttriebfeder war fanatischer Hass gegen Formosus. Auch ist es nicht wahrscheinlich, dass Johann IX., der eine ganze Synode Stephans VI. für ungültig erklärte, sich auf ein Dekret eben dieses Stephans berufen hat [2]). (In betreff der Synode, auf welche Damberger [3]) den Erlass des Dekrets verlegt, vgl. Hefele, Konziliengesch. IV² S. 565 f.)

Dagegen machte Johann IX. (898—900) einen ernstlichen Versuch, in Gemeinschaft mit Kaiser Lambert das römische Chaos zu ordnen. Während er dem Kaiser Arnulf offene Feindschaft ankündigte, strebte er darnach, die Rechtsordnungen, in denen die karolingische Kaisergewalt über Rom bestand, auf das spoletinische Haus zu übertragen, sowie auch der römischen Kirche durch kaiserliche Erneuerung ihrer alten Privilegien die ihrer würdige Stellung wiederzugeben. Diesem Zweck dienten zwei Synoden, die eine gehalten in Rom 898, die andere im gleichen Jahr in Gemeinschaft mit Lambert zu Ravenna gehalten. Wie in Kapitel 2 und 3 der letzteren Synode die oberste Jurisdiktion des Kaisers und die Institution der kaiserlichen missi wieder erneuert werden sollte, so wurde auf der ersteren im 10. Kapitel die alte Sitte der Gegenwart kaiserlicher Gesandter bei der päpstlichen Konsekration vom Papst selbst wieder in Erinnerung gebracht. Der Wortlaut [4]) sei hier zur Vergleichung mit dem Text von Ivo-Gratian [5]) beigesetzt:

„Quia sancta Romana ecclesia cui Deo auctore praesidemus, plurimas patitur violentias pontifice obeunte, quae ob hoc inferuntur, quia absque imperatoris notitia et suorum legatorum

---

[1]) Vgl. oben S. 49.
[2]) Was Hinschius I S. 231, 5 sagt: „Stephan VI. kann in Anbetracht des sinkenden Ansehens Kaiser Arnulfs und seiner Abhängigkeit von der italienischen Partei nicht Urheber des Dekrets sein", ist nicht beweisend; denn Stephan könnte ja das fragliche Dekret zu gunsten Kaiser Lamberts erlassen haben.
[3]) Synchronistische Gesch. der Kirche und der Welt, Kritikheft von Band IV S. 71.
[4]) Mansi 18, 225.
[5]) Oben S. 47 f.

praesentia pontificis fit consecratio nec canonico ritu et consuetudine ab imperatore directi intersunt nuntii, qui violentiam et scandala in ejus consecratione non permittant fieri, volumus, id ut deinceps abdicetur et constituendus pontifex convenientibus episcopis et universo clero eligatur, expetente senatu et populo qui ordinandus est, et sic in conspectu omnium celeberrime electus ab omnibus praesentibus legatis imperialibus consecretur; nullusque sine periculo juramentum vel promissiones aliquas nova adinventione ab eo audeat extorquere, nisi quae antiqua exigit consuetudo, ne ecclesia scandalizetur vel imperatoris honorificentia minuatur."

Eine Vergleichung beider Texte ergibt zwar mehrfache Abweichungen, darunter aber keine von wesentlicher Bedeutung.

Oben [1]) wurde gezeigt, dass es der päpstliche Standpunkt ist, von welchem aus die Assistenz kaiserlicher Gesandter bei der Konsekration in diesem Dekret aufgefasst wird. Unsere Darstellung hat gezeigt, dass dieser Sitte ein tiefergreifendes kaiserliches Recht zu Grund lag. Wir haben aber auch gesehen, dass das Papsttum sich immer mehr gewöhnte, die kaiserliche Macht als Werkzeug päpstlicher Interessen zu betrachten, — eine Gewöhnung, die dadurch nur befördert werden konnte, dass nach dem Tode Ludwigs II. die Kaiserkrone zum Preis für den meistbietenden Bewerber wurde. Demgemäss ist das Dekret „quia sancta" bei aller Hochachtung vor der Kaiserwürde, die es bekundet, wesentlich von der Anschauung beherrscht, dass das Kaisertum dem Papsttum Dienste erweisen soll; es soll alle Unordnungen beim Papstwechsel verhüten, wodurch das Papsttum in seiner selbständigen Würde beeinträchtigt werden kann. Dagegen kehrt sich das Dekret mit dem Verbot, dem Papst neue Eide und Versprechungen auszupressen, gegen die weltliche Aristokratie, welche eben dadurch, dass sie dem Papst immer grössere Konzessionen abzwang, das politische Regiment in Rom den geistlichen Händen immer mehr entwand.

Aber was Johann IX. zustand brachte, war nur eine künstliche vorübergehende Belebung des kaiserlichen Rechts. Die auf den Bund zwischen Lambert und dem Papsttum gebauten Hoffnungen scheiterten vollständig. Auch nach Johann IX. wie vor

---

[1]) Oben S. 56 f.

ihm sind tumultuarische Papsterhebungen die Regel. Das alte Kaiserrecht ist zu gewichtig für die Schultern der in der Folge noch auftauchenden Schattenkaiser. Mit Berengars Tod 924 erlosch der Kaisertitel auf 37 Jahre.

Für die Entwicklung des Kaiserrechts in Beziehung auf den Pontifikatswechsel und seiner Auffassung auf beiden Seiten hat uns unsere vierte Periode keine neuen Momente an die Hand gegeben. Wir sahen, dass dieses Kaiserrecht zwar nie aufgegeben, aber ohne Kraft vertreten wurde, und dass es deshalb in dem der ordnenden Hand entbehrenden römischen Chaos unterging. Aber in mächtigerer Gestalt, als es von den Karolingern je vertreten wurde, sollte es in dem von dem Kaiser aus sächsischem Haus begründeten römischen Reich deutscher Nation wieder aufleben.

Nachträge.

I.

Zur Ausgabe des liber diurnus von Rozière, die ich in vorstehender Abhandlung benützt habe, kommt neuestens hinzu: *Liber diurnus Romanorum pontificum. Ex unico codice Vaticano denuo edidit Th. E. ab Sickel, Vindob. 1889.*

Während Rozière die Entstehung des liber diurnus zwischen 685 und 751 ansetzte, weist Sickel nach, dass von der früher entstandenen Sammlung (bestehend aus den Formularen 1—63, woran sich der gegen das Jahr 700 hinzugefügte Anhang Formular 64 bis 81 — vgl. praef. S. 31 — anschliesst) die mit dem Formular 82 beginnende zweite Sammlung zu unterscheiden ist, deren Ursprung nach ihrer ältesten Gestalt auf die Zeit Hadrians I. zurückgeht (praef. 36. 77). Speziell im Formular 82: „decretum pontificis" erkennt Sickel, wie ich glaube mit Recht, einen Ersatz des Formulars 60 „de electione pontificis ad exarchum", der in einer Zeit möglich und nötig wurde, in welcher die Rücksicht auf ein staatliches Bestätigungsrecht beim Papstwechsel wegfiel (praef. 21—25). Bestimmte Anhaltspunkte (27—29) setzen Sickel in den Stand, die Wahl Hadrians I. (772) als die Entstehungszeit des Formulars 82 zu bezeichnen, nach der Fassung, welche dieses Formular im codex Vaticanus hat. Dagegen die Fassung des codex Claromontanus weist durch die Bezeichnung des Gewählten als vorherigen presbyter und die Beifügung der Zeitangabe auf die Wahl Leo's III. hin (praef. 32 f.).

Hienach lässt sich dieses Formular nicht für die Zustände der byzantinischen Zeit verwerten, und S. 3 meiner Abhandlung ist demgemäss zu revidieren, sofern dort in einigen Punkten gerade auf dieses Formular Bezug genommen worden ist. (Das der byzantinischen Zeit entstammende Formular 60, bei Sickel S. 50 ff., zählt die Wähler zunächst in der Ueberschrift auf:

„presbiteri, diaconi et familiaris universus clerus, axiomatici etiam seu exercitus et populus hujus Romane urbis." In dem Gesuch selbst: „in uno convenientibus nobis ut moris est, familiaris cleri et plebis, procerum etiam et militaris praesentia, si dici licitum est a parvo usque ad magnum." — Die Vorlage für die im Formular 82 gegebene Aufzählung der Wähler — s. oben S. 3 — sieht Sickel in den Wahlbestimmungen der römischen Synode von 769).

Dies ändert jedoch nichts an dem Bild der auf den Papstwechsel bezüglichen Verhältnisse der byzantinischen Zeit, wie es oben in kurzen Zügen gezeichnet ist.

Mit dem Gesagten hängt eine zweite Revision zusammen. Wenn oben S. 18 auf die von Mabillon publizierte vita Hadrians Bezug genommen worden ist, so darf diese vita nach Sickel (praef. 25 ff. gegen Jaffé reg. 2. Aufl. S. 289) ihres durchaus sekundären Charakters halber nicht als Quelle angeführt werden (vgl. auch Duchesne, lib. pont. I S. 515 n. 4). Jedoch hat nach Sickel jene vita Recht, wenn sie das Formular des liber diurnus auf Hadrian bezieht (praef. 29).

II.

Zu der S. 48 f. gegebenen Aufzählung der auf das Dekret „quia sancta" bezüglichen Literatur ist noch hinzuzufügen die gründliche Abhandlung von Funk, „Das Papstwahldekret in c. 28 Dist. 63" im histor. Jahrbuch der Görresgesellschaft Band IX (1888) S. 284—299.

Funk, dessen Resultate mit den meinigen übereinstimmen, geht auf die von Niehues vorgebrachten Gründe teilweise noch näher ein, als ich nach den (von Funk nicht berücksichtigten) Ausführungen Weilands für nötig hielt. Aus der Beweisführung Funks hebe ich hervor die S. 290 in zwingender Weise gegebene Widerlegung der Niehues'schen Interpretation der Worte des Canons von 862: „sicut in concilii Stephani statutum est" (nach Niehues = „nach Massgabe der Rechte, die ihnen durch das Konzil Stephans eingeräumt sind"). Mit Recht sagt Funk, dass bei dieser Auffassung der Satz lauten müsste: „die Priester und Primaten, die Edlen und der ganze Klerus üben das Wahlrecht aus in der Weise, wie es auf dem Konzil Stephans bestimmt worden ist". Hienach ist das, was ich S. 51 Anm. 3 dahingestellt liess, in einem die Auffassung von Niehues verneinenden Sinn entschieden.

Als Vertreter der Autorschaft Stephans V. (885 bis 891; nach der anderen Zählung Stephans VI.[1]) führt Funk S. 296 an: Höfler, die deutschen Päpste II (1839) S. 280 und Will, die Anfänge der Restauration der Kirche im 11. Jahrhundert (1859) S. 136 Anm. 13 (die Ansicht des letzteren ist verworren), wornach oben S. 49 (vgl. S. 155) zu ergänzen ist.

Wie es gekommen ist, dass der Name Stephan mit dem Dekret „quia sancta" verbunden worden ist, erklärt Funk in völlig befriedigender Weise aus einer Verwechslung, die dadurch nahegelegt war, dass die Akten der Synode von 898 unter Johann IX., die den Namen dieses Papstes nicht enthalten, mit den Worten beginnen: „Synodum tempore piae recordationis sexti Stephani papae etc."

III.

M. Heimbucher, die Papstwahlen unter den Karolingern (Augsburg, literar. Institut von Huttler 1889) kam mir noch vor dem Abschluss des Drucks vorstehender Schrift zur Hand, so dass ich diese Parallelarbeit noch in einem Nachtrag berücksichtigen kann.

In dem Zusammentreffen unserer Ergebnisse in einer Reihe von wichtigen Punkten begrüsse ich eine Verstärkung dieser Positionen. Doch gibt auch da, wo die Resultate übereinstimmen, die Verschiedenheit der Beweisführung und Behandlungsweise meiner Arbeit ihr Recht neben der Heimbuchers. Daneben ziehen sich aber auch erhebliche Differenzen durch beide Schriften hindurch. Ich kann jedoch nach genauer Nachprüfung den Ausführungen H.'s keine Korrektur meiner Darlegungen entnehmen. Eine eingehendere Auseinandersetzung mit den Auffassungen H.'s kann an dieser Stelle um so weniger erwartet werden, als meine Abhandlung wohl alles Wesentliche, was H. in Beziehung auf das vorliegende Thema vorbringt, der Erwägung unterzogen hat. Ich beschränke mich daher darauf, über eine Reihe von Differenz-

---

[1]) Meine Zählung der Päpste mit dem Namen Stephan beruht auf der bei Jaffé reg. 2. Aufl. S. 271 dargelegten Auffassung, wornach der nicht konsekrierte Stephan des Jahrs 752 nicht gezählt wird.

punkten zu referieren mit kurzer Bezeichnung meiner Stellung zu denselben.

Eine erschöpfende Untersuchung über das **Wesen des Patriziats** anzustellen lag nicht in meiner Absicht. Ich wollte nur die Anschauung vom Patriziat präzisieren, von der ich ausgehen zu müssen glaubte. In der nachfolgenden Darstellung des Verhältnisses des Königs als Patricius zum Papstwechsel scheint mir eine Art Probe von der Richtigkeit des über das Wesen des Patriziats Gesagten zu liegen. Die Ausführungen H.'s können mich in keiner Hinsicht von der Unrichtigkeit jenes Ausgangspunktes überzeugen. Ich vermisse bei H. eine klare Formulierung der eigenen Auffassung vom Wesen des Patriziats, so mancherlei Dinge er auch zur Bestimmung dieses Wesens zusammenstellt. — Wenn es sich, was der Kern der Meinung H.'s zu sein scheint, beim Patriziat im Grund um die Stellvertreterschaft des Kaisers handelte, so müssen allerdings auch von Anfang an wesentlich Herrschaftsrechte in dieser Würde gelegen haben. H. kann aber keine solchen Rechte als aus dem Patriziat fliessend nachweisen. Wenn er S. 36 die Patriziatswürde als „**die Gelegenheit**" für die Karolinger bezeichnet, „den Papst und die Römer allmählich mehr von ihrer Regierung abhängig zu machen und mit der Zeit ... selbst oberherrliche Rechte geltend zu machen", was ich auch nicht leugne, so ist das von einem verliehenen **Recht** etwas sehr verschiedenes.

Und bei den Papstwahlen besteht die H.'sche Ansicht vollends nicht die Probe. In dem Umstand, dass die Päpste ihre Erhebung dem König — Patricius anzeigten, liegt **sachlich** nicht eine Spur des einst dem Exarchen zukommenden Rechtes. Die Notwendigkeit dieser Mitteilung folgte einfach aus der zwischen beiden Teilen bestehenden Verbindung (oben S. 12), nicht aber war es ein speziell im Patriziat eingeschlossenes Recht des Königs, diese Mitteilung zu verlangen (H. S. 39). —

Nach dem Wortlaut des Briefs Pauls I. lässt sich nicht mit H. S. 41 f. von einer eigentlichen **Bitte** an Pippin reden, den Immo bis zur päpstlichen Konsekration in Rom zu belassen. Deshalb fällt der darauf gebaute Schluss H.'s S. 42 dahin. —

Auch H. lässt den Leo III. gegenüber von Karl das Versprechen der Treue und des Gehorsams aussprechen (S. 39. 69. 87. 198). S. 79 spricht H. geradezu von einem Eid, kraft dessen der Papst seit Leo III. dem Patricius Treue und Gehorsam schuldig war, und demgemäss hätten auch die auf Leo folgenden Päpste schon vor Eugen II. dem Kaiser einen Treueid geleistet (S. 131), meist auf schriftlichem Wege (S. 139 f.). Lässt sich das alles aus den Quellen erweisen?

So sehr ich mit H. S. 72 übereinstimme, wornach die Uebersendung des Wahlprotokolls durch Leo III. den Sinn hatte, dass der König daraus selbst ersehen sollte, dass Leo rechtmässig gewählter Papst sei, so muss ich doch gegen H. S. 73 f., wornach der Patrizius durch den Vorgang von 796 die Machtbefugnis erlangt habe, die Papstwahl in ihrem kanonischen Verlauf zu prüfen, eventuell sie für ungültig zu erklären, an dem festhalten, was ich oben S. 22 gesagt habe. Entscheidend ist in meinen Augen dagegen das, dass das Wahldekret erst nach der Ordination übersandt wurde. —

H. operiert, freilich in etwas unsicherer Weise, mit dem von ihm angenommenen „Wunsch und Willen" Karls des Grossen als Kaisers, dass fortan „mit der Konsekration bis zur kaiserlichen Verbescheidung gewartet werden sollte" (S. 87. 96. 111. 119. 199). In Wahrheit gibt es in Beziehung auf das, was Karl im Stillen gewünscht haben mag, nur ein ignoramus (vgl. oben S. 41). Ja, die von H. als echt angenommene Papstwahlstelle des Ludovicianum spricht entschieden dagegen, dass ein derartiger irgendwie bekundeter Wunsch Karls die folgende Entwicklung der Dinge beeinflusst hat. Mit einer solchen Wendung, wie sie H. S. 119 gebraucht: „an derlei Schwierigkeiten (wie sie kommen konnten und kamen) scheint Ludwig nicht gedacht zu haben", also mit der Annahme einer kaiserlichen Gedankenlosigkeit lässt sich doch die Schwierigkeit nicht wegräumen, dass Ludwig so ausdrücklich der Erreichung eines Zieles entgegengewirkt haben soll, auf das irgendwie in bestimmterer Weise schon von Karl hingewiesen worden war. —

Durch das, was H. über das Privileg Ludwigs im Sinn der Echtheit des Papstwahlabschnitts ausführt (S. 116 ff.), scheint mir die Frage nicht über den von mir oben S. 67 gezeichneten Stand hinaus gefördert zu sein. —

Was H. S. 122—124 über die Parteiverhältnisse bei Eugens Wahl sagt, bestätigt mir die Notwendigkeit einer gründlicheren Untersuchung des Charakters jener Parteien, wie ich sie oben

S. 70—76 zu geben versuchte. (Warum sagt H. S. 124, nach Radbert habe sich Wala um die Bestätigung des neugewählten Papsts viel bemüht, während er dann doch selbst diese unrichtige Wiedergabe der Worte Radberts bezweifelt?)

Wenn H. S. 127 (123 vgl. auch 156) in Kap. III der constit. Romana von 824 dem Adel das Recht der Teilnahme an der Papstwahl garantiert sieht — unter Ausschluss des Volks —, so bewegt er sich in dem Widerspruch, dass er auf der einen Seite, nämlich in Beziehung auf das Volk, auf Grund des Konzils von 769 argumentiert, während er auf der anderen Seite, in Beziehung auf den Adel, die Bestimmung jenes Konzils durch die inzwischen wieder eingerissene Praxis als aufgehoben betrachtet.

Die Ausführungen H.'s über den Römereid decken sich zum Teil mit meiner Untersuchung. Ich stimme namentlich in dem überein, was H. gegen die Statuierung eines kaiserlichen Bestätigungsrechts im eigentlichen Sinn sagt (S. 140 ff. 161). Aber daneben dürfte der von mir gemachte Versuch nicht überflüssig erscheinen, durch noch eingehendere Untersuchung, besonders auch durch die Beiziehung des Ottonianums das Verständnis des Römereids und seiner Bedeutung zu fördern.

Dazu, dass H., der Ansicht Simsons folgend (S. 137), in dem Eid Eugens schlechthin einen Treueid sieht (den Eugen gleich beim Amtsantritt dem Kaiser übersandte), trägt auch das mangelnde Verständnis der Worte: „pro conservatione omnium" (H. S. 129 übersetzt: „alles zu halten") bei.

Die Angaben H.'s über die Quellen des Römereids (S. 128 ff.) erweisen sich als revisionsbedürftig. —

H. sieht sich durch die Worte Einhards veranlasst, anzunehmen (S. 147 f.), dass bei der Erhebung Gregors IV. von kaiserlicher Seite eine besondere, von der sonstigen Uebung abweichende Art der Wahlprüfung stattgefunden habe. Mir scheint keine Nötigung zu solcher Annahme vorzuliegen. —

Gegenüber der von H. S. 150 versuchten Beschönigung des Verhaltens der Römer bei der voreiligen Konsekration des Sergius[1]) ist zu sagen: wenn die Römer das beschworene Recht des Kaisers hätten respektieren wollen, so hätten sie es „dem Eindringling" gegenüber auch gekonnt.

---

[1]) Auch S. 192 entschuldigt H. das rechtsbrüchige Verhalten der Römer bei Stephans V. Erhebung mit ungenügendem Grund.

Trotz H. (S. 155 f.) scheint mir das bei weitem Wahrscheinlichste zu bleiben, dass es sich bei jenen Verhandlungen in erster Linie um die **Absetzung** des Sergius handelte. Man kann zur Verstärkung dieser Auffassung auch noch die vita Bened. III. zur Vergleichung herbeiziehen, wo die Beruhigung der kaiserlichen Gegner — es handelte sich dort ja auch um eine Nichtanerkennung — in ganz ähnlicher Weise geschildert wird wie in der vita des Sergius. (Vita Sergii, bei Duchesne II S. 90: „ab eodem superati pudore et operti confusione discesserunt; ... omnem iram atque ferocitatem, quam mentibus observabant, omni modo deposuerunt". — Vita Bened. III ib. S. 143: „... furor, qui in eis (den kaiserlichen Gesandten) exuberabat, minuit mentibusque eorum videbatur expulsus ... Missorum audaciam superaverunt sermonibus atque doctrinis, ita ut infausta illorum mentis cogitatio contemplaretur contrita atque confusa."

Um die Rüge der **Beteiligung der Laien** bei der Wahl handelte es sich damals, auch nebenbei, gewiss nicht (gegen H. S. 156).

Die dringenden Gründe, welche bei der Krönung Ludwigs zur Annahme einer tendenziösen Umstellung der Thatsachen im lib. pont. nötigen (oben S. 118), werden durch die Gegenbemerkungen H.'s nicht entkräftet. Der Empfang, den ihm Sergius bereitete, hing nicht von Ludwigs Willen ab, aber die Krönung. —

S. 171 unterlässt H. es hervorzuheben, dass der Hauptgrund gegen Anastasius das war, dass er ein exkommunizierter und und abgesetzter Priester war (oben S. 127 f.). Gerade dieser Umstand aber war dem Kaiser und seinen Gesandten schon von früher her bekannt. Und auch deshalb erscheinen die Bemühungen der Gesandten für Anastasius doch in einem dem Wahlrecht der Römer gefährlicheren Licht als es H. hinstellt, wie denn der ganze Bericht der vita darauf hinweist, dass die kaiserlichen Vertreter um jeden Preis einen dem Kaiser günstigen Papst erzwingen wollten.

Kaiser Ludwig II. soll nach H. 173 auf die Kunde vom Tod Benedikts III. nur **deswegen** schleunigst nach Rom zurückgekehrt sein, „um sich an Ort und Stelle über den wirklichen Verlauf der Wahl zu orientieren und das Resultat derselben zu erfahren." Dass der Kaiser ein solches Mass der Zurückhaltung geübt haben soll, ist schwer zu glauben! —

Auch H. (S. 178) ist der Ansicht, dass sich die Wähler „einmütig und wider Erwarten schnell auf Hadrian II. vereinigten", aber ohne den Bedenken, welche sich aus der vita selbst und den Umständen ergeben, gerecht zu werden. Ich kann H.'s, wie mir scheint, zu harmlose Auffassung der Vorgänge beim damaligen Papstwechsel nicht teilen und muss daher der Kritik dem lib. pontif. gegenüber einen grösseren Spielraum gewähren. Muss H. doch selbst nachträglich noch (S. 184) von „Missvergnügten der fränkischen Partei" reden.

www.ingramcontent.com/pod-product-compliance
Lightning Source LLC
Chambersburg PA
CBHW022111160426
43197CB00009B/981